내가 쓴 책들이 한국에서 널리 읽히는 것을 알고 있다. 어떤 식으로 읽히는지는 알 수 없는 노릇이나, 다만 하나님이 놀라움으로 가득한 분이심을 믿는다. 그런데 이제 드디어 한국에서 김희준 박사의 책이 출간되었다! 그는 교회에 대한 내 이해가, 신실하게 존재한다는 것이 무엇인지에 대해서 한국의 그리스도인들에게 어떤 식으로 제시될 수 있는가를 깨닫도록 내게 여러 도움을 주어 왔다. 그의 저술, 그중에서도 특히 '주체자'agent에 대한 그의 해석은 내가 지금껏 해 온 작업의 핵심을 명료하게 짚어 준다. 나의 작업을 건설적으로 읽어 준 그에게 큰 빚을 졌다. 그의 작업을 읽는 것이 내게는 큰 기쁨이었다.

스탠리 하우어워스 듀크 대학교 신학부 및 법학부 길버트 로우 명예 교수

우리나라에 소개되어야 할 신학과 신학자가 참 많다. 스탠리 하우어워스도 그중 한 사람이다. 그의 책들이 출간되고 사상이 소개되기 시작했지만, 그 전모를 학문적으로 깊이 파악하면서도 대중적으로 서술하는 이는 찾기 드물다. 게다가 미국이나 영국, 독일도 아닌 한국이라는 이 땅에서 살아가는 우리가 그를 왜 읽어야 하는지에 관한 진지한 문제의식은 더욱더 희귀하다. 한데, 이 책이 그 모든 걸 해냈다. 하우어워스 사상의 핵심을 정리하면서, 이를 통해 한국 교회에 보충되어야 할 교회 됨과 성품의 윤리에 대한 성찰적 질문을 진지하게 던진다. 여기 지금 우리는 하우어워스를 읽어야 한다. 그리고 이 책도.

김기현 로고스교회 담임목사, 『욥, 까닭을 묻다』 저자

그리스도인 됨, 제자 됨, 그리고 교회 됨. 한국 기독교에 절실하고도 본질적인 과제들에 대해 하우어워스는 핵심을 짚어 낸다. 이러한 하우어워스의 진면목을 빠짐없이 드러낸 이 책은 그를 저평가하기 쉬운 한국의 신학계에 도전이 되고 그에게 관심하는 그리스도인 모두에게 큰 울림이 될 것이다. 간결하고 설득력 있는 문장과 탄탄한 필력, 행간에 녹아 있는 전문성 등은 관심을 끌어모으기에 충분하다. 그리스도인다운 그리스도인, 교회다운 교회를 향하여 나아가는 길에 이 책이 강력한 안내자가 될 것이라 확신한다.

문시영 남서울대학교 교목실장

스탠리 하우어워스 읽기

IVP(InterVarsity Press)는
캠퍼스와 세상 속의 하나님 나라 운동을 지향하는
IVF(InterVarsity Christian Fellowship)의 출판부로
생각하는 그리스도인을 위한 문서 운동을 실천합니다.

스탠리 하우어워스 읽기

그리스도의 증인 된 교회를 위한 신학적 윤리학

김희준

Ivp

아들과 딸이자 친구인
루하와 레아에게

차례

	서론	11
1장	성품과 도덕 주체자	37
2장	비전과 덕	65
3장	이야기	83
4장	공동체	111
5장	교회	143
6장	하우어워스 비판적 읽기	167
7장	교회 됨을 넘어 증인으로	181
8장	한국에서 하우어워스 읽기	197
	결론	225
부록 1	스탠리 하우어워스의 성령론	227
부록 2	하우어워스를 이해하기 위한 핵심 키워드	249
부록 3	하우어워스의 주요 저서 가이드	259

서론

스탠리 하우어워스Stanley Hauerwas. 1970년대부터 현재에 이르기까지, 20세기 후반부의 긴 시간 동안 내러티브 신학, 예일 학파, 후기자유주의 등 신학에 관심이 있는 사람이라면 한 번쯤은 들어 봤을 학풍 또는 사상적 흐름을 대표하며 수많은 출판과 강연 등으로 왕성한 활동을 이어 오고 있는 기독교 신학자이자 윤리학자다. 물론 앞에서 열거한 사상적 흐름과 운동이 하우어워스로부터 태동한 것은 아니다. 하지만 그 흐름의 시작점과 융성기에 그가 있었고, 그의 멈추지 않는 출판과 강의 등의 활동으로 증명된 깊은 신학적·윤리학적 통찰은 그를 일명 '하우어워스주의자'Hauerwasian라고 하는 거대한 학자적 흐름의 수장으로 만들었다.

1940년 미국 텍사스주 댈러스에서 태어난 하우어워스는 벽돌공이었던 아버지 밑에서 일을 도우며 유년기를 보냈다. 학자들 사이에서도 혀를 내두를 만한 그의 끊임없는 출판 작업은 그가 어린 시절부터 아버지에게서 배운 벽돌공 일을 통해 체화된 직업 윤리에서 기인했다. 그의 자전적 이야기는 국내에도 번역 출판된 『한나의 아이』Hannah's Child를 통해서 더 깊고 자세하게 알 수 있다.[1] 다만 『한나의 아이』가 출판된 지도 벌써 10년이 넘었기 때문에, 하우어워스의 기본적인 신학 및 신학적 윤리와 함께 그를 향해 제기되어 온 여러 질문들을 살펴보고 한국 교회(특히 개신교)와 그리스도인들이 어떻게 하우어워스를 읽고 이해하며 한국 상황에 적용해야 할지 도움을 주고자 이 책을 쓰게 되었다.

2010년 이후 하우어워스의 이름이 한국 기독교계와 신학계 안에서 널리 알려지고 그 인기와 관심도 높아졌다. 그의 책 여러 권이 앞다투어 번역되었으며, 특히 2015년 이후에 열 권 이상의 번역서가 집중적으로 출간된 것을 보면 그에 대한 관심을 짐작할 수 있다. 특강이나 여러 독서 모임을 통해서 하우어워스에 대해서나 그가 말하는 이른바 '교회 윤리'를 배우려는 열의도 높은 것 같다. 하우어워스를 연구하고 그의 신학 및 신학적 윤리학과 관련해서 논문을 쓴 나로서는 이런 최근의 관심들이 반갑기도 하지만, 한편으로는 약간 의아하기도 하다. 그가 예일 대학교라는 명문대학교에서 박사 학위를 받았고, 2001년에 「타임」Time지에 의해 "미국 최고의 신학자"America's best theologian라고 선정될 만큼 명성을 얻은 것은 사실이다. (물론 하우어워스는 이에 대해 공공연하게 "최고"best는 "신학적 범주"

---

1 Stanley Hauerwas, *Hannah's Child: A Theologian's Memoir* (Grand Rapids, MI: Eerdmans, 2010). 『한나의 아이』(IVP).

theological category가 아니라고 손사래를 쳐 왔다.) 폴 틸리히Paul Tillich와 칼 바르트Karl Barth처럼 「타임」지 겉표지를 장식하지는 못했더라도, 그들과 같은 세계적이고 교회사적으로 중요한 자리를 차지하는 기독교 석학들과 비교해도 하우어워스의 영향력은 결코 과소평가할 수 없을 것이다. 듀크 대학교 정년퇴임 후 명예 교수로 직함을 옮겨 간 후에도 그는 왕성한 저술 활동과 인터뷰 및 강연 활동을 쉬지 않고 있다.

그런데 이렇게 높아진 관심에 비해 국내에 하우어워스 전문가는 거의 없고,[2] 그의 신학이 충분히 소개되어 있지도 않다. 기본적으로 영국과 미국, 캐나다 등지에서 석사나 박사 과정 공부를 진행하는 신학생과 목회자들이 많기 때문에, 영어권에서 영향력 있는 학자들의 사상과 저술이 한국 교계와 신학계에 두루 소개되고 영향을 미치는 것은 자연스러운 일이다. 하지만 하우어워스의 학문적 명성이 미국에서 이미 1980년대부터 시작되었고 1990년대 중후반에 절정을 이룬 점을 고려할 때, 예를 들어 톰 라이트N. T. Wright나 다른 새 관점New Perspective 학자들(더글라스 무Douglas J. Moo와 제임스 던James D. G. Dunn과 같은)이 한국 학계와 교계에 비교적 이른 시기에 소개된 것과 비교하면 하우어워스의 소개는 조금 늦은 감이 없

---

2   실제로 한국에는 하우어워스의 신학과 신학적 윤리학에 대해 그에게서나 그의 제자인 하우어워스 학자들에게서 직접 배운 학생들이 없는 상황이다. 하우어워스를 연구하여 그의 신학적 윤리학을 국내 학계에 지속적으로 소개해 온 학자로는 남서울대학교의 문시영 박사가 거의 유일하다고 보아도 무방하다.

지 않다. 더욱이 국내에 출간된 책들이 그의 초기 저작들보다는 중후반기 저술에 집중되어 있는 것을 보면, 여전히 하우어워스를 본격적으로 소개하는 데는 더 많은 시간이 필요하다는 생각이 든다. 물론 그가 은퇴한 이후에 출판된 작업들에 그의 사상의 농익은 부분이 담겨 있다고 보고, 그 최종 결과물들을 먼저 살펴보는 것도 하나의 방법일 수 있다. 그러나 하우어워스는 그의 초기 작업들부터 굉장히 일관되고 켜켜이 쌓이는 방식으로 발전적인 작업을 하고 있기 때문에 최근 작업들만 읽어서는 중요한 이론적 기초를 놓칠 수 있다. 즉, 공식을 풀어내는 과정의 대부분을 생략하고 답이 되는 수들만 추려 모으려는 노력과 비슷하다. 그렇기 때문에 이 책에서는 스탠리 하우어워스의 기본적인 이론적 밑바탕을 그의 초기 주요 저작들에 기반해서 다룬 후에, 실질적인 질문들과 현장에 적용할 방법을 함께 다루려고 한다.

하우어워스의 신학과 신학적 윤리학은 교회에 방점을 찍고 있는 것이 맞다. 이러한 교회 중심적인 부분은 분명 한국 교회와 신학계에도 큰 도움이 될 것이다. 그것은 교회란 무엇인지, 그리스도인다움이란 과연 무엇인지, 우리가 믿는 하나님과 기독교 신앙이라는 실제를 우리의 평범하고도 때로 이상하리만치 고통스러운 일상 속에서 어떻게 이해하고 살아 내야 하는지 등에 대해 다각도로 깊이 있게 살펴볼 수 있는 좋은 기회일 것이다.

하우어워스를 읽기 전에

어떤 이유에서든, 하우어워스를 읽기 전에 알아 두어야 할 기본 지식들이 있다. 첫째, 하우어워스는 신학적 윤리학을 통해 신학을 한다. 즉, 하우어워스가 기독교 신학자인지 윤리학자인지 구분해야 한다면, 하우어워스는 신학자라고 말하는 게 맞다.[3] 다만 그는 기독교 교리들과 신학적 담론들이 이론 그 자체로서가 아니라 교회와 그리스도인들의 삶 속에서 먼저 출발했고, 삶과 연결되어 있으며, 교회와 평신도들을 위해 존재한다고 믿는다. 따라서 그는 모든 기독교 신학은 윤리적 사안들과 연결되어 있고, 우리가 살아가는 실제 삶에 대한 이야기들로 나아가야만 한다고 생각한다.

예를 들어, 하나님에 대한 지식을 조직신학의 '신론'처럼 이론으로 다루는 방법도 있지만, 이와 다르게 하나님에 대한 지식이 사실이고 부활한 예수 그리스도가 진실한 역사적 실체라면 그것이 그리스도인들의 '실제'reality 가운데 어떻게 삶으로 드러나야 하는가를 살펴보는 방식이 하우어워스가 주목하는 지점이다. 그러한 종류의 지식을 믿는 그리스도인에게는 '어떤 것이 진정한 실제인가?'와 같은 질문들이 모여 다음과 같은 질문으로 수렴한다. '누가 진정한 주Lord인가?' 물론 그리스도인들의 답은 모두 '하나님'이겠지만, 그 답을 어떻게 해석하고 삶 가운데 적용할 것인지는 사람과 공동체마다

---

[3] Stanley Hauerwas, *The Work of Theology* (Grand Rapids, MI: Eerdmans, 2015), p. 273.

다를 수 있다. 하지만 일단 여기서 말하고자 하는 바는, 하우어워스에게 이러한 이론적이고 신학적인 질문이 윤리적, 즉 실질적이고 일상적인 질문과 결코 분리되지 않는다는 것이다.[4] 하우어워스의 글 전반에는 신학에 대한 이러한 통전적인 접근이 밑받침되어 있다.

둘째, 하우어워스의 신학 및 신학적 윤리학의 청자 audience는 교회와 평신도들이다. 이 말이 너무 당연하게 들릴지 모른다. 그러나 많은 신학자들의 연구 결과물들, 특히 논문과 학술 서적들을 살펴보면 그것이 과연 일반 지역 교회와 평신도들을 위한 작업이 맞는지 헷갈릴 때가 많다. 더 나아가 과연 이런 논의가 교회와 성도들의 삶에 얼마나 도움이 될까 의구심이 들 때도 있다. 학자들은 원하

---

4 윤리는 인간으로서 행하는 옳고 그름의 판단 및 그에 기반한 행동이다. 윤리학은 그런 규범적 또는 실천적 관념들을 학문적 연구를 통해 이론화한 학문이다. 하우어워스의 요지는 다음과 같다. 한 사람이 그리스도인이 된다는 것은, 그 사람의 모든 일상과 신앙이 분리되지 않는 것이다. 비단 하우어워스뿐만이 아니라 개혁주의 신학에서도 이러한 주장을 쉽게 접할 수 있다. 이를테면, 아브라함 카이퍼(Abraham Kuyper)의 '영역 주권'과 같은 것이다. 한 사람의 실질적이고 일상적인 삶 속에서, 그는 특별한 주의를 기울이지 않고도 여러 윤리적인 선택을 한다. 쓰레기를 길에 버릴지, 무단횡단을 할지, 심지어는 다른 사람을 보고 성적인 욕망을 품는 것까지 말이다. 일반 사회에서는 행동으로 실천되지 않은 생각에 대해서는 그것이 윤리적인지 비윤리적인지를 따지지 않는다. 그러나 예수님을 따르는 그리스도인에게는 실현되지 않은 생각(예. 음욕)조차도 윤리적 범주 안에 들어간다. 그 토대는 그리스도인들이 살아가는 '그리스도 안'(in Christ)이라고 하는 '실제'(a reality) 또는 '새 생명'(a new life)이다. 따라서 하우어워스에게는 '무엇이 옳은가?', '인간으로서 마땅히 행해야 할 것은 무엇인가?' 등 거대하게 들리는 윤리적이며 철학적인 질문이 실질적이고 일상적인 질문과 다를 바가 없다. 하우어워스에 따르면, 기독교 윤리란 다음의 질문을 물어야 한다. '하나님이 창조하신 피조물로서 우리는 어떻게 되었어야 하는가?', '그런데 죄 때문에 어떻게 되었나?', '예수님의 십자가와 부활로 새 생명 가운데 놓인 그리스도인들은, 이제 어떻게 살아갈 것인가?'

든 원치 않든 상아탑이라는 학문의 장소에서 오랜 시간 연구와 집필 작업을 하기 때문에, 실제 교회 사역 현장이나 성도들의 삶의 질문들과는 동떨어진 연구 결과들이 나올 수 있다. 하우어워스는 신학자의 대화 상대는, 물론 다른 신학자들과 윤리학자들을 비롯한 각 학문 분야의 연구자들을 포함하지만, 최우선적으로 교회가 되어야만 한다고 이야기한다.[5] 교회를 염두에 두지 못한 신학은 죽은 신학일 가능성이 크기 때문이며, 그것이 참 기독교 신학일 수 있는지 스스로에게 질문해 봐야 한다는 것이다. 교회와 연결되어 살아가는 그리스도인들의 삶에 대한 그의 이러한 통찰은 신학을 공부하는 사람들뿐만 아니라, 사회의 각 영역에서 살아가는 그리스도인들에게도 시사하는 바가 크다.

셋째, 하우어워스는 공동체주의자communitarian가 아니다. 비록 그를 공동체주의자로 소개하는 글들을 쉽게 접할 수 있겠지만 말이다. 심지어 하우어워스에 대해 우호적인 학자들도 그를 공동체주의자로 이해하고 소개하는 일이 심심치 않게 일어난다. 공동체주의는 하우어워스를 향한 비난의 대표적 항목이기 때문에, 하우어워스의 연구에 동의하며 특히 그의 연구를 특정 맥락에 적용하려는 사람이라면 그를 공동체주의자로 이해해서는 안 된다. 그가 교회라는 공동체를 강조하는 것은 사실이지만, 이 '공동체주의자'라는 용어가 긍정적이기보다는 비판적이고 부정적인 어감과 논조를 함의한다

---

5   앞의 책, p. 110.

는 것을 알고 조심스럽게 사용해야 할 필요가 있다. 그렇기 때문에 하우어워스 본인은 자신이 그렇게 불리는 것에 결코 동의하지 않는다. 하우어워스는 1993년 생물윤리Bioethics와 관련된 저널에 "왜 나는 공동체주의자도, 의료윤리학자도 아닌가?"Why I Am Neither a Communitarian Nor a Medical Ethicist라는 제목의 글을 기고했다. 이 글에서 그는 공동체주의를 미국적 맥락context에서 자유주의 정치 진영의 산물 또는 그러한 정치적 논의에서 비롯된 수단 정도로 생각한다. 즉, 공동체 그 자체를 목적 또는 도달해야 할 결과물로 상정하는 것이 공동체주의 또는 공동체주의자들의 주장이라고 정의하면서, 자신은 그런 공동체주의자가 아니라고 단언한다.

어쩌면 한국적 맥락에서 공동체 및 공동체주의를 재조명하는 작업이 이루어진다면, 조심스럽게 그를 한국적 맥락의 '공동체주의자'로 평가할 수도 있을 것이다. 하지만 개인적인 추측으로는, 그를 공동체주의와 연결시키는 것이 지금의 한국 독자들, 특히 한국 교회의 공동체주의적인 욕망이 투영된 결과가 아닐까 생각한다.[6] 교회가 세상을 섬기고 하나님을 예배하기 위한 수단이 아니라 그 자체로 또 다른 신 또는 우상이 되어 버린 상황 말이다. 좀 더 풀어 말하자면, 세상과 교회 공동체에 대한 명확한 이해가 부족한 채로 오로지 공동체를 지키려 하는 집단 이기주의의 산물이 아닌가 하는 우려가 든다. 그러나 하우어워스가 교회와 공동체의 중요성을 외치

---

6   이에 대해서는 이 책의 후반부에서 좀 더 자세히 다루고 있다.

면서도 살얼음 걷듯이 조심스럽게 그러면서도 면도날처럼 날카롭게 구분 짓고 주장하는 것은, 교회든 어떠한 공동체든 그 자체로 목적이 되면 안 된다는 것이다. 이후에 다시 자세하게 설명하겠지만, 각 공동체는 그들만의 이야기를 가지고 있으며 그 이야기는 단순히 공동체로 모이는 것만을 목표로 두거나 만족하지 않기 때문이다. 즉, 하우어워스를 향해 공동체주의자라고 말하려면 어떤 점에서 그를 그렇게 이해했는지, 어떤 공동체주의를 말하는 것인지를 명확하게 밝히고 구분해야만 한다. 아마 어떠한 경우에도 하우어워스는 공동체주의자라는 말을 싫어할 것이다. 사실 그는 교회주의자라는 말도 싫어하며, 자신을 어떠한 '-주의'-ism 또는 '위치'position에 묶어 두는 주장이나 평가를 병적으로 거부한다. 오죽하면 "나는 아무런 위치도 없는 신학자다"I am a theologian with no position라는 말까지 했겠는가? 그의 신학과 윤리학에 동의하거나 반대할 수 있다. 그러나 그에 대해 어떤 판단을 내리기에 앞서, 그가 스스로를 어떻게 밝히고 있는지 정도는 그의 작업들을 이해하기 위해 알아 둘 필요가 있다. 다시 말하지만, 하우어워스는 공동체주의자가 아니다.

넷째, 하우어워스 프로젝트. 하우어워스를 연구하는 학자들이 그의 대표작으로 꼽는 책들이 있다. 그중에서도 『평화의 나라』The Peaceable Kingdom는 그의 신학적 윤리학의 핵심이 담겨 있다.[7] 그 책을 통해 하우어워스의 신학 또는 신학적 윤리학을 소개하자면 무엇보

---

[7] Stanley Hauerwas, *The Peaceable Kingdom: A Primer in Christian Ethics* (Notre Dame, IN: University of Notre Dame Press, 1983). 『평화의 나라』(비아토르).

다도 '비조건적 윤리unqualified ethic 대對 조건적 윤리qualified ethic'(또는 무적격 윤리 대 적격 윤리) 또는 '보편적 윤리universal ethic 대對 특정적 윤리particular ethic'에 대해서 설명할 수 있겠다. 계몽주의 이후 심지어 오늘날까지도 정치, 문화, 종교 등 사회 전반에 걸쳐 개인의 자유와 (국가적) 공동체의 간섭이라는 이분법적이며 대립적인 틀이 작용하고 있다. 한 가정 안에서도 가족주의와 개인(주로 자녀들)의 자유 및 선택이 충돌하는 것처럼 말이다. 하우어워스는 이러한 이분법적 구조와 대립 뒤에 보다 근본적인 철학적 차이가 있다고 본다. 이는 곧 칸트로 대표되는 '비한정적/무적격 윤리'와 '한정적/적격 윤리'의 대립이다.

하우어워스를 이러한 이분법의 어느 한편이라고 생각한다면 큰 오산이다. 그가 진행해 온 기독교 윤리학의 전체 프로젝트는, 사회든 개인이든, 인류 보편적 가치를 찾으려는 근대modern 윤리학의 모호성을 거부하며 그것을 뛰어넘으려는 움직임 또는 시도로 이해되어야 한다. 즉, 하우어워스는 자율적인 인간 이성 외에는 어떠한 것에도 매이지 않고 제한되지 않으려는 근대, 심지어 기독교의 윤리학과 그에 기반한 보편주의universalism를 거부한다. 하우어워스의 윤리학 프로젝트는 도덕적 행위의 주체가 되는 인간에게 역사, 공동체, 몸body을 부여하려는 현대 철학 또는 그에 기반한 신학과 신학적 윤리를 회복하려는 큰 흐름의 일부분이다.

이와 같은 네 가지 요점이 하우어워스를 읽거나 연구할 때 빠뜨려서는 안 되는 기본 틀이자 배경이다. 비단 하우어워스에 대해서만이 아니라, 앞에서 열거한 네 가지 명제들은 다른 현대 신학이나 윤리학을 이해하는 데도 도움이 될 수 있다. 하우어워스의 작업이 기독교라는 영역 안에서만 배타적으로 진행된 것이 아니기 때문이다. 하우어워스의 신학 및 신학적 윤리학은 원리적이며 이론적이지만, 동시에 구체적이며 실천적인 작업의 결과다.

그렇다면 과연 하우어워스의 이른바 '공동체 윤리' 또는 '교회 윤리'는 한국 교회와 그리스도인들에게 어떤 도움을 줄 수 있을까? 내가 이에 대해 구체적으로 생각하게 된 계기는 박사 학위 심사 과정에서 받은 질문들 중 하나와 밀접한 관련이 있다. 하우어워스의 제자이자 친구이며 『하우어워스 선집』*The Hauerwas Reader*[8]의 편집자 존 버크만John Berkman 교수가 나에게 개인과 공동체의 관계에 대한 한국의 맥락이 어떠한지 질문했다. 개인이 공동체로부터 적절한 자유를 보장받는지, 개인의 자유와 공동체의 권위 사이의 관계가 어

---

8   Stanley Hauerwas, *The Hauerwas Reader*, eds. John Berkman and Michael Cartwright (Durham, NC: Duke University Press, 2001). *The Hauerwas Reader*를 '하우어워스 읽기'로 번역하는 것이 더 자연스러울지도 모른다. 그러나 대부분의 '읽기' 서적들, 예를 들면 『토마스 아퀴나스 읽기』 등의 도서들이 해당 인물에 대한 개괄적인 해설이 중심이 된 비교적 간단한 개론서임을 감안할 때, *The Hauerwas Reader*를 '하우어워스 읽기'로 번역하는 것은 적절치 않다. 왜냐하면 이 도서는 스탠리 하우어워스의 가장 초기부터 2001년까지 출판된 그의 수많은 작업들 중에서 핵심이 되는 논문들과 도서의 장들을 선별해서 만든 것이기 때문이다. 그런 이유에서, 만일 이 도서가 한국어로 번역된다면 '하우어워스 선집'이 더 옳은 제목일 것이다. 이 편집된 노서는 단순히 하우어워스의 글을 선별해 모아 놓은 것만은 아니다. 더 명확한 의미 전달을 위해, 하우어워스의 동의하에, 존 버크만과 마이클 카트라이트(Michael Cartwright), 두 편집자가 교정과 재배치와 일부 수정도 한, 그야말로 하우어워스의 신학적 윤리학의 토대를 이해할 수 있는 중요한 작업이다.

떠한지 등에 대한 질문이었다. 나는 한국 기독교, 특히 개신교가 태동하고 1960-1970년대를 거치면서 크게 부흥 및 성장한 부분에 대해 압축해서 설명했다. 그러던 중 이런 설명을 덧붙였다. "한국 사람들은 기본적으로 공동체를 중요하게 생각한다. 여러 이유가 있겠지만, 개인이 생존하기 위해선 공동체에 붙들려 있어야만 한다.…그렇기 때문에 개개인이 공동체의 명령, 가르침, 법 등에 순종하고 따르는 것은 굉장히 중요하다." 이 말이 끝나기가 무섭게 버크만 교수는 "개인의 생존이 공동체에 달려 있다는 말은 정말 흥미롭다"고 언급했다. 나는 그 순간에는 버크만 교수의 '흥미롭다'는 말이 이해되지 않았다. '개인이 살아남기 위해서는, 그것이 교회가 됐든 가족이 됐든 국가가 됐든, 공동체에게 달려 있는 것이 당연하지 않은가?' 그러나 질문을 던진 버크만 교수를 포함해 심사 과정에 참석한 여섯 명의 교수 중, 진행을 맡은 한 사람을 제외하면 모두 미국 명문 대학 출신의 백인 엘리트들이었다. 그들에게 개인의 생존은 지역 사회나 도시 또는 국가가 아니라 철저히 개인의 노력과 능력에 달린 것이었다. 물론 당연히 여기서의 생존은 영적인 생명이 아니라 말 그대로 세상 속에서 먹고사는 문제를 가리킨다. 하지만 기독교 신앙의 영역 안으로 이 질문을 가지고 들어온다고 하더라도, 1950-1960년대에 미국에서 태어나 자란 백인 남성들에게는 한국 사회의 공동체 문화가 별나라 이야기처럼 낯설게 들렸던 것일지 모르겠다.

    개인적으로는 바로 이 점이 하우어워스를 읽고 이해할 뿐만 아니라 그 내용을 한국적 맥락에 적용하는 데 중요한 부분이라고 생각한다. 특히 한국 문화 속에 살고 있는 독자들에게는 더욱 그렇다. 개인의 자유와 권리가 그 무엇보다도 중요한 미국인들을 대상으로 평생을 연구해 온 하우어워스의 글들을 한국 사회에 살고 있는 사람들이 그대로 적용하기는 아무래도 무리가 있을 것이다. 미국 사람에게 "당신의 생존이 공동체에 달려 있습니까?" 혹은 더 단도직입적으로 "공동체의 가르침을 받아들이고 순종하고 법에 복종하는 것이 개인의 자유, 생명, 생존보다 더 중요합니까?"라고 묻는다고 생각해 보자. 아마 대부분의 미국인들은 법도 중요하고 나라도 중요하지만, 다른 사람들에게 피해를 주지 않는 한도 내에서라면 일반적으로 개인의 자유가 제일 중요하다고 대답할 것이다. 왜냐하면 미국이라는 나라의 태생을 비롯한 전반적인 문화와 사회가 그렇기 때문이다. 미국은 영국의 식민 지배를 몰아내고, 원주민 인디언들을 굴복시켰으며, 대공황을 이겨 내고 제2차 세계대전 승리의 중추적 역할을 담당하며 세계의 패권을 차지한 자유민들의 국가이지 않은가? 그에 비해 한국은 언제나 '우리'가 중요하다. 언제 어디에서부터 유래되었는지는 알 수 없으나, '우리'라는 말은 '나'보다 주어로 사용될 때가 훨씬 많다. '우리나라', '우리 집', '우리 회사' 등, 한국 사람들은 복수형을 사용할 필요가 없는 문장이나 말에도 '우리'를 사용하곤 한다.

한국 개신교회의 문제적 맥락

하우어워스의 신학적 윤리를 한국 상황에 적용하기에 앞서, 한국 개신교회의 문제적 맥락을 우선 짚고 넘어가고자 한다. 한국 교회, 특히 개신교회와 개신교 그리스도인들의 윤리 또는 도덕적 문제들에 대해서 일일이 열거하지는 않겠다. 교회 세습, 성폭력을 비롯한 각종 폭력 행위, 거짓말과 선동 등 거의 모든 영역에 걸쳐 있어 자칫 글의 의도와는 상관없는 방향으로 흐를 수 있기 때문이다. 현재 한국 사회에서 개신교의 위치는 차마 '이렇다'라고 말하기조차 부끄러운 상황이다. 예를 들면, 기독교윤리실천운동(이하 '기윤실')에서 매년 조사하는 한국 교회 신뢰도는 지난 10년간 지속적으로 감소 추세에 있다. 1,000명을 대상으로 진행한 설문조사에서 열 명 중 여섯 명이 한국 교회와 목회자, 그리스도인을 신뢰하지 않는다고 답한 충격적인 현실은 단순히 일종의 '말세'적 핍박이라 치부하고 무시하기엔 너무나 심각한 상황이다.[9] 기윤실의 설문조사가 시사하는 바를 여러 각도에서 살펴볼 수 있겠지만 무엇보다도 지금까지 한국 개신교회가 교인들을 편협한 신학으로 교육해 왔으며, 그들을 얼마나 무지몽매한 수준으로 이끌어 왔는지가 자명하게 드러난 결과라고 볼

---

9   도재기, "'국민 10명 중 6명 교회와 목사 불신', '기윤실'의 '2020 한국교회 사회적 신뢰도' 조사 결과", 「경향신문」, 2020년 2월 7일. https://www.khan.co.kr/culture/culture-general/article/202002071330001/?_ga=2.251459590.1830351420.1663217395-91578127.1598917956. 최종 접속일 2022년 10월 20일.

수도 있겠다.

세대에 따라 정치적·사회적·문화적 견해들이 다를 수 있다. 한 교단에 속한 지역 교회 안에서도 얼마나 많은 신앙적 견해들이 존재하는가? 비단 교회만 그런 것은 아니다. 이 세상 어느 공동체든 사람이 모이는 곳은 긴장관계가 존재하고, 그것을 해소하기 위해 각자가 노력하고 서로 협력하며 더 나은 공동체, 함께 살아가는 세상을 만들어 나가야 하지 않는가? 한국 교회, 특히 보수 개신교 그리스도인들은 어느 방향으로든 이 '함께 살아가는 세상'에 대한 이해를 더 보강해 갈 필요가 있어 보인다. 이렇게 개신교인을 일반화시키는 것에 대한 비판이 있을 수 있다. 하지만 그 일반화가 그리 틀리지는 않을 것이다. 개신교회가 가톨릭교회와 주요하게 다른 점을 한 가지 꼽자면, 크게는 '만인 제사장'이라 하는, 교회와 성도에 대한 기본 이해의 차이라 할 수 있다. 개신교회에서 목회자가 잘못된 말을 옳다고 전하거나 신학적 이해와 변용에 있어 논란의 소지가 될 만한 행보를 보인다면 일반 성도들이 그것에 의문을 가지고 적극적으로 이의를 제기할 수 있어야 한다. 그러나 한국의 개신교인들은 대부분 그런 분위기가 아니다. 개신교인이라면 그 이름 Protestant에 어울리도록, 자신의 신앙에 비추어 의심스러운 일에는 이의를 제기하고 맞서야 할 일들에는 맞서야 함에도 불구하고, 교회의 존경받는 목회자 또는 리더십이라면 그가 어떤 말을 하더라도 대부분의 회중은 침묵하고 적당히 넘어가는 길을 선택한다.

한국의 보수 개신교회 목회자들과 교회 지도층들은 평신도들을 어떻게 우매하게 만들어 왔는가? 그들은 아직까지도 한국 전쟁 이후 개발과 성장이 지상과제였던 1960-1980년대를 살고 있는 듯 보인다. 당시 사회는 전쟁의 잿더미에서와 공산주의의 위협으로부터 살아남아야만 하는 절박한 상황이었다. 성장과 개발을 위해 개별 인간의 아픔과 상처쯤은 쉬이 뭉개고 넘어갈 수 있었다. 시간이 해결해 주리라, 성공하고 배부르면 어떤 것도 용서받고 승화시킬 수 있으리라 믿었다. 힘든 현실을 이겨 내기 위해 많은 사람이 교회에서 기도하며 신앙의 힘에 의지했다. '지금은 힘들어도 나를 기다리는 저 천국이 있다'라는 종말론적이며 내세 지향적인 신앙이었다. 그 힘에 의지해서 손가락이 미싱에 찢기고 프레스에 찍혀도 사람들은 앞으로 앞으로 전진할 수 있었다. 아니 그래야만 한다고 배웠다. 동시에 언제든지 북한이 다시 밀고 내려올 수 있다는 전쟁의 불안은 나라가 한시바삐 강하게 성장해야 한다는 의견에 중지를 모아 주었고, 독재자의 권위와 권력에 어느 정도까지도 순응하게 했다. 빛의 속도로 경제적 성장을 이루고 있는 사회 속에서 나와 내 자식이 뒤처지지 않을까 부모들은 노심초사했고, 남은 어떻게 되든 내 가족은 잘되고 권력의 근처에 머물러 이 사회 속에서 살아남아야 한다는 절박한 생존의 욕망이 신앙에도 투영되었다.

안타깝게도 이런 한국 사회의 부정적 특징은 사라지거나 개선되지 않았고, 이런 사회적 특징을 내면화한 교회의 목회자들이 지금도 평신도들에게 불안을 부추기고 있다. 한국 교회가 내세적이고 기복적인 신앙관에 마음을 둔 것은 역사적으로 보았을 때 이상한 일이 아니다. 다만 그러한 영향 아래 유발되는 문제들이나 질문들에 대해 자유롭게 토론하고 나눌 수 있는 분위기가 부족했던 것은 사실이다. 사실 이것은 교인들만의 문제가 아니라 일반적으로 한국인 대부분에게 내재된 모습이다. 돈 또는 정치권력의 크거나 작음이 인간의 고결함과 밀접히 연결되는 것만 같은 착각이 널리 퍼진 사회, 사람이 그가 가진 재산에 걸맞게 대접받는 것이 마땅하게 여겨지는 사회에서, 목회자는 교회와, 아니 거의 하나님과 동일시된다.

　이러한 사회문화적 요소에 더하여, 한국 개신교회의 다수를 차지하는 주요 교단 신학의 안일한 현실 인식도 빼놓을 수 없다. 세계화된 한국 사회에서 민주주의 및 다양한 가치들이 저마다의 자리를 잡아 가는 가운데, 주요 교단 신학교들은 세상의 변화를 외면하며 목회자 후보생들을 길러 내 왔다. 나는 한국의 주요 교단 교회에서 평신도 생활을 해 왔고, 미국식 복음주의 색채가 강하게 입혀진 대형 교회와 밀접하게 연결된 신학교에서 신학을 공부했다. 미국에서 유학하면서는 한국의 보수 교단 목회자들이 선호하는 '미국 개혁교회 교단'CRC, Christian Reformed Church 소속 신학교에서 신학을 공부했고, 박사 과정은 신학적 성경 해석, 후기 식민주의 신학, 후기 자유주의 신학, 에큐메니컬 대화 등 현대 신학에서 가장 중요한 주제들을 다루는 신학 교육기관 중 한 곳인 캐나다 토론토 대학교, 그중에서도 가장 보수적인 위클리프 신학교에서 복음주의 신학과 윤리학을 수학했다. 이 책은 이러한 나의 개혁주의 및 복음주의 신학에 대한 전반적인 지식과 경험을 토대로 한국 개신교회를 향해 나름의 진단과 제언을 하기 위한 작업이다.

이 책의 방법과 순서

이 책에서는 우선 하우어워스가 다루는 신학과 신학적 윤리학을 구성하는 여러 철학 및 신학적 개념들과 관련 용어들을 설명한다. 예를 들면, 덕, 덕목, 도덕 주체자 등이다. 조금은 생소하게 느껴질 수도 있지만, 한번 숨을 고르고 찬찬히 읽다 보면 의외로 쉽게 이해할 수 있는 용어들이다. 특히 평이한 일상의 언어들을 사용하는 것은 하우어워스가 펼치는 윤리학의 강점이다. 그는 신학적·철학적으로 기술적인 서술에 집착하지 않는다. 의미를 깊이 들여다보되 그 의미의 형상을 삶의 언어로 끄집어내고야 만다. 그러한 이론들이 중요하지 않아서가 아니라, 그렇게 하면 일반 성도들과 교회를 위한 것이 아닌 학자들만을 위한 글이 되어 버린다고 믿기 때문이다. 그렇기 때문에 하우어워스는 항상 그의 글에 인간이 살아가며 경험하는 영역을 개입시킨다. 교회와 그리스도인의 삶에 대해서, 그리고 그것을 향해서 논의와 글을 진전시킨다. 물론 그 평범한 단어와 표현들에는 깊은 철학적·신학적 고뇌가 담겨 있다. 그의 방식을 따라, 나 또한 개념들을 설명하면서 동시에 이해를 돕는 직간접적인 예를 들어 보충 설명을 하려 한다. 조금 덜 학문적으로 보일지 몰라도 조금은 우리 삶에 더 가깝게 느껴질 수 있다고 믿는다.

그러나 이것이 무작정 편히 읽기 위한 방편만은 아니다. 나는 하우어워스를 소개하는 작업을 하기 위한 고민은, 하우어워스가 글을 쓰면서 한 고민과 비슷해야만 한다고 생각했다. 그가 교회와 평신도를 위해, 그들을 청자로서 염두에 둠과 동시에 자기 자신의 이야기로부터 신학적 윤리학의 작업을 시작했다면, 그를 소개하는 나 또한 그런 방식으로 연구와 집필 작업을 해야 하지 않을까 고민이 들었던 것이다. 그것은 현대 신학의 가장 두드러진 특징이기도 하다. 다시 말해, 신학을 전통적 교리 또는 철학적 방법론의 체계로부터가 아닌 신학하는 주체로부터, 그의 이야기로부터 시작하는 것이다. 이러한 방식은 하우어워스와 같은 이른바 학문적 주류에 속한 사상가뿐만 아니라 비주류라 자칭하는 주변부 신학자들 또한 취하는 현대 신학의 공통된 특징이기도 하다.[10] 이들은 기존 사회 속 지배 집단의 일부분으로 인식되는 특정 공동체에 의해 보편적인 것으로 지정된, 이론적 원칙에 대한 무비판적 수용을 거부한다. 여기서의 핵심은 맥락context이다. 신학함의 주체인 인간, 그리고 그 인간이 주창하는 언명言名은 그가 처한 맥락, 즉 그가 살아가는 '지금' '여기'의 역사와 개인의 이야기를 떠나서는 아무런 의미를 갖지 못한다는 것이다. 그러므로 이 책 곳곳에서 등장하는 나의 개인적 이야기들은 이러한 방법론에 의거한 시도임을 미리 밝혀 둔다.

이와 더불어 하우어워스가 영향을 받았다고 언급하는 사상가들 또는 작가들에 대한 소개는 최소한으로 하거나 간략하게만 넣었

---

10   이정용, 『마지널리티: 다문화시대의 신학』, 신재식 옮김(포이에마, 2014), pp. 1-2.

다. 이를테면 하우어워스의 공동체 이론은 토마스 아퀴나스Thomas Aquinas의 내적 삼위일체에 대한 이해를 통해 강화될 수 있으며, 성품과 덕의 윤리학은 아리스토텔레스Aristoteles와 토마스 아퀴나스를 해석하는 알래스데어 매킨타이어Alasdair MacIntyre의 덕에 대한 이해와 밀접히 연결된다. 그러나 이러한 담론들은 그 자체만으로도 단독 연구 작업이 되기에 충분할 정도이기에, 자칫 본래의 흐름으로부터 독자들이 벗어나는 것을 방지하고자 이들에 대한 연구 작업은 다음 기회로 미루었다. 다만 하우어워스의 윤리학 곳곳에 스며들어 있는 대표적인 사상가들을 이곳에 간단하게나마 밝혀 둔다. 이는 하우어워스가 그를 연구하는 나에게 직접 언급한 필수 도서 목록인데, 순서 또한 중요하다. 칼 바르트의 『교회 교의학』 Church Dogmatics, 토마스 아퀴나스의 『신학대전』 Summa Theologica, 특히 『존재자와 본질』 Ente et essentia, 루트비히 비트겐슈타인Ludwig Wittgenstein의 『철학적 탐구』 Philosophical Investigations, 아리스토텔레스의 『니코마코스 윤리학』 Nicomachean Ethics, 엘리자베스 안스콤 G. E. M. Anscombe의 『의도』 Intention, 알래스데어 매킨타이어의 『누구의 정의이며 누구의 합리성인가?』 Whose Justice? Which Rationality?, 아이리스 머독 Iris Murdoch의 『선의 군림』 The Sovereignty of Good, 아우구스티누스 Augustinus의 『고백록』 Confessions 등이다.[11]

---

11 이에 더하여 하우어워스는 웬델 베리(Wendell Berry)와 앤서니 트롤럽(Anthony Trollope)의 모든 작품을 덧붙였다. 그리고 하우어워스 자신도 인정하듯이, 존 하워드 요더(John H. Yoder)가 그에게 끼친 영향을 빼놓을 수는 없을 것이다.

이 책의 순서는 다음과 같다. 먼저 1장은 성품character과 도덕 주체자moral agent에 대한 장으로, 하우어워스 신학 또는 신학적 윤리학의 이론적 근간을 이루는 성품에 대해 설명한다. 원래의 영어 표현은 'character'이지만, 한글로는 '성품'이라는 단어로 주로 번역되고 있기에 이를 따른다. 정확히 일치하는 단어는 아닐지도 모른다. 영어의 'character'는 그 사람 자체를 표현하는 데 사용되곤 하는 반면, '성품'은 그 사람이 소유한 '무언가'처럼 생각될 여지가 있기 때문이다. 그러나 우리가 흔히 "그 사람은 성품(또는 인품)이 훌륭하다"라고 할 때, 그 사람이 거짓되지 않으며 진실함이 체화된 인격체라는 의미도 포함한다는 점에서 성품이라는 표현에는 적절한 면이 있다. 특히 이 장에서는 성품이 그 자체로 머무르지 않고 도덕 생활을 실천해 가는 주체적 개념으로 연결되는 고리를 보여 준다. 이를 통해, 하우어워스가 도덕적인 생활을 말할 때 왜 성품이 우선하는지 설명해 준다.

2장은 비전vision과 덕virtue에 대한 장이다. 이 장에서는 성품의 사람(또는 성품이 체화된 사람)이 도덕 주체자로서 살아가기 위해 비전과 덕, 덕목들이 왜 필요하며, 이들이 어떤 상관관계가 있는지 설

그러나 그 당시 하우어워스가 언급한 필수 도서 목록에는 포함되지 않았다. 그것은 아마도 요더가 저지른 성폭력이 밝혀지면서 그의 저작과 영향력에 대해 공적 자리에서 언급하는 것이 부적절해진 상황 때문일지도 모른다. 이에 더하여 하우어워스 자신이 요더를 만나기 이전부터 이미 서서히 비폭력에 대한 예수님의 정치와 윤리의 궤적에 대해 주장해 왔다는 점도 들 수 있다. 그는 예수님의 비폭력적 윤리야말로 자신이 결국엔 이르고 말 운명(destiny)이라는 강한 자기 확증이 있었다.

명한다. 비전을 '꿈, 환상 또는 이상향'이라고 번역할 수도 있겠지만, 영어 표현 그대로 비전이라는 단어를 사용했다. 그 이유는, 이미 한국 교회뿐만 아니라 서구권 교회에서 수십 년간 이 비전에 대한 잘못된 인식이 지배해 왔기 때문이다. 나는 개인적으로도 이러한 변질된 또는 오해받고 있는 비전에 대한 조금은 다른 접근 또는 강조점을 제시할 필요가 있다고 생각했다. 그러나 하우어워스가 제시하는 비전이 흔히 교회에서 청년들을 향해 말하는 "비전을 가져라!"라는 의미와 근본적으로 어긋나는 것은 아니다. 이 비전은 '그리스도 안에 놓인 새 생명을 살아간다'는 새로운 실제를 '본다'는 점에서, 그리고 그것을 인지하고 실천함으로써 살아간다는 점에서 기존의 비전과 다르지 않다. 그러나 세상을 정복하거나 변화시키는 데 우선순위를 두지 않고, 교회에 초점을 맞춘다는 점에서 구별된다. 이를 더 구체적으로 해설하여 비전을 기독교 윤리학으로 연결시키는 시도라고 보아도 무방하다.

3장은 하우어워스의 신학적 윤리에서 어찌 보면 가장 중요할 수 있는 이야기story 또는 서사/내러티브narrative에 대해 풀어 쓴다. 현대 신학이나 철학에 대한 글들을 읽어 본 적 있는 사람이라면 내러티브 신학narrative theology 또는 내러티브 방법론narrative methodology에 대해 한 번쯤은 들어 봤을 것이다. 이 책에서는 '서사' 또는 '내러티브'보다 '이야기'라는 표현을 주로 사용한다. 물론 포괄적 의미에서 내러티브라는 항목에 담긴, 덕 윤리에 대한 내러티브적 방법론의 요소를 무시할 수는 없다. 하지만 하우어워스가 강조하듯 '선택'

이 아닌 '도덕 주체자'의 성품 형성이 일상과 긴밀히 연결됨을 고려할 때, 서사나 내러티브라는 용어보다는 좀 더 평범하고 일상적인 용어인 '이야기'가 더 이해하기 쉬울 것이라 생각했다.

4장은 하우어워스를 대표하는 공동체 윤리의 '공동체'community에 대해 살피며, 성품의 인간이 어떻게 이야기를 통해 공동체와 연결되는지 탐색한다. 공동체란 기본적으로 어떻게 형성되며 그 기능이 무엇인지 살펴보고, 무엇보다 하우어워스가 단순히 교회를 설명하기 위한 전제 조건처럼 공동체의 존재와 형성만을 강조하는 것이 아니라 공동체와 그 안에 살고 있는 개인과의 관계에 대해 자세히 설명하고 있다는 점을 중요하게 다룬다. 이 장을 통해, 어떤 의미에서든 하우어워스를 공동체주의자라고 알고 있는 독자라면 조금은 다른 측면에서 그가 말하는 공동체에 대한 이해를 얻게 될지 모른다. 공동체의 권위가 어떻게 형성되는지 들여다보면서 꽤나 흥미로운 과정과 결말이 도출되기 때문이다.

5장에서는 본격적으로 교회에 대한 하우어워스의 생각을 알 수 있다. 하우어워스는 윤리학을 연구하면서 왜 공동체로 끝맺지 않고, 논란의 소지가 될 만한 교회라는 종교적 공동체로 나아갈 뿐 아니라 그것을 이른바 기독교 윤리학의 존재적 실체처럼 주장하는가? 그의 신학과 신학적 윤리학 속에서 교회가 차지하는 위치와 의미, 기능은 무엇인가? 이 장에서는 이와 같은 질문들에 답한다.

6장은 하우어워스에게 제기되었던 비판들 중 가장 대표적인 네 가지 주장들을 살펴보고 그에 대한 반론을 제시한다. 이러한 주장들은 하우어워스를 연구하는 2차 자료들에 두루 다루어지는 것들로 국내 독자들에게도 심심치 않게 소개되어 왔다. 하지만 그에 대한 답변은 상대적으로 덜 알려졌기에 따로 장을 마련하는 것이 최소한의 균형을 이루는 시도라 생각했다. 모든 질문에 대한 답변을 소개하지는 못하지만, 선별된 주장들과 그에 대한 하우어워스식 논박을 통해 그의 윤리학이 말하고자 하는 것은 무엇이며 이를 어떻게 적용할 수 있는지 엿볼 수 있을 것이다.

7장은 하우어워스의 신학과 신학적 윤리학에서 중요한 자리를 차지하고 있는 '증인'에 대해 다룬다. 그에게 제기되는 비판들에 답하는 하우어워스의 신학적 윤리학은 결국 교회에 대한 것이며, 이것의 또 다른 이름인 '증인' witness에 방점이 찍혀 있다. 이 장에서는 교회 됨과 증인 됨이 어떻게 연결되는지 살펴봄으로써, 하우어워스가 공공연히 말해 온 '교회는 다른 사회 윤리를 갖지 않는다. 교회 자체가 바로 사회 윤리이기 때문이다'와 같은 논제를 이해하는 데 도움을 줄 것이다.

8장은 한국이라는 맥락에서 하우어워스 읽기를 다룬다. 미국이라는 환경에서 시작된 그의 신학적 윤리학을 한국 사회 그리고 한국 교회에 어떻게 적용할 수 있을지를 논의하면서, 주의해야 할 점과 공헌할 수 있는 점들에 대해서 살펴보려 한다. 이를 위해서 콘스탄티누스주의에 대해 간단히 짚은 후, 하우어워스의 신학적 윤리학의 핵심인 성품의 사람이라는 도덕 주체자가 공동체가 자연스럽게 상정되는 한국적 맥락에서 어떻게 적용될 수 있을지 살펴본다.

마지막으로 부록에서는 먼저 하우어워스의 성령에 대한 이해를 짧게 다룬다. '성령론'이라는 부제를 달았지만, 전통적인 조직신학자들의 연구에서 확인할 수 있는 방식의 기술적인 성령론과는 거리가 멀다. 다만 하우어워스의 작업 속에 담긴 성령에 대한 이해를 담음으로써 앞선 본문에서 다루었던 윤리학적 명제들과 논증들 사이의 빈틈을 메우고 그것들을 통전적으로 연결시켜서, 결국 교회와 함께 하는 그리스도인의 윤리적 신앙생활은 성령 하나님을 통해서만 가능하다는 하우어워스의 '하나님 중심'의 윤리학을 조명하고자 한다.

이어지는 부록 2와 부록 3에서는 '하우어워스를 이해하기 위한 핵심 키워드'와 '하우어워스의 주요 저서 가이드'를 실었다. 핵심 키워드에는 기술/기량skill, 성품, 덕처럼 하우어워스를 비롯하여 기독교 윤리학에서 접할 수 있는 용어들에 대한 간략한 설명들이 실려 있다. 이미 본문에서 설명하고 있지만 명확한 개념 파악을 돕기 위해 재차 풀어 정리한 것인데, 해당 키워드를 통해 하우어워스가 발전시켜 온 신학적 윤리학의 중요 요점들을 파악할 수 있다. '주요 저서 가이드'에서는 이미 국내 독자들에게 소개된 저서들과 아직 번역이 되지 않은 저서들을 아울러 소개한다. 특히, 하우어워스의 초기 저작에서 굉장히 중요한 *Vision and Virtue*와, 나의 하우어워스 연구를 지도한 존 버크만 박사가 편집한 책이자 하우어워스의 전체 작업의 지평을 살펴볼 수 있는 *The Hauerwas Reader*를 소개할 수 있게 되어서 개인적으로 더욱 뜻깊다. 이 세 부록으로 하우어워스의 신학적 윤리학을 이해하는 데 도움이 되기를 기대한다.

1장
성품과 도덕 주체자

하우어워스에게 '성품'character은 단순히 하나의 개념이 아니라 어떠한 사람 자체를 의미한다. 그에게는 모든 이론이 인간의 삶과 연결되어 있기 때문이다. 달리 말하자면, 그는 종종 성품은 언제나 '진실'truthful해야 하지만 성품이 '진실/진리'truth 그 자체는 아니라고 말한다. 우리가 '진리' 혹은 '진실'이라고 말하는 것은 그것 자체만으로 경험되지 않는다. 한 개인에게 진실 혹은 진리는 언제나 삶 속의 진실된 무언가를 통해서 다가오거나 경험된다. 하우어워스에게 이 진리 또는 진실은 진실한 성품으로, 그리고 그 성품이 발현되는 삶의 현장에서 드러나고야 마는 것이다. 인간이 삶에서 선택하는 어떤 것이든 모두 이 성품과 연결되어 있기 때문이다.

성품에 대해 더 이야기하기 전에 우선 짚고 넘어가야 할 질문이 있다. 바로 "성품은 성격을 가리키는가?" 하는 것이다. 성품과 성격은 다른 것인가? 다르다면 과연 어떻게, 얼마나, 어떤 점에서 다른

가? 대부분의 사람이 동의하겠지만, 이 둘은 근본적으로 다르다. 성품과 성격은 엄연히 다른 개념, 다른 성질, 다른 형상의 것이다. 성품으로 번역되는 'character'는 '내향적, 외향적, 밝은, 어두운, 조용한, 비판적인' 등과 같이 개인의 기질을 나타내는 성격이라는 단어와 동의어가 아니다. 그러나 놓치지 말아야 할 사실은, 이 둘이 서로 아주 무관하다고 할 수도 없다는 점이다. 하우어워스도 그의 책 『덕과 성품』 The Character of Virtue[1]에서 이야기했듯이, 성격과 성품은 몇몇 특징들을 공유하기도 한다. 간단하게만 구분하자면, 성품이 자기 자신에 대한 깊은 이해를 기반으로 하는 것에 비해, 성격은 그런 깊이와 이해와 크게 상관없이 좀 더 즉자적으로 표출되는 특징이 있다고 하우어워스는 말한다.[2]

하우어워스가 말하는, 성품에 담긴 자기 자신에 대한 깊은 이해란 무엇일까? 이것을 이해하려면 그의 작업에 거의 빠지지 않고 등장하는 요소에 대해 먼저 이해할 필요가 있다. 그것은 바로 실제 인물 또는 공동체의 이야기다. 왜냐하면 성품이란 하나의 이론적 개념으로 존재하는 것이 아니라 일상을 살아가는 실제 사람들에 대한 것이기 때문이다. 공공의 장소, 시간, 모임, 그리고 그 안에서 살아가는 사람들의 실제 삶이 성품을 설명하는 가장 좋은 예시다. 특히 잊지 말아야 할 점은, 하우어워스의 공동체 윤리 속에서 개인

---

[1] Stanley Hauerwas, *The Character of Virtue: Letters to a Godson* (Grand Rapids, MI: Eerdmans, 2018). 『덕과 성품』(IVP).
[2] Hauerwas, 앞의 책, p. 190.

은 사라지거나 상실되지 않는다는 것이다. 많은 사람이 하우어워스가 교회나 공동체를 강조하기 때문에 개인의 중요성을 평가절하하거나 비교적 단순하고 수동적으로 이해한다고 생각한다. 그러나 하우어워스에게 있어 공동체는 그것을 구성하는 개인이 없다면 불가능한 것이다. 어찌 보면 너무나 당연한, 이 상호 연결된 관계는 굉장히 균형 잡혀 있고 유기적이며 생동적이다. 둘 중에 무엇이 더 우월하고 필수적인가에 대한 주장이 아니다. 개인의 성품이 삶을 살아가는 일련의 일관된 방식이나 형태로서 이해될 수 있는 것도 공동체와의 조화와 균형 속에서 가능하다는 것이 하우어워스의 주장이다.

이처럼 하우어워스의 윤리학은, 특히 성품의 관점에서 본다면 개인을 충분히 강조한다. "우리의 도덕적 삶은 믿음들과 결정들로 구성되어 있지 않다. 우리의 도덕적 삶은 우리의 신념들이, 진실해지기 위해 우리의 성품을 형성하는 과정이다."[3] 그에 따르면, 기존의 근대 철학에 기반한 윤리학은 인간의 도덕적 삶이 일반적인 순수 이성에 의해서 정해지고 그것이 도덕적 기반을 이룬다는 믿음의 토대 위에서 진행되어 왔다. 그렇기에 윤리학은 역사나 전통과는 상관없이 인간의 행동에 정당성을 부여해 준다고 하우어워스는 보았다. 쉽게 말하자면, 당신이 지금 선택하는 어떤 행동은 비인간적으로 보일 수도 있지만, 그 결정이 당신이란 사람을 말해 주는 것은 아니라는 변명을 근대적 윤리학이 제공해 줄 수 있다. 예를 들어, 당신

---

[3] Hauerwas, *The Peaceable Kingdom*, p. 16.

은 어떤 이유에서인지 당신이나 당신의 가족 중 누군가의 낙태(임신중단) 수술 여부를 결정하려고 한다. 전통적 입장에서 낙태는 금기시된다. 생명을 죽이는 일이기 때문이다. 하지만 다른 한편으로 그런 전통적 입장은 편협하고 인간의 기본권, 특히 여성이 자신의 몸과 관련해 스스로 선택하고 결정할 수 있는 인권을 무시하거나 유린하는 구시대의 유물로 여겨지기도 한다. 우리는 그런 시대에 살고 있다. 당신은 여성 또는 여성의 가족으로서 이 수술을 결정하거나 지지할지도 모른다. 그리고 결국엔 수술을 받거나 받는 것에 찬성했고, 임신이 중단되었다고 생각해 보자. 이러한 입장에 대한 반대자들은, '당신은 배 속의 태아를 죽였거나, 죽이는 것에 동조했다'고 주장할 수 있다. 당신은, 그 과정이 무엇이든지 간에 마음속에, 작지만 지우거나 외면하기 쉽지 않은 어떤 죄책감 같은 감정 또는 흔적이 남겨졌음을 발견했을지도 모르고 그 반대일지도 모른다. '난 그래도 괜찮은 사람이야', '이런 일을 한 데는 나름의 이유가 있다고', '이건 이성적이고 합리적인 결정이야. 나 자신을 위한 가장 최선의 방법이라고'라는 식의 생각을 하며 이 결정이 '나'라는 사람을 정의하는 것은 아니라고 생각할지도 모른다. 흥미로운 점은, 합리성이라는 단어가 어느새 '이 상황에서 내가 원하는 것을 할 수 있도록 뒷받침하는 것'이라는 말과 별반 다르지 않게 사용되고 있다는 것이다.

또 다른 예로 '정당방위'self-defence를 들 수 있다. 다음은 내가 어느 수업 시간에 경험한 일이다. 교수님이 질문을 했다. "누군가 당신의 집에 침입해서 당신과 당신 가족을 죽이려고 한다. 당신은 어떤 선택을 할 것인가?" 두 명의 학생이 이 질문에 답했다. 한 명은 아프리카에서 온 학생이었고, 다른 한 명은 미국인이었다. 지금은 둘 모두 훌륭한 목회자가 되어 교회를 위해 헌신하는 삶을 살고 있다. 하지만 그 당시 두 사람의 대답은 달랐고, 아마 여전히 변하지 않았으리라 생각한다. 당신은 두 학생이 어떤 선택을 했으리라 생각되는가? 아프리카인 학생은 정당방위에 동의하지 않았다. 다시 말해, 어떤 이유에서든 폭력적인 방법에 동의하지 않았다. 반면 미국인 학생은 주저 없이 '침입자를 총으로 쏠 것'이라고 대답했다. 미국인 학생은 목회자의 자녀이자, 학교에서 훌륭한 리더십을 보여 주는 학생이었다. 물론 미국 남부 지역에서 자랐으니 총기 관련 사건 사고에 어느 정도 직간접적으로 노출되기도 했을 것이다. 아프리카에서 온 학생은 잔인하고 끔찍한 '인종 청소', 말 그대로 지옥과 같은 학살의 현장을 겪은 당사자였다. 그런데도 그는 '폭력' 자체를 반대했다. "간단하다. 나는 그리스도인이기 때문이다. 예수께서는 칼이 아니라 십자가로 세상을 이기셨다." 미국인 학생의 의견도 무시할 수 없었다. "나는 하나님이 주신 가족을 보호할 책임이 있다." 두 사람 사이의 간극은 너무나 커 보였고, 열띤 토론에도 간격이 좁혀지지 않은 채 끝이 났다.

 이 질문에 대한 당신의 선택은 무엇인가? 보통의 한국 사람이라면 총을 들고 가족을 보호하는 선택을 하지 않을까? 나는 군대를 다녀왔고, 할아버지는 한국 전쟁 당시 빨치산 무장괴한과의 전투에서 전사하셨으며, 아버지도 직업군인이셨다. 이 정도가 아니더라도, 여전히 '휴전' 상태인 한국인의 입장에서 이런 문제는 어쩌면 답이 정해져 있는 것처럼 여겨질 수 있다. 살인과 폭력은 나쁘지만, 사랑하는 가족을 지키기 위해서는 침입자를 죽이거나 반격 불능의 상태로 만들어 제압해야 하고, 그러다 만일 침입자를 죽게 했더라도 정당방위로서 죄가 없을뿐더러 오히려 주변 사람들에게 영웅이라는 찬사를 들을 수도 있다. 우리는 그리스도인도 경우에 따라서는 살인을 할 수 있다고 확신에 찬 믿음을 너무 당연한 상식으로 가지고 있는지도 모른다.

어떤 성품을 빚어 갈 것인가

어떤 선택이 옳고 그른지 시시비비를 가리려는 것은 아니다. 단지 여기서 하우어워스의 이야기를 들어 보자. 그는 '어떤 선택을 할 것인가?'라는 질문을 던지기 이전에, '어떤 성품을 빚어 갈 것인가?'에 집중해야 한다고 말한다. 왜냐하면 그에게 도덕적 삶이란, 언제나 성품을 통해 조명되는 삶의 반복적인 특정한 형태pattern 또는 결grain에 관한 것이기 때문이다. 다시 말하자면, 나무의 결처럼 삶은 하나의 일정한 모양 또는 패턴을 보인다는 것이다. 전등 불빛이 사실은 인간이 인식하지 못하는 속도로 빠르게 점멸하는 빛의 연속인 것처럼, 또는 선처럼 보이는 나무의 나이테가 사실은 굉장히 작은 점들의 연결인 것처럼 말이다. 이와 같은 작은 점들이 우리가 인식하든 못 하든 상관없이 우리 일상을 채우는 결정들, 행동들, 움직임들이다. 나무의 결은 그 나무의 종이 무엇이며 어떤 환경에서 자라느냐에 따라 특정하게 형성된다. 물론 이 비유가 완전한 설명이 되지는 못할지라도, 인간의 도덕 생활이 단순히 분리되어 존재하는 점들이 아니라 하나의 연속된 흐름으로 인식되며 그럴 때에야 의미를 지닌다는 점에서, 그리고 그 발현의 원천은 나무나 빛의 실재에 있다는 점에서 이 비유는 하우어워스가 말하는 성품을 설명하는 데 도움이 된다.

반대로, 도덕적 의무와 규칙/규범들 principles에 집중하다 보면 사람들은 자기 자신으로부터 결정이나 행동 들을 분리하는 경향이 있다. 이는 즉 자기 자신이 누구인지 보여 주는 자신의 이야기들로부터 분리됨을 의미한다. 어떤 사람들은 아무리 다양한 사람이 존재하더라도 인간은 올바른 도덕적 의무들과 규칙들을 인식함으로써 보편적이고 일반적인 도덕적 합의, 즉 세계 어디를 가나 누구에게서든 동의를 얻을 수 있는 도덕 결정에 이를 수 있다고 믿는다. 좀 더 쉽게 이야기하자면, 앞에서 예로 들었던 두 명의 학생들 중 한 명인 미국인 학생처럼, 자신과 가족을 공격하는 적은 언제나 반격의 대상이 된다고 믿는 것처럼 말이다. 그에게 정당방위란 우주적으로 정당한, 어디서든 동의될 수 있는 도덕 결정과 다르지 않다. 그러나 흥미롭게도 그 학생의 주장은 같은 강의실 안의 다른 그리스도인 형제는 받아들일 수 없는 결정이었다.

하우어워스에 따르면, 미국인 학생의 정당방위에 대한 결정과 주장은 사람이 아니라 사건과 선택, 그리고 이를 통해 자신이 이루어야 하는 목표에 집중한 것이다. 이것이 굉장히 이성적이고 당연한 주장처럼 들릴 수도 있다. 그러나 우리는 흔히 다음과 같은 자기 변명 내지 핑계를 대곤 한다. '나는 원래 이런 사람은 아닌데, 내 일이 원래 이런 역할이라 어쩔 수 없어.' 또는 '나는 그리스도인이지만, 내 가족을 지키기 위해서/먹여 살리기 위해서 이런 일(폭력 또는 거짓말, 심지어는 살인)을 해야만 해.' 즉, '나'라는 사람의 성품 또는 사람됨은 이 의사결정에 따라 행동하는 행위자와 100퍼센트 일치하지 않으며 그럴 수도 없고, 자신은 오로지 매뉴얼대로 따랐을 뿐 진실된 자아, 핵심 본체 또는 실재는 그 행동 너머 어딘가에 따로 존재한다는 것이다. 이러한 생각이 도움이 될 때가 있다. 그러나 이러한 방식으로 생각하고 결정하며 삶을 살아갈 때의 위험은, 어느 순간 자신의 삶을 자신의 것이라고 말할 수 없는 수준이나 단계에 이르게 된다는 데 있다. 즉, 주어진 환경이 '나'로 하여금 어느 순간에 어떤 특정한 결정을 하도록 만들어 간다는 식으로 다른 사람이나 주변 환경만을 탓하기가 훨씬 쉬워지는 것이다.

 이와는 반대로, 하우어워스는 사람이 주어진 환경에 의해 정해지지 않는다고 본다. 환경은 물론 중요하지만, 그것이 한 사람이 어떤 결정이나 행동을 하도록 몰아가는 가장 우선되는 이유는 아니다. 하우어워스의 신학적 윤리학에서 사람은 주도적으로 자신의 삶을 개척하고 결정하는 존재다.[4] 얼핏 보면 이 주장은 하우어워스 자신이 반대하는 근대 윤리학의 기초인 칸트 철학과 유사한 것 같지만, 하우어워스는 인간을 수동적이거나 피동적이지 않으며 자신의 성품을 따라 결정하고 행동하는 존재로 본다는 점이 다르다. 하우어워스에 따르면, 칸트 철학과 그에 기반한 윤리학은 행동 너머에 있으면서 존재하는 것들을 소유하는, 결정되지 않은 채로 순수한 자아를 주장한다.[5] 하우어워스는 이에 반대한다. 성품에도 매이지 않은 채로 순수한 pure 초월적 존재와, 결정을 내리는 또 다른 주체자가 각각 존재할 수 없다는 것이다. 하우어워스가 말하는 성품이란, 오히려 근대 철학자들에게 있어 개발되거나 성숙되어야 하는 것이 아니라 극복되어야 하는 것일 뿐이다.[6]

인간 행동과 관련된 근대 철학의 비판에 대해서 하우어워스는 매킨타이어의 영향을 자주 언급한다.[7] 그는 매킨타이어의 작업이 행동 자체에 대한 개념보다 '이해할 만한 행동의 개념'이 더 근본적이고 중요함을 증명하는 데 도움이 된다는 점에 주목한다.[8] 예를 들면 마음과 몸의 구분에 대한 논의점과, 사실과 가치가 명확하게 구분

---

4 Stanley Hauerwas, *Character and the Christian Life: A Study in Theological Ethics* (San Antonio, TX: Trinity University Press, 1975), p. 18.
5 앞의 책, pp. 21-22.
6 앞의 책, p. 22.
7 매킨타이어의 근대화(modernity)에 대한, 특히 니체를 위시한 계보학(Genealogy)과 계몽주의적 이성주의자들을 중심으로 한 백과전서(Encyclopaedia)파에 대한 그의 해석, 그리고 중세를 향한 다소 치우쳐 보이는 선호는 여러 곳에서 비판받아 왔다. 이에 대해서는 다음을 보라. Alasdair MacIntyre, *Three Rival Versions of Moral Enquiry: Encyclopaedia, Genealogy, and Tradition* (Notre Dame, IN: University of Notre Dame Press, 1990).
8 Stanley Hauerwas, *Working with Words: On Learning to Speak Christian* (Eugene, OR: Wipf and Stock Publishers, 2011), pp. 203, 206.

되어야만 한다는 주장들, 인간의 자아와 행동 사이를 명쾌하게 구분할 수 있는 것처럼 주장하는 사상들은, 근대 철학과 윤리학이 걸었던 오류들의 반복이라는 것이다.[9] 하우어워스가 이해한 매킨타이어에 따르면, 근대 도덕 철학의 등장으로 인해, 인간의 욕구와 타고난 성향/기질 등을 나타내는 구조인 도덕적 주체의 성품은 주변부로 밀려나 버리고 말았다.[10] 하우어워스는 플라톤 Platon부터 데이비드 흄 David Hume까지 이어져 왔던 도덕 철학의 성품에 대한 중심이, 칸트 Immanuel Kant와 리드 Thomas Reid와 사르트르 Jean-Paul Sartre 등으로 대표되는 선택과 결정 중심의 담론으로 이동하게 되었다고 정리한다.

이것은 무슨 문제를 야기하는가? 이후에 이야기와 공동체를 다루는 장에서 더 자세하게 설명하겠지만 여기서 특히 성품과 관련해서 말하자면, 성품을 이야기하기 위해서는 그 성품에 의미를 부여하고 빚어 갈 이야기, 특히 공동체의 이야기가 필요하다. "행동을 배우기 위해 필수적인 것은 다른 사람들이 우리를 이해할 수 있는 방식으로 행동하는 법을 배우는 것이다. 다시 말하자면, 한 행동의 이해는 그 [도덕] 주체자의 삶 속에 있는 이야기의 연속성들에 의지한다."[11] 근대 도덕 철학에서 말하는 인간 본질(또는 핵심) essence이 인간 지식의 올바른 대상이 될 수 없다. 왜냐하면 인간은 오로지 결과나

---

9 앞의 책, p. 206.
10 앞의 책, p. 207.
11 앞의 책, p. 209.

영향들을 통해서 본질들을 가늠할 수 있기 때문이다.[12] 하우어워스는, 하나님의 지식에 대한 이해는 "하나님과의 조우"encounters with God에서 비롯하며, 이것은 우리를 둘러싼 상황, 전통, 사회, 세상 등 공동체를 통한 경험이 주를 이룬다는 매킨타이어의 주장에 주목한다.[13] 전통과 공동체에 의해 영향을 받은 성품은 다른 전통을 통해서 자신과 자신이 몸담고 있는 공동체, 그리고 그 공동체의 전통(그러므로 자기 자신의 전통)을 더 잘 이해하게 된다. 이 가운데 사람과 사람, 공동체와 공동체 사이에 발생하는 긴장은 피할 수 없다. 왜냐하면 한 공동체 내에서 기존의 전통과 가르침으로는 풀기 어렵거나 논리적 모순에 빠지게 되는 여러 질문들이 다른 공동체에서는 다른 대안을 통해 쉽게 풀릴 수 있기 때문이다.[14] 성품의 공동체community of character에서는 행위 또는 선택의 공동체에서 문제되지 않는 일들이 문제가 되기도 하고 그 반대의 일이 일어나기도 한다는 말이다.[15]

한 예로는, 2015년 미국의 한 주에서 동성 커플에게 결혼등록증 발급하는 일을 거부했다는 이유로 법원 서기 공무원이 구치소에 갇히고 재판을 치르면서 미국 전역은 물론 세계적으로 뜨거운 논

---

12 앞의 책.
13 앞의 책.
14 앞의 책, pp. 211-212.
15 여기서 말하는 행위 또는 선택의 공동체란 비단 종교적 공동체만을 가리키지 않는다. 공동체가 당면한 문제를 해결하기 위해 구성원들 다수가 옳다고 생각하는 방식으로 전통이나 그들이 추구하던 도덕적 성품과는 상관없는 결정을 내리는, 또는 내릴 수 있는 공동체를 총칭하는 말이다. 어찌 보면, 그러한 공동체에서는 현재 다수의 유익과 정의를 위해 무작위로 내려지는 결정 자체가 그들의 전통이자 성품일 수도 있겠다.

란이 된 사건이 있었다. 이 사람은 결혼등록증에 법원 서기로서 이름이 새겨지기 때문에 자신의 신앙 양심에 위배되는 일은 할 수 없다고 주장하며 업무를 거부했다가 구치소에 5일간 갇히게 되었다. 이 공무원은 재판에 넘겨졌지만, 그가 업무에 복귀한 후 관련 규정이 수정되어 더 이상 법원 서기의 이름이 결혼등록증에 남지 않게 되면서 다시 자신의 일을 할 수 있게 되었다. 그 커플도 해당 공무원이 구치소에 구금되어 있는 동안 다른 공무원에게 결혼등록증을 발급받으면서 사건은 마무리되었다.

물론 이 하나의 예가 전부를 설명하는 것은 아니며 그럴 수도 없다. 그 공무원이 원래는 신앙심이 깊은 사람이 아니었는데 그날따라 다르게 행동했던 것인지도 모를 일이다. 하지만 그의 신앙 고백 내용을 사실이라고 여긴다면, 그 사람이 구치소에 갇히는 불이익을 당하면서까지 그런 선택을 할 수 있었던 것은 그 사람 '자체'가, 더 자세하게 말하자면 그 사람을 형성하고 설명하는 '성품'이 그런 종류이기 때문이라고 해석하는 방식이 하우어워스의 인간 또는 성품에 대한 이해다. 이처럼, 하우어워스의 성품에 집중하는 윤리학은 선택에 집중하는 윤리보다 한 사람이 신념을 진실되게 발휘하며 살아가는 것에 강조점을 둔다.

이것은 하우어워스를 이해하는 데 중요한 개념인 '참여자적 관점'participant's perspective 으로 이해할 수 있다. 그 어떤 환경이나 상황, 극히 제한적으로 보이는 선택지 중에서도 '내가' 결정한 행동은 '내가' 한 것이지 다른 과학적 또는 사회학적 언어로 포장하거나 객관화할 이유가 없다는 것이다. 하우어워스를 이해하는 데 가장 중요한 학자들 중 하나이자 그의 친구인 새뮤얼 웰스Samuel Wells는 이 참여자적 관점에 주목한다.[16] 즉, 하우어워스의 신학과 신학적 윤리를 이해하기 위해서는 중립적인 객관성을 핵심 가치로 보는 '관찰자적 관점'을 거부하고, 그 윤리적 결정 또는 생활을 실제 살아가는 사람의 입장에서 생각해야 한다는 것이다. 이러한 참여자적 관점은 도덕적 사건이나 결정에 적극적으로 생각하고 관여하는 것을 전제로 한다. 웰스에 따르면, 하우어워스는 보편적으로 누구에게나 어떤 상황에서도 적용될 수 있는 객관적으로 중립적인 행동은 없다고 본다. 모든 행동과 결정은 주관적이며 그러한 결정이 보편적 옳고 그름의 가치를 보여 주기도 하지만(또는 그렇게 보이지만), 그보다 우선하여 그 결정을 내린 사람의 성품을 드러내 보여 준다는 것이다. 다시 말하지만 선택과 결정은 여전히 중요하다. 그러나 윤리와 도덕적 삶에 있어서의 핵심은 아니다. 그 핵심은 바로 그러한 결정을 내리는 성품이다.

그래서 하우어워스는, '이성이 객관적인 관찰자로서, 모든 사건에서 한발 물러서 있으면서 어떤 일이 벌어질 때 중립적으로 보편적·윤리적인 결정을 내릴 수 있다'는 주장이 그리 설득력 있다고 여기지 않는다. 왜냐하면 객관적인 것처럼 보이는, 관찰자적 관점에서

---

[16] Samuel Wells, *Transforming Fate into Destiny: The Theological Ethics of Stanley Hauerwas* (Cumbria: Paternoster, 1998). 이 책, *Transforming Fate into Destiny*는 하우어워스 연구를 위한 가장 대표적이며 권위 있는 자료 중 하나다.

내려지는 이러한 결정은 심지어 그 결정이 그것을 내린 사람의 삶과 일치해 보이지 않는다 하더라도 결국 아무런 문제가 없기 때문이다. 이렇듯 순간의 결정과 평생의 삶이 아무런 연관도 없다는 점에서 그 행위자의 윤리는 어떠한 규정도 제한도 의미가 없는 비한정적 윤리unqualified ethic, 또는 비조건적 윤리라고 부를 수 있다. 이것은 그 누구라도 차용할 수 있다는 점에서 범우주적이며 보편적인 윤리로 불릴 수 있지만, 오히려 일상에서 사람들이 처하게 되는 일들의 다양성과 그 주체인 사람들의 특성을 다루기에 충분하지 않다고 하우어워스는 주장한다.

성품과 도덕 주체자

이것이 왜 하우어워스의 신학적 윤리학에서 주체자의 관점agent's perspective을 우선시하는 것이 그토록 중요한지에 대한 이유다. 하우어워스가 중요하게 여기는 구체적으로 특정된 또는 조건적이며 한정적인 윤리qualified ethic란, 한 사람이 내리는 도덕적 결정이 그가 처한 특정한 상황뿐 아니라 그의 성품과 무관하지 않으며 오히려 긴밀히 연결되어 있다고 보는 윤리학적 개념이다. 한 사람의 성품은 그가 속하여 자란 공동체의 전통과 덕목들에 의해 길러진 것이기에, 그는 그러한 덕목들에 의해 조건 지어지고 한정된 윤리를 갖게 된다. 이러한 윤리는 문제나 이슈 자체가 아닌 한 사람에 집중하며, 이 사람은 도덕적 결정을 내려야 하는 상황에 놓이고 그 속에서 살고 있는 도덕 주체자moral agent다. 도덕 주체자, 즉 주체적인 인간이란 무엇이며 이것이 도덕적 삶과 어떤 관계가 있는가? 주체자란 자기의 행동을 일정 정도 의도적으로 제어하거나 조절할 수 있는 개인을 의미한다.[17] 지금 이 글에서 어떻게 개별 주체자가 의도를 갖게 되는지에 대한 철학적 논의를 하려는 것은 아니다. 다만, 하우어워스에 따르면, 성품은 지속적이고도 일관된 삶의 한 방식으로 적절히 표출된다. 그렇기 때문에, 도덕 주체자는 "특정 결과들을 발생하게 하는" 힘 그 자체라고도 말할 수 있다.[18]

이러한 일련의 행위로 드러난 성품은 한 개인이 어떤 사람인지 말해 주며 그 사람의 기질 또는 성향을 설명한다.[19] 더 나아가, 성품은 또한 그 사람의 확신 또는 신념이 진실된 것인가를 이해할 수 있게 해 준다고 하우어워스는 말한다.[20] 도덕 주체자에 대한 주목은 윤리학이 과연 무엇에 대한 학문인가를 다시금 생각하게 한다. 도덕 주체에 대한 하우어워스의 이러한 관심은 윤리학이란 어떤 사안에 대한 의사결정 자체가 아니라, 그 의사결정을 내리는 사람이 어떤 사람이며 그의 기질은 무엇이고 그 사람이 믿는 신념과 삶의 일치가 과연 시간을 통해 드러나는가에 대한 숙고 속에서 발생하는

---

[17] Thomas F. Tracy, *God, Action, and Embodiment* (Grand Rapids, MI: Eerdmans, 1983), pp. 42-43. 하우어워스는 주체자(agent) 개념을 이해하는 데 있어서 이 책의 중요성을 여러 번 언급했다.

[18] Hauerwas, *Character and the Christian Life*, p. 83.

[19] Hauerwas, *Working with Words*, p. 207.

[20] Stanley Hauerwas, *Truthfulness and Tragedy: Further Investigations in Christian Ethics* (Notre Dame, IN: University of Notre Dame Press, 1977), p. 9.

것임을 보여 준다.[21]

그러므로 성품은 도덕적 삶에 있어서 가장 결정적인 요소로서, 그 사람 자신의 진정한 실재라고 하우어워스는 말한다. 이에 대해 그의 또 다른 직관적인 표현을 빌려, "우리가 우리의 성품이다"라고 말할 수도 있다.[22] 이 말은 자아 또는 성품 너머에 숨어 있는 또 다른 존재란 없다는 의미다. 이것은 잠시 생각해 볼 필요가 있다. 책의 후반부에서 다시 설명하겠지만, 이것이 특히 한국 교회의 성품에 대한 이해에 있어 굉장히 중요하기 때문이다. 한국 교회, 특히 개신교회가 해외(주로 미국)에서 유행하거나 성공한 프로그램이 있으면 너도나도 나서서 도입하려는 것은 더 이상 비밀도 아니다. 대표적으로 한 대형 교회에서 들여온 '셀 교회'가 그 예다.[23] 지금 살펴보고 있는 '성품'도 2010년 이전에 이미 여러 교회들 사이에서 유행했던 것으로 기억한다. 그것이 하우어워스를 필두로 한 후기 자유주의postliberalism에 대한 관심 때문은 아니었을 것이다.[24] 성품이라는

---

21   Emmanuel M. Katongole, *Beyond Universal Reason: The Relation Between Reason and Ethics in the Work of Stanley Hauerwas* (Notre Dame, IN: University of Notre Dame Press, 2000), p. 47.
22   Hauerwas, *The Peaceable Kingdom*, p. 39.
23   미국 침례교 목사인 랠프 네이버(Ralph Neighbour)에 의해 연구되고 발전되어 온 셀 사역은 세포(cell)가 번식해 나가듯 소모임 안에서 삶의 나눔과 섬김을 통한 복음 전파를 목적에 두는 것이다. 흔히 소그룹 모임 또는 목장 모임으로 불린다.
24   '후기 자유주의'라는 이름 때문에 인본주의적 자유주의 신학을 따르는 학풍이라고 오해할 수 있으나, 이 용어는 리처드 니버(H. Richard Niebuhr)가 자유주의 신학에 의해 단절된 과거 전통을 다시 회복하려는 신학적 사조를 설명하면서 사용한 '자유주의-이후'(post-liberal)라는 단어로 처음 사용되었다. 이후 조

개념은 한편으로 한국인에게는 이해하기 쉬운 개념일 수도 있다. 좋든 싫든 한국 사회는 유교적 가부장제가 오래도록 지배해 왔고, 그 안에서 공동체가 추구하는 일련의 성품, 삶의 방식이 확실히 존재하는 곳이기 때문이다. 여기에는 물론 일본의 식민 지배 및 한국 전쟁으로 인한 깊은 상처가 영향을 미쳤을 것이다.

그 후 한국 사회는 아시아에서 가장 빠른 속도로 서구화를 이루어 냈으며 이제는 역으로 한국 문화가 서구권으로 수출되는 상황이 되었다. 그럼에도 여전히 다수의 사람에게 특정한 삶의 방식을 강요하는, 공동체 우선주의라는 한국 사회의 뿌리 깊은 문제가 존재하는 것도 사실이다. 이로 인해 한국 사회와 교회 안에 세대와 계층 간 갈등의 골이 깊어졌다. 빠르게 변하는 사회에서도 여전히 사회적·정치적·경제적으로 장년층의 영향력이 큰 가운데—특히 교회에서는 더더욱 그렇다—젊은 세대가 개개인의 독립된 주체성을 인정받기란 쉽지 않으며, 이기적이지 않은 홀로서기와 개인의 주체성을 기르는 것이 무엇인지 배우기도 어렵다. 다시 말해, 한국 사회가 빠르게 과거의 폐쇄적 공동체에서 열린 사회로 진보하고 있다는 의

지 린드벡(George A. Lindbeck)이 *The Nature of Doctrine: Religion and Theology in a Posliberal Age* (Philadelphia, PA: The Westminster Press, 1984)에서 자유주의 신학에 의해 왜곡된 성경의 내러티브를 다시 회복해야 한다는 주장을 펼치며 '후기 자유주의'라는 용어를 본격적으로 사용했다[『교리의 본성』(도서출판 100)]. 예수님의 역사성과 함께 성경의 서사를 통한 하나님의 계시에 신학적 토대를 두며, 이를 위한 '문화-언어적' 해석틀을 접근법으로 사용한다. 스위스 신학자 칼 바르트의 영향을 받은 학자들이 많으며, 대표적인 학자로는 스탠리 하우어워스 이외에 한스 프라이(Hans Frei), 조지 린드벡 등이 있다.

견들은 있으나, 여러 사회적·문화적·역사적 특성상 '나'의 이야기가 가능한 곳인가 하는 질문에선 고개를 가로젓게 되는 것이 부정할 수 없는 현실이다. 특히 이러한 현상이 신앙이라는 명분으로 교회 안에서 너무나 당연하게 일어나는 경우를 우리는 어렵지 않게 목격할 수 있다.

하우어워스를 읽고 이해하는 선에서 그치지 않고, 그의 이론을 개인의 삶에 받아들이거나 교회에 적용하려면 꽤 큰 용기가 필요하리라 본다. 이 용기는 무엇보다도, 빠른 시일 내에 성품이라는 결과를 내려는 '욕심' 또는 '욕망'을 죽일 수 있는 용기, 그리고 교인의 수가 기대한 것만큼 늘지 않고 심지어 줄어드는 것 같은 낙심할 만한 결과가 있더라도 지속할 수 있는 '지속성'과 '인내'의 용기다.[25] 이와 함께 전통이라는 이름으로 지켜 왔던 잘못된 관습과 구체제를 '신학'을 이용해 강화하려는 의도에 대한 비판적이고 생산적인 저항도 필수적이다. 성품이란 일종의 '아이템'처럼, 나라는 '자아'가 얻어서 잘 기르고, 후에 비싸게 되팔거나 그에 상응하는 보상을 받아 낼 수 있는 그런 것이 아니다. 하우어워스의 신학 또는 신학적 윤리에 따르면 좋은 성품은, 특히 그리스도인으로서의 성품은 사회적 성공과 직접적 관련이 없다고 봐도 무방하다. 더욱이 성품을 '가진다'기보다는 성품 그 자체가 '된다'고 말하는 것이 올바른 표현이라 할 수 있다. 그러니 '나'라는 사람 자체가 완전히 복음에 깎이고 다듬

---

25 물론 이 '용기'는 복음에 대한 신실하고 진실한 신뢰에 기반하여야 한다.

어져서 그 복음이 체화된 형태로 사는 것이 하우어워스가 말하는 성품이며 개별 도덕 주체로서의 그리스도인이라면, 그 성품을 위한 여정은 일평생 지속된다고 보아도 과한 해석이 아니다.

성품과 성화의 윤리

성품은 세상 속에서 살아가는 자아의 상대적으로 안정되고 일관된 패턴이라 할 수 있다. 그러므로 성품이 형성되는 데는 언제나 시간이 걸린다. 이것은 '선택에 초점을 맞추는 윤리'가 설명하지 못하는, 하우어워스의 기독교 윤리가 가진 또 다른 특징이다. 성품이라는 행동 양식은 삶 속에서 맞닥뜨리는 여러 선택들 중에 왜 그 사람이 다른 무엇도 아닌 그 특정한 방식을 선택했는지, 그리고 그런 종류의 선택이 왜 그의 삶 전체를 일관되게 채우고 있는지 설명할 수 있는 결정적 요소가 된다.[26] 성품의 사람이 이해하는 '시간'은 세상의 다른 방법들을 선택하는 사람들과 다른 시간이자, 그가 살아 내기로 선택한 '다른' 시간 즉 하나님의 시간을 의미하기도 한다. 성품의 사람에게는 그가 살아가는 이 세상 또한 하나의 실제이지만, 그 무엇보다도 온 만물을 창조하신 하나님과 그분의 나라가 체화되어 embodied 계시된 예수 그리스도의 부활 생명이 진정한 실제이기 때문이다.

---

26   Hauerwas, *Truthfulness and Tragedy*, p. 23.

하우어워스에게 도덕적 행동은 관념이나 생각이 아닌, 한 사람의 신념에 바탕을 둔 특정한 의도와 함께하는 진정한 선택이다. 그러므로 성품의 형성은 형이상학적인 관념이 아니라 도덕 주체자의 삶 속에서 너무나 명백하게 벌어지는 경험이다. 이 도덕 주체자는 도덕적 삶 속 자기 계시적 진리로부터 비롯되는 신념들을 소유하며, 이러한 신념들과 믿음들이 선택에 앞서 성품을 형성한다. 도덕 주체자가 온전한 한 인간으로서 자신의 행동을 확정적으로 실행할 수 있기 때문에, 성품의 발달로 인해 각 사람은 자기 자신의 삶에 대해 '이것은 내 삶' 또는 '내가 한 결정'이라고 주장할 수 있다. 따라서 하우어워스에게 성품은 한 인간의 지속적이고 일관된 전체의 삶과 다른 말이 아니다. 성품에 의해 사람은 사회적·종교적·도덕적 믿음에 따라 살 수 있다.[27]

성품은 개인의 신념에 의해 발전되거나 성숙된다. 사람은, 자신이 누구인지 '알고' 그렇다면 어떻게 그 정체성에 따라 살아야 하는지를 안 후에야 특정한 규칙들과 의무들을 따를 수 있다. 비록 이야기 또는 서사가 누군가의 도덕적 삶을 이해할 수 있도록 구체화하지만—이 부분은 3장에서 더 자세히 다루고 있다—하우어워스에 따르면 윤리학에 관한 한, 기독교 신앙은 단순히 누군가가 세상을 수용하는 실천적인 도덕적 결정들을 만들도록 도와주는 내면적 확신만이 아니다. 기독교 신앙이 밑바탕이 된 윤리는 그리스도인으로

---

27 Stanley Hauerwas, *Vision and Virtue: Essays in Christian Ethical Reflection* (Notre Dame, IN: University of Notre Dame Press, 1974), p. 3.

서 그 사람의 성품에 기초한 삶 속에 실천되는 것이다.

이러한 '성품의 윤리학'을 '증인과 성화의 윤리'라고 할 수 있다. 여기서의 증인은 바로 예수 그리스도에 대한 증인이며, 그분의 삶과 죽음과 부활 이야기에 담긴 하나님의 진리에 대한 증인을 의미한다. 동시에 이 증인은 그에게 해결해야 할 과업task이 있음을 가리킨다. 신앙생활은 정해진 시간—길게는 평생 동안—안에 성취해야 할 법이나 목표, 또는 원칙이 아니다. 그리스도인의 삶은 "예수 그리스도 안에 계신 하나님이 세우신 그분의 규칙을 살아 내는 것"이며 그것이 바로 증인의 삶 또는 윤리다.[28] 하우어워스의 신학 속 증인의 개념에 대해서는 이후에 다시 설명할 것이다.

이것은 하우어워스가 이해하는 성화sanctification와도 연결된다. 하우어워스가 생각하는 그리스도인의 성화된 삶은 도덕적 완전무결함을 가리키지 않는다. 라인홀드 니버Karl Paul Reinhold Niebuhr가 인간의 도덕적 완전 또는 완성은 불가능하며 그 불완전함을 인정해야 한다고 한 반면, 하우어워스는 그리스도인의 성화는 무엇을 완성하느냐 하지 못하느냐의 문제가 아니라 바로 그리스도인으로서의 책임에 있다고 주장한다. 이 책임은 교회가 지키고 대대로 전수해 온 복음의 이야기에 대한 책임이다. 더 구체적으로 말하자면, 교회의 이야기에 의해 변화되고 빚어져 온 성품에 대한 책임이다. 그 성품에 대한 책임은 성품을 아우르고 형성하는 더 큰 공동체의 이

---

[28] Hauerwas, *Character and the Christian Life*, p. 180.

야기인 '복음의 결'과 어긋날 수 없는 것이다. 성품의 공동체에 속한 성품의 사람으로 책임 있게 사는 것은 자신이 전수받은 그 이야기, 그 복음, 그 하나님의 성품과 반대되거나 어긋나는 결정을 하지 않도록 노력하는 삶이다.²⁹

하우어워스에게 '성화'는 단순히 다른 신학적 개념들과 연결된 하나의 부분으로 작용하는 개념이 아닌, 우리의 믿음과 믿음에 의한 고백들이 진실하다는 것을 이해하고 그것에 대해 주장할 수 있도록 스스로를 돕기 위한 핵심적인 개념이다. 성화는 예수님의 이야기를 우리의 이야기로 만들기 원한다면 반드시 걸어야만 하는 여정이 있음을 우리가 상기하도록 하는 하나의 방법이다. 칭의justification는 바로 그 예수님 이야기의 성품을 우리에게 상기시켜 주는 것, 즉 인간이 나아갈 길을 제공하신 하나님에 대한 이야기의 특징에 관한 것이라고 하우어워스는 이해한다.³⁰ 다시 말해 삼위일체 하나님의 존재가 의미하는 것 중 하나는 하나님이 구속redemption과 구원salvation의 역사로 하나님 자신을 우리 인간에게 주셨다는 것이다. 하나님이 이미 그 아들을 통해 세상을 심판하셨고, 이 심판에 의해서 우리는 은혜를 받을 뿐 아니라 은혜를 인식할 수 있게 되었다. 그러므로 삼위일체 하나님의 심판은, 우리를 하나님의 증인으로 만드는 하나님의 구속하시는 일하심이 있음을 우리에게 말하는 선물

---

29 Stanley Hauerwas, *With the Grain of the Universe: The Church's Witness and Natural Theology* (Grand Rapids, MI: Brazos Press, 2001), pp. 139-140.
30 Hauerwas, *The Hauerwas Reader*, p. 140.

이라고 이해할 수 있다.[31] 하우어워스는 이 증인 됨은 삼위일체 하나님, 특히 성령의 증언에 의해서만 가능하다는 것을 인정하며 동시에 우리의 성품과 그것의 변화는 우리의 행동으로부터 떨어져 발생할 수 있는 것이 아님을 덧붙이기도 한다.[32] 그 행동이란 곧 우리의 선택, 결정, 또는 결단의 결과를 가리킨다.

성화는 우리의 실제 행동으로부터 떨어져 있거나 행동 이면에 숨겨진 채 일어나는 신비한 과정이 아니며, 우리의 고백들과 행위들과 '함께' 작용한다. 그로써 우리가 하는 모든 것들이 우리에게 어떤 성품이 있는지를 보여 준다고 하우어워스는 말한다.[33] 그러므로 성화는 그리스도의 형상 안에서 벌어지는 성품 형성 또는 그러한 과정이며, 자아는 우리의 행위에 얽혀 있는 모든 구체화된 것들을 통해 정해진다. 율법, 종교적-비종교적 규범들, 그리고 그 이외의 모든 법들은 그러한 구체화된 요소들 중 일부분에 지나지 않는다. 이런 점에서 성화를 하나의 방향weisung이라고 묘사한 바르트의 해석은 도움이 될 만하다고 하우어워스는 말한다.[34] 그리스도인의 삶에 있어서 율법과 다른 외부 요인들은 삶의 모든 경우에 같은 방식으로 행동하도록 요구하지 않으며 오히려 그 자아에게 일반적인 방향을 제공한다는 것이다. 율법은 그런 점에서 우리 그리스도인이 도덕

---

31   앞의 책, pp. 145-148.
32   앞의 책, pp. 148-149; Hauerwas, *Character and the Christian Life*, p. 207.
33   Hauerwas, *Character and the Christian Life*, p. 206.
34   앞의 책, p. 209.

적으로 진중하면서도 유연한 성품적 특징을 갖게 하는 데 공헌하는 핵심 요소들 중 하나다.[35]

하우어워스의 이러한 성화에 대한 이해는 장 칼뱅John Calvin, 존 웨슬리John Wesley, 조너선 에드워즈Jonathan Edwards 등 각 시대와 교회를 대표하는 신학자들의 성화에 대한 신학적 작업을 밑바탕에 두고 있다. 그는 성화에 대한 이들의 주장에 공통된 특징이 있다고 말하는데, 그것은 기질이 배출되는 하나의 종류 또는 하나의 행동이 아닌 한 인간 자체의 성향과 본성으로 성화를 이해했다는 것이다.[36] 만일 그리스도인의 성품이 온전한 마음에 관한 것이 되어야 한다면, 그것이 의미하는 것은 바로 성품이 신앙과 이루는 조화다. 그 그리스도인은 자신의 기본 성향을 포함한 성품의 모든 측면이 그리스도를 믿는 믿음과 일치를 이루도록 하는 데 전념해야 한다. 왜냐하면 그리스도인의 모든 행동이 우리에 대한, 우리를 향한 하나님과의 관계에 기반하는데, 그 관계는 결국 우리의 온전한 마음에 닿아 있기 때문이다.

성품과 도덕적 삶

이러한 마음과 행동의 관계에 대해, 그로써 다룰 수밖에 없는 덕과 도덕에 대해 하우어워스는 철학자 아리스토텔레스의 행복에 대한

---

35 앞의 책.
36 앞의 책, pp. 206-209, 216-217.

이해를 들어 설명한다.[37] 하우어워스에 따르면, 아리스토텔레스에게 행복은 다른 선한 가치들에는 없는 어떤 지속성 또는 지속하게 하는 힘을 가지고 있다고 한다. 그는 아리스토텔레스가 말한 에우다이모니아 *eudaimonia*는 행복이 아니라 '최선의 가능한 삶' 또는 '지고의 선'으로 이해되어야 한다고 말한다.[38] 그것이 아리스토텔레스가 말한 인간의 목적이며, 인간은 그것을 이루기 위해 기능하기를 욕구하고, 이러한 기능에 부합하는 삶을 살 때 행복을 경험하게 된다는 것이다. 그리고 하우어워스 역시 이러한 이해의 연장선상에서, 인간에게 최고의 선은 하나님의 영광을 찬양하는 것이며 그것이 곧 인간의 기능이라고 이해한다.[39]

이런 관점에서 볼 때 얼핏 행복은 이성적인 능력에 의해 최고의 덕목들을 따르고 성취하는, 장기간에 걸쳐 이루어 가는 인생 그 자체라고 이해할 수도 있다. 그러나 하우어워스가 주장하는 바에 따르면, 인간은 이성에 의해 통제되지 않으며 심지어는 고통과 같은 외부의 영향에 의해서도 결정되지 않는다. 그는 고통이란 하나님을 위한 우리 신념의 진정성을 테스트할 뿐이며 결국 그 모든 것들에 조정력 또는 통제력을 행사하는 것은 인간의 성품이라고 말한다.[40]

---

37 물론 이에 대한 아퀴나스의 해석이 하우어워스에게 영향을 끼쳤음은 부정할 수 없다.
38 Stanley Hauerwas, *Christian Among the Virtues* (Notre Dame, IN: University of Notre Dame Press, 1997), pp. 7-8.
39 앞의 책, p. 9.
40 앞의 책, pp. 11-14.

그러므로 행복은 그것 자체로 우리의 목표가 될 수 없다. 하우어워스에게 도덕적 덕목들은 사람들이 가지고 있는 그들 자신의 성품이 발현된 것일 뿐이다. 그러한 덕목들의 바탕에는 반드시 예수님의 죽음을 기억하는 것이 있어야만 하며 그 방향 또한 그리스도를 향해야만 한다. 그리스도인들은 그 기억을 소환하고 유지하면서, 지속되는 고통 속에서 삶뿐만 아니라 죽음도 우리의 것이라는 사실을 받아들일 수 있는 능력을 배우게 된다.

정리하자면, 하우어워스에게 기독교 윤리는 선택만이 아니라 성품으로 이루어져 있다. 왜냐하면 교회 바깥에서 이루어지는 의사 결정 그 자체는 기독교 신앙이 무엇인지 대표할 수 없기 때문이다.[41] 일례로 무단횡단을 하지 않는 것이 그리스도인임을 나타내는 행동인가? 어떠한 결정과 그에 따른 행동에서 그리스도인이 비그리스도인과 다른 점이 무엇인가? 즉, 선택이 신학적 윤리 또는 도덕적 삶에 있어 가장 중요한 핵심이라는 주장을 그는 거부한다. 물론 선택은 중요하다. 그러나 결정이 아무것도 존재하지 않는 상태에서 그냥 이루어지지는 않는다. 그리고 그것을 마치 그리스도인의 삶을 유지하기 위한 필수 요소처럼 여겨서도 안 된다. 왜냐하면, 하우어워스에 따르면, 인간은 어떤 특정한 의도를 가지고 각자의 행동을 어떤 형태로든 형성할 수 있고 또 그렇게 해 왔기 때문이다. 그것을 인과관계의 '원인'이라 부를 수도 있다.[42] 즉, 어떤 행동 또는 결정은 항상

---

41 Hauerwas, *The Peaceable Kingdom*, p. 25.
42 Hauerwas, *Truthfulness and Tragedy*, p. 56.

특정한 패턴 또는 형태를 띤다. 이 형태는 그 사람의 신념 또는 확신에 의해 주체적으로 빚어지며, 이렇게 빚어져 드러나는 것이 바로 성품이다.

그러므로 하우어워스에게 도덕적 삶은 자아의 다른 의사결정들과 분리되지 않는다. 또한 즉흥적인 사건들로 채워지는 것도 아니다. 그는 이러한 생각들은 명령과 복종이라는 원리에 기반한 것이라고 주장한다. 그는 아마도 마음속에 바르트와 불트만Rudolf Bultmann 같은 학자들을 염두에 두었을 것이다. 그가 보기에, 근현대 도덕 신학의 문제점은 하나님 은혜의 즉흥성과 자발성, 그리고 그로 인한 인간의 수동성에 너무 큰 강조를 둔 나머지 도덕 발달에 대한 사람의 성품에 관심을 덜 기울인 것이다.[43] 그렇다면 성품은 어떻게 형성되며 무엇을 담고 있는가? 이에 대해서는 다음 장에서 다루겠다.

---

43 Hauerwas, *Vision and Virtue*, p. 51.

2장
비전과 덕

하우어워스가 말하는 성품은 비전과 덕에 대한 이해와 긴밀히 연결되어 있다. 비전, 덕, 성품, 이 세 가지는 따로 떼어 놓고 이야기할 수 없다.[1] 특히 비전이라는 단어는 대부분의 그리스도인들에게 꽤 익숙할 것이다. 청년과 청소년 등 젊은 세대들을 향해 '비전'을 가지라고 촉구하는 일종의 유행 같은 것이 오래전부터 있었고, 지금도 이 표어는 교회 현장에서 여전히 유효한 것 같다. 열정적으로 예배하는 이들이 비전이라는 이름으로 이런저런 직업을 택하거나 선교사의 길을 가기로 결심하는 예도 종종 목격할 수 있다. 부흥회나 수련회 강사들, 또는 꽤나 성공한 유명인사들도 듣는 이들의 감성과 심령을 자극하며 '비전'이라는 이름으로 메시지를 던지곤 한다.

칸트 철학에 기초한 현대 윤리학에 따르면, 특정한 행동이나 선

---

1 Hauerwas, *Vision and Virtue*, p. 6.

택을 행하는 이유는 이성적인 인간 그 자체로부터 기인한다. 그에 반해 하우어워스는 도덕적 선택의 중심으로서 비전의 중요성을 강조하며, 비전은 도덕 행위보다 더 중요하다고 주장한다.[2] 이것은 그가 루트비히 비트겐슈타인과 아이리스 머독 같은 사상가들의 영향을 받았기 때문이다. 특히, 그는 머독의 다음 구문을 자주 인용해 왔다. "인간은 오직 자신이 보는 세상 안에서만 행동할 수 있다."[3] 머독이 말한 원문은 다음과 같다. "우리는 같은 세상에서 다른 대상들을 선택하기 때문에 다른 것만이 아니라, [각자가] 다른 세상들을 보기 때문에 다른 것이다."[4] 하우어워스에 따르면, 칸트의 영향력 아래 놓인 현대 윤리학은 인간이 이성에 의해서 도덕적으로 세상에서 올바로 인도될 수 있다고 가르치며 비전은 도덕적 결정들을 위해서 반드시 필요한 요소가 아니라고 주장한다.[5]

비전이란 무엇인가

도덕적 이성에 대한 이러한 근현대적 이해와는 다르게, 하우어워스

---

2   앞의 책, p. 59.
3   앞의 책, p. 69. 참고. Iris Murdoch, "Vision and Choice in Morality", in *Christian Ethics and Contemporary Philosophy*, ed. Ian T. Ramsey (London: SCM Press, 1966), p. 203.
4   Iris Murdoch, "Vision and Choice in Morality", in *Christian Ethics and Contemporary Philosophy*, ed. Ian T. Ramsey (London: SCM Press, 1966), p. 203.
5   Hauerwas, *Vision and Virtue*, p. 59.

는 비전이란 도덕 주체자 자신이 따를 세상의 종류와 그 방식을 보여 주는 것이라고 주장한다. 이 비전은 어떤 황홀경이나 환상 같은 빛, 또는 영적 체험이 아니라, 오히려 전수되고 가르침을 받아 알게 되는 지식의 '이상향'에 가깝다. 그래서 비전은 공동체적인 동시에 정치적이다. 공동체로 하여금, 구체적으로는 공동체의 개별 구성원들로 하여금 하나의 구별된 '미래'적 이상향을 확신하게 하여 현재를 살게 하는 힘이다. 그렇기 때문에 비전은 속성상 '지금'을 우선적으로 말하지 않는다. 비전은 현실에 존재하지 않으며 아직 이루어지지 않은 '미래'에 대해서 말한다. 그러나 그 비전으로 현재를 비추어 해석하기에 '지금'을 버리지 않는다. 비전은 충분히 실재할 수 있다고 믿을 만한 도덕적·정치적 이상향이지만, 현재에 투영되어 인간이 지금 여기에서 그것을 성취하고자 살아가게 하는 원동력이 된다. 이후에도 다루겠지만, 하우어워스는 이 비전으로부터 덕목들이 비롯한다고 믿는다.

경제, 특히 주식 시장을 예로 들 수 있다. 질병이나 전쟁, 또는 심각한 금융 위기가 발생하면 주식 시장은 대체로 하향 곡선을 그리기 마련이다. 그러나 어느 정도 시간이 흘러 질병에 대한 백신, 예측 가능해진 전쟁 상황, 또는 금융 위기에 따른 손실의 정부 지원 등 여러 해결 방안이 뒤따르면, 시장은 불확실한 문제들이 어느 정도 관리가 가능하다는 전망을 내놓게 된다. 그러면 경기 회복에 대한 기대 심리가 주식 시장에 반영된다. 물론 여기에는 단순한 기대 심리만이 아닌 낙관적인 전망을 뒷받침할 수 있는 수치적 증거가 함께 제시되어야 한다.

　난데없이 주식 이야기를 꺼내는 이유는, 비전이라는 것을 이해하기 좋은 예이기 때문이다. 예컨대 유명한 기업 '테슬라'의 주가는 그 회사가 생산하고 판매하는 차량의 수에 비해 터무니없이 높게 책정되어 있다. 테슬라는 2020년 4분기 실적 발표에서 2003년 창사 이래 처음으로 연간 흑자를 달성했을 정도로 실질적인 '장사(?)'는 그다지 신통한 구석이 없었던 회사다. 그러나 지금껏 테슬라의 주가가 고공행진을 할 수 있었던 이유는 기업의 주식 배당금이나 다른 혜택들이 아닌 기업의 미래에 대한 비전 때문이다. 사람들은 단순히 테슬라가 만드는 전기차 또는 자율주행 자체에 투자하는 것이 아니다. 물론 그런 요소도 배제할 수는 없겠지만, 그보다 투자자들은 '스페이스X' 프로젝트와 초고속 열차 등 거침없이 미래 기술에 도전하며, 과거에는 불가능하다고 여겨졌던 것들을 현실로 만들어내는 기업, 구체적으로는 영화 〈아이언 맨〉의 주인공인 토니 스타크와 비견되는 CEO 일론 머스크Elon R. Musk가 가진 잠재력 및 그가 품은 꿈과 비전에 투자하는 것이다. 투자자들뿐만 아니라 많은 사람이 '미래 사회'를 떠올릴 때 '테슬라' 또는 '일론 머스크'를 그 비전에 포함시킨다. 그것은 테슬라라는 기업이 단순히 돈을 만들어내는 수단 이상이라고 믿는 비전이다. 사람들은 그 기업이 하는 일들에 어쩌면 인류가 앞으로 '나아갈 길', '살아갈 길'의 일부분이 포함되어 있다고 믿는 것이다. 물론 실제로 그러한지에 대한 논의는 전혀 다른 이야기지만 말이다.

이처럼 비전은 다른 말로 '나아갈 길'이라고 바꿔 말할 수 있다. 동시에 이 '길'은 앞서 말한 것처럼 현실 세계를 비추어 준다. 이것을 우리의 삶에 적용해 보자. 하우어워스는 비전이야말로 윤리학이 추구하고 바라보아야 할 것이라고 말한다. 비전이 없다면 현실에 대한 문제 제기도 할 수 없기 때문이다. 현실을 바라보고 이해할 만한 기준을 제공하는 것이 바로 비전이다. 비전은 그것을 보지 못한 사람에게는 '망상'이나 '허튼소리'일 뿐이겠지만, 이것을 '본' 사람에게는 또 다른 '실제'와 '현실'이 된다. 그러나 동시에 지금 두 발을 딛고 살아가는 현실도 또 다른 '실제'다. 두 개 이상의 실제가 충돌하는 것처럼 보이지만 그렇지 않다. 두 실제는 공존이 가능하다. 지금 살고 있는 현실도 매 순간 과거가 되듯이, 사람은 동시에 멈춤 없이 다가오는 미래라는 현실을 살아 나가야 하기 때문이다. 그렇다면 이 미래를 어떻게 살아갈 것인지 이야기해 줄 수 있는 '나아갈 길'이 인간에게는 반드시 필요하다. 이때 이 길로 나아가기 위해 어떤 선택을 할지, 어떤 태도로 그 선택을 수행할지 결정할 수 있게 인도하고 도움을 주는 것이 다름 아닌 비전이다.

하우어워스는, "도덕적 삶은 단순히 명확하게 생각하고 이성적인 결정들을 하는 것 이상이다. 그것은 세상을 보는 방식이다"라고 주장한다.[6] 비전을 통해 현실을 인식하고 이해하며 어떻게 살아야 할지에 대해 생각하게 된다는 말이다. 사람마다 삶의 모습이 다

---

6   Hauerwas, *Vision and Virtue*, p. 36.

양하겠지만, 한 가지 확실한 것은 누구나 살아가는 저마다의 '방식'이 있다는 점이다. 또한 그 방식이 경제적·종교적·문화적·사회적 영향을 받아 형성되는 것은 당연하다. 각자의 방식을 따라서 살아가는 개인은 공동체 속에서, 사회 속에서, 세상 속에서 직간접적으로 접하는 많은 일들에 대한 생각을 표현하고 문제 또는 질문을 제기한다. 이러한 물음은 결국 "어떻게 사는 것이 잘 사는 것인가?"에 대한, 즉 종국적으로는 '선'과 '옳음'이라는 윤리적 문제에 이르게 한다.

사실 이것은 인간이 자신의 한계를 넘어서는 일이기도 하다. '나아갈 길' 또는 비전이라고 하는 실제와 더 나은 '방식', '선', '옳음'에 대한 물음은 한 개인의 내면에서 저절로 발생하지 않는다. 우리는 각자의 삶의 정황과 환경적 이유들에 의해 재단되고 제한된 관점과 시각을 가지고 있다. 비전은 그러한 제한된 생각 속에서 우리가 우리 자신을 뛰어넘는 결정을 하고 인생을 살아가도록 돕는다는 점에서 우리의 한계를 초월하게 한다.[7] 하우어워스에게는, 바로 이 비전으로 현실에 대한 문제 제기가 가능해지고 그로써 도덕 생활이 가능해진다. 그러므로 하우어워스의 신학적 윤리 또는 기독교 윤리는 '기독교 비전'에 기반한다. 그에게 있어 이 기독교 비전은 기독교 신앙이 제시하는 비전, 즉 하나님의 아들 예수 그리스도를 통해 계시된 하나님의 나라라는 이상향이다.

하나님의 나라가 기독교 신앙이 제시하는 비전이라면, 이 구체

---

7   앞의 책, pp. 36-37.

적이고 특정한 하나님 나라가 제시하는 선과 옳음은 무엇인가? 이 지점에서 덕과 덕목들에 대한 논의가 이루어져야 한다.

덕과 성품

하우어워스가 덕과 덕목들을 다루기 시작한 때는 그의 아주 초기 작업부터다. 1974년 출간된 『비전과 덕』 Vision and Virtue 을 시작으로, 그는 지속적으로 인간의 성품과 덕의 상관관계에 대해 연구 및 집필 작업을 해 왔다. 특히 『덕과 성품』은 이 관계에 대한 하우어워스의 생각을 쉽고도 간결하게 들여다볼 수 있는 책이다. 이 책은 그가 친구 새뮤얼 웰스의 아들에게 영적 대부로서 쓴 편지인데, 흥미로운 점은 '성품'에 관한 내용이 책의 마지막 장에 가서야 등장한다는 것이다. 믿음의 자녀를 향하여 덕스러운 인간이 되라는 소망을 담아 쓴 편지인 이 책은 매 장이 개별 덕목들에 대한 서술로 채워져 있고, 이것들이 성품으로 모아지며 결론을 맺는다. 다시 말해, 하우어워스는 이 개별 덕목들이 그 자체로 존재하지 않는다고 본다. 원제가 '덕의 성품'인 것을 보면, 결국 덕스러운 성품의 사람이 되는 것이 핵심이다. '덕의 성품'은 곧 '덕의 사람' man of virtue 으로도 바꾸어 볼 수 있다.

덕스러운 사람은 성품의 사람이다. 그 사람 자신이 바로 성품이 체화된 존재 자체이기 때문이다. 칭의, 성화, 구원 등 모든 개념은 이론 상태로 존재하지 않는다고 하우어워스는 주장한다. 이런 기본 원칙에 근거해서 생각해 보면 성품은 곧 '나 자신'이다. 하우어워스가 반대하는 근대 철학과 윤리학의 주장은 '나'라는 사람에게 '자아'가 있고, 또 이 '자아'가 성품을 소유하고 있다는 것이다. 이처럼 '자아'와 '성품'이 분리되어 있다고 보는 주장을 하우어워스는 반대한다. 그가 볼 때 그것은 참 성품이 아니다. 성품은 비전과 덕에 의해 행해지면서 체화되는 것이다. 이 체화로 인해 일어나는 선택과 결정들에는 일관성이 있다. 그리고 그러한 일관성이 그 도덕 주체자의 합리성으로 기능한다. 예컨대 어떤 사람이 어제는 새치기를 하지 않았지만 오늘은 새치기를 하는 것은 말이 안 된다는 것이다. 조금 더 미국 상황에 가까운 예를 들자면, 평상시에 가족의 재산과 생명을 지키기 위해 총기류를 소지하고 자발적으로 훈련을 하는 사람이라면, 평범한 일상에서는 아무 관계가 없을지 몰라도 극단적인 상황에서는 그가 의지하는 대상이 하나님이 아닌 자신이 지니고 있는 '살상무기'가 될 수 있다. 그것은 선택이나 결정의 문제가 아니다. 그 이전에 성품, 그 사람 '자신' 또는 '자체'에 대한 것이기 때문이다.

이렇게 하우어워스에게 덕은, 인간을 그의 성품과 떼어 놓고 생각할 수 없다는 점에서 중요하다. 성품이란 다름 아닌 덕의 실제화, 즉 여러 덕목들의 결정체 같은 것이기 때문이다. 성품은 철학적 논의에서 만들어진 개념이긴 하지만 일상과도 밀접한 관련이 있다. 우리는 흔히 대화 중에 "그 사람 어떤 캐릭터야?"라고 묻는다. 물론 이때의 '캐릭터'는 성품보다는 성격처럼 쉽게 발휘되는 표면적인 특징에 가깝다. 그래서 성품이 담고 있을 깊은 자기 이해는 없을지라도, 사람들은 일반적으로 "까다로워" 또는 "신중하지", "밝고 긍정적인 사람이야" 등의 표현을 사용하여 한 사람에 대해 설명하거나 묘사한다. 이것은 대체로 짧은 몇 마디 말이나 단어로 표현된다. 그 사람의 '사람됨'에 대한, 깊든 얕든, 그게 진실된 관찰이든 그렇지 않든, 그 사람이 남긴 어떠한 흔적에 대한 이야기인 것이다.

그렇기 때문에 덕을 말할 때 하우어워스는 먼저 사람을 이야기하고, 사람을 이야기하기 때문에 캐릭터라고 하는 성품에 대해 말할 수밖에 없는 것이다. 한 사람이 하우어워스에게는 도덕 주체이기 때문에 그렇다. 우선은 그의 인간 이해와 덕 사이의 관계를, 그리고 더 나아가 하나님과의 관계를 이해하는 것이 중요하다. 아리스토텔레스, 토마스 아퀴나스, 알래스데어 매킨타이어의 영향을 받은 하우어워스의 덕 이해는 인간의 행복과도 연결되어 있다. 여기서 중요한 것은, 덕이란 인간의 행복 자체를 위한 도구가 아니라는 것이다.[8] 행복과 즐거움을 생산해 내는 조화로운 삶은 오직 하나님과의 연합으로부터 가능하다는 것을 그는 충분히 인지하고 있다. 이러한 연합은 하나님 안에 있는 믿음으로부터, 또 그분이 주시는 선물로서 비롯한다는 것에 하우어워스는 전적으로 동의한다.[9]

하우어워스는 매킨타이어의 덕에 대한 이해 및 덕 윤리의 목적론적·기능주의적·공동체적 특징을 공유한다. 여기서 더 나아가, 하

---

[8] Hauerwas, *Working with Words: On Learning to Speak Christian* (Eugene, OR: Wipf and Stock Publishers, 2011), p. 216.
[9] 앞의 책, pp. 214-215.

우어워스는 덕과 의무 또는 규범의 개념들이 공동체적 맥락에서 서로 충돌하지 않고 오히려 역사적 존재라는 인간 이해를 바탕으로 양립할 수 있다고 본다. 이를 위해 한 가지 명확히 할 것은 매킨타이어와 하우어워스의 실천 이성에 대한 이해다. 이 이해의 근본 토대 없이는, 하우어워스가 말하는 '역사'와 '맥락', '성품'과 '이야기' 등의 모든 요소들이 하우어워스 자신이 우려하는 것처럼 하나의 시스템으로 고착화되어 인간이해를 위한 생명력을 잃게 될 위험이 있기 때문이다.

하우어워스는 매킨타이어의 합리성rationality을 가리켜 "전통으로 구성된 이성"tradition-constituted reason이라 부른다.[10] 매킨타이어와 하우어워스는 우리가 말하는 '실제'reality를 이해하기 위해서는 언어적 이해가 필수라고 말한다. 이 언어는 전통 가운데 축적된 단어들에 기반하고 있으며, 그 축적된 단어들이 여러 상황에서 인간이 경험하는 문제들에 대한 혁신적 대안의 제시를 가능하게 한다.[11] 특히 기독교 공동체에서는 이런 신앙의 언어가 오직 소수만을 위한 것은 아니다. 이것이 의미하는 바는, 그리스도인의 언어는 그들의 실천에 의존하며, 그렇기 때문에 그리스도인이 된다는 것은 삶에서 신앙의 언어와 실천을 통해 끊임없이 새로운 발견을 하는 것과 같다는 의미다. 이때 행하는 판단과 평가 등의 이성적 행위는 반드시 이야기

---

10 Stanley Hauerwas, *Minding the Web: Making Theological Connections* (Eugene, OR: Cascade, 2018), p. 50.
11 앞의 책, p. 28.

의 형식을 취한다는 것이 하우어워스가 이해한 매킨타이어의 '전통으로 구성된 실천 이성'이다.[12] 매킨타이어에게 인간의 합리성이란 언제나 이야기의 형식을 띠는, 구별되는 역사에 놓인, 특정한 도덕 공동체의 구성원(그들의 신분 또는 자격)을 반영한다. 그래서 매킨타이어에게, 그리고 이에 동의하는 하우어워스에게 합리성이란 공동체적 과정이며, 이 과정 안에서 구성원들은 그들의 공동된 선을 발견하게 된다.[13]

이것은 인간이 본질상 의존적이며 연약한 존재라는 매킨타이어와 하우어워스의 인간 이해와 궤를 같이한다.[14] 인간의 의존성은 인간 이성의 정상적인 작용을 위해 필요한 덕목들의 습득을 가능하게 하는 원천이다. 성품의 계발은 자신의 한계 곧 결여를 깨닫고 인정할 수 있는 능력을 매 순간의 판단과 평가를 통해 습관으로 만드는 것이다.[15] 그로써 거룩한 습관, 덕목들이 길러지고 그 사람의 덕

---

12   앞의 책, p. 51.
13   앞의 책, pp. 50-51.
14   앞의 책, p. 56.
15   덕에 있어서 일관성(constancy)이 하나의 중요한 측면이라면, 습관은 덕을 정의하는 의미적 측면일 것이다. 플라톤과 칸트가 도덕률을 위한 기초를 설립하고 그것에 따른 습관을 이차적인 것으로 만들려고 한 반면, 아리스토텔레스는 도덕률이 습관의 습득으로 시작된다고 보았다. 그리고 이러한 습관은 역사 속에 자리하는 공동체들로부터 기초한다. 물론 하우어워스가 덕에 대한 이해에 있어서 습관이 기계적인 역할을 할 수 있는 가능성에 대해 염려한 것은 사실이나, 하우어워스의 덕과 성품의 이해에 있어서 습관은 단순한 '실천'이 놓치고 있는 것을 채워 준다. 그것은 바로 습관이 비인지적이면서도 학습된 행동이라는 점이다. 하우어워스는 이것이 특히 정신적으로 (발달) 장애를 겪는 사람들에게 중요한 요소라고 본다. 이런 습관에 대한 강조는 하우어워스의 덕 윤리가 엘리트주의라는 비난에 대한 하나의 대답이 되기도 한다.

이 성장하며 성품이 빚어져 간다. 그래서 매킨타이어와 하우어워스에게는 예시exemplification가 중요하다.

매킨타이어가 제시하고 하우어워스가 자주 사용하는 예시로는 공예 전통이 있다. 한 인간이 철학적으로 이성 또는 합리성을 배우기 위해서는, 마치 견습공이 도예가가 되기 위해서 자신의 삶을 구별된 방식으로 정진하고 그 삶과 어울리는 덕목들을 습득하는 생활 양식을 갖는 것과 같다는 것이다.[16] 이러한 견습공의 발전을 위해 가장 중요한 것은 그 공예품의 목적에 관하여 자신들의 한계를 인식하는 것이다. 그리고 그러한 종류의 판단의 실천 및 습관을 통해 그들은 자신들의 성취와 업적에 대해서만이 아니라 그들의 잘못과 실수에 대해서도 책임을 질 수 있는 "자기 이해"self-knowledge를 습득하게 된다. 이러한 공예 기술에 완성은 있을 수 없다. 공예가는 언제나 주체적 존재로서 새로운 발견과 도전을 하고, 그러한 가운데 어느 순간 결정하고 평가를 내린다. 마치 완전하고 완벽한 공예 작품은 존재하지 않는 것처럼, 덕의 추구도 끝없는 정진의 길임을 의미한다.

덕의 윤리학에서 가장 중요한 질문 중 하나로 하우어워스가 꼽는 것은 은혜와 덕, 즉 은혜냐 성품이냐의 문제일 것이다.[17] 하우어워스는 덕목들이 가능한 이유는 그 덕목들이 다른 누군가에 대한

---

[16] Hauerwas, 앞의 책, pp. 51-52.
[17] Stanley Hauerwas, *Christian Existence Today: Essays on Church, World, and Living in Between* (Grand Rapids, MI: Brazos Press, 1988), p. 196.

우리 각자의 응답이기 때문이라고 한다. 그가 『평화의 나라』를 통해 주장하는 것처럼, 우리의 성품은 우리가 이뤄 내는 무언가라기보다는 다른 누군가로부터 오는 선물과 같은 것이다.[18] 그렇게 은혜에 의해 선물처럼 다가오는 낯선 이와 낯선 일들로부터 우리의 자아는 덕목들을 기르게 되며, 이와 같은 방식으로 덕 안에서 지속적인 성장을 이룰 수 있다.

비전과 하나님 나라

여기서 잠시, 기독교 신앙의 비전인 하나님 나라에 대한 생각으로 되돌아오자. 아이리스 머독의 주장으로 설명을 대신했던 하우어워스의 비전에 대한 주장, "사람은 보이는 것만큼, 그만큼만 살아가게 된다"는 표현에 대해 어느 독자는 이를 세계관과 비슷하다고 생각할 수 있다. 세계관은 세상을 보는 하나의 창 또는 시스템을 제공한다. 예를 들면, 헤겔G. W. F. Hegel의 변증법적 세계관, 마르크스Karl Marx의 유물론적 세계관 등이 그것이다. 비전과 비슷하지만 아주 같지는 않다. 세계관이란 거대한 우산과 같은 하나의 틀을 의미한다. 그 틀 자체는 이미 이루어진 것이다. 기독교 신앙을 믿는다는 것은 기독교 세계관을 받아들이는 것을 포함한다. 하나님이 온 우주를 창조하셨고, 인간은 하나님의 형상대로 창조되었다는 것 같은 성경

---

18   앞의 책, p. 196; Hauerwas, *The Peaceable Kingdom*.

적 주장들 말이다. 이는 현재를 이해하는 도구라는 점에서 비전과 비슷하지만 다르다. 성경에 기반한 기독교 세계관(물론 이 기독교 세계관 안에도 로마 가톨릭적 세계관, 칼뱅 신학적 개혁주의 세계관 등 여러 하위 세계관들이 존재한다)이란 틀 안에서는 간접적으로 어떻게 살아야 하는지를 추론해 볼 수는 있다. 하지만 이것이 구체적이고 특정한 윤리 지침을 준다고 보기는 어렵다.

비전은 다르다. 비전은 이상향이지만, 그 이상향에 맞는 삶의 이정표를 제시해 준다. 이를테면, 하우어워스에게 비전은 예수 그리스도다. 말씀이 육신이 되신 하나님의 아들, 마리아에게서 성령을 통하여 동정 잉태되어 나신, 십자가에 못 박혀 죽은 지 사흘째 되는 날 부활하신 예수 그리스도가 하나님 나라의 모형 그 자체다. 그분이 그 나라와 모형 자체라는 말은, 넓은 의미에서 그분이 생을 살면서 맺은 관계들, 행한 일들, 가르친 내용들, 그리고 특히 '무엇'이 아니라 그 '무엇'을 '어떻게' 하였는지에 대한 방식과 태도 등을 포함한다. 오직 예수님의 삶, 사역, 죽음, 부활을 통해 하나님 나라가 계시되었다는 말이다. 그 나라, 그리스도를 통해 계시된 하나님의 나라란 무엇인가? 죄의 용서와 부활, 하나님과의 화해, 언약의 성취뿐만이 아니다. 하우어워스는 예수님을 통해서, 예수님의 삶과 죽음, 부활을 통해서 계시된 하나님 나라는 구체적으로는 비폭력 평화의 나라라고 주장한다. 그것이 하우어워스가 본 비전이며 덕이다.

하나님 나라, 더 구체적으로는 그 나라에 대한 비전과 덕은 구약성경의 이스라엘과 선지자들을 통하여 선포되고 예언되어 왔다.

신약성경은 예수님을 통하여 그 비전이 현실 세계 가운데 임했다고 계시한다. 앞서 설명했듯, 예수님 자체가 바로 하나님 나라라는 말은, 하나님 나라의 비전이 체화된 실체가 예수 그리스도라는 말이다. 이것은 이 땅 가운데, 죄인들 가운데서 함께 살고 죽고 부활하신 예수님의 삶을 포함한다. 덕이란 바로 이 하나님 나라를 이루기 위해, 다시 말해, 하나님의 성품을 실제 삶 속에서 발휘하기 위해 어떻게 살 것인가에 대한 것이다. 즉, 모두가 꿈꾸는 하나님 나라는 하나님의 성품으로 채워져 있는 나라다. 그것이 예수님이 그분의 삶과 죽음, 부활로 보여 주신 이상이다. 이 비전과 덕을 현실 가운데 구체화하는 데 필요한 것이 하우어워스가 말하는 덕목들이다.

하나님 나라는 하나님의 성품으로 가득하며, 그것을 이 땅 위에서 살아 내기 위해서 여러 덕목들, 이를테면 믿음, 소망, 사랑 같은 덕목들이 필요하다. 그리스도인이 아닌 사람들에게도, 심지어는 무신론자들에게조차도 믿음, 소망, 사랑은 중요한 덕목이지만, 기독교에서 이 세 가지 대표적인 덕목들은 예수 그리스도 안에 계시된 하나님의 이야기들에 의해서만 해석되고 이해되어야 한다.[19] 그러나 비전과 덕 또는 덕목들은 단순히 선택과 행위, 의무와 책임 정도로 존재하지 않는다. 이것들은 이론으로서 태어난 것이 아니라 그 초기 발생 자체가 실제 삶으로 구현되고 발휘되면서 인지된 것이기 때문이다. 다시 말해, 사랑은 '사랑'이라는 이론의 이름으로만 존재하

---

19 Hauerwas, *The Hauerwas Reader*, p. 389.

지 않는다. 요한복음 3:16 말씀처럼, "하나님이 세상을 이처럼 사랑하사 독생자를" 주셨듯, 사랑한다는 것에는 항상 어떤 선택에 따른 행동과 결과가 존재한다.

기독교 신앙의 이상과 덕목들은 모두 성경의 이야기로 우리에게 계시된다. 우리는 성경의 이야기를 통해 신실함이 무엇인지, 인내가 무엇인지, 친절이 무엇인지 배우게 된다. 이러한 덕목들은 시대와 상황마다 조금씩 다를 수 있다. 예를 들어, 인내는 물론 중요한 덕목이지만, 어느 시대에는 그것이 가장 우선된 덕목에 포함되지 않을 수도 있다. 중세 시대에는 교회나 공동체에 대한 신실함과 의무를 지키고 인내하는 것이 지금 시대와는 비교도 할 수 없을 만큼 당연했을 것이다. 그에 비해, 오늘날 사회에서는 겸손이 미덕이 아닐지 모른다. 오히려 자기 홍보는 시장경제 체제에서 살아남는 데 중요한 기술 중 하나가 되었다. 심지어 하고 싶은 것을 할 자유, 개인의 자유가 권리를 넘어 미덕이 되어 버린 오늘날과 같은 시대에는 인내란 굉장히 특이하고도 유별나 보이는 덕목이다.

한 가지 더 예를 들자면, 하우어워스는 "자유에 가장 필수적인 덕목은 겸손"이라고 말한다.[20] 겸손은 단순히 자기 비하 또는 거부가 아니다. 자신을 뒤로하고 다른 존재에 대한 인정을 앞세우는 것이다.[21] 그래서 하우어워스에게 자유는 나 자신에게 있지 않고 자기 바깥에 있다고도 말할 수 있다. 자유는 외부에 있다. 타인에게, 낯

---

20 Hauerwas, *Vision and Virtue*, p. 40.
21 앞의 책, p. 41.

선 이에게 있다. 그들 없이 자유는 존재하지 않는다. 이와 비슷한 맥락에서, 사랑은 자유와 연결되어 있다. 사랑은 단순히 누군가를 미워하기를 멈추는 것이 아니라 '더 강렬한 대상'에게로 시선을 재조정하는 것이다. 그래서 하우어워스가 이해하는 도덕적 삶은 의지나 결정 또는 행동의 문제가 아니라 어디에 마음을 우선으로 두느냐의 문제다.

이렇게 성품, 비전, 덕은 유기적으로 연결되어 한 사람이 도덕 주체자로 바로 서게 한다. 성품에 기반한 신앙생활과 덕은 결국 세상에 대해 이의를 제기하는 일종의 윤리 또는 도덕적 생활로 연결되기 때문이다.[22] 그래서 덕스러운 사람virtuous person이란 이상향에 해당하는 인간이 지녀야 할 덕목들을 지녔을 뿐만 아니라 탁월하게 발휘하는 사람을 일컫는다. 즉, 비전과 덕은 어떤 하나의 선택이나 행동으로 정의되거나 결정되지 않는다. 비전과 덕이 가리키는 것은 덕스러운 사람, 윤리적 인간의 최고점에 다다르는 인간 자체다. 그렇기에 그 윤리적 탁월함 또는 탁월해지려는 노력은 인간 그 자신을 넘어선 어떤 고결함에 닿아 있다. 그 고결함으로부터 비전과 덕이 드러나고 나타나기 때문이다.

비전과 덕은 항상 성품을 통한 이야기로 존재한다. 이야기 속에 등장하는 여러 성품들을 통해 우리는 비전과 덕목들의 발현을 목격하게 된다. 이처럼 기독교 또는 신학적 윤리에서 이야기하는 기독

---

22 Hauerwas, *With the Grain of the Universe*, p. 183.

교적 비전과 덕은 기독교 신앙이 담고 있는 이야기 속에서 하나님의 성품을 드러냄으로써 존재한다. 성경에 하나님 나라 비전을 바라보고 살아가는 사람들과 그 대척점에 선 사람들의 이야기들이 가득하다는 사실을 되짚어 보면 이를 쉽게 이해할 수 있다. 무엇보다도, 하우어워스에게 있어서, 기독교 윤리의 비전과 덕목은 궁극적으로는 예수 그리스도의 이야기에 담겨 있다.

이제는 비전, 덕, 성품이 체화된 도덕 주체자가 어떻게 이야기 속에서 윤리적 인간으로 살아가게 되는지, 궁극적으로는 하우어워스가 주장하는 이야기 또는 서사적narrative 방식의 신학이 어떻게 기독교 윤리에 있어서 중요한 역할을 하게 되는지 살펴볼 차례다.

3장
이야기

어린 시절, 친척 어른들은 내게 전쟁 중 돌아가신 할아버지에 대한 이런저런 이야기들을 해 주시곤 했다. 경찰이던 할아버지는 나의 아버지가 아직 갓난아이일 무렵 무장공비와의 전투에서 돌아가셨다. 시골 마을을 방문했을 때, 난생처음 뵙는 어른들이 돌아가신 할아버지의 함자를 말씀하시며 "니 ○○집 아들이고?"를 연거푸 물으셨던 기억이 생생하다. 나의 생김새가 영락없이 할아버지와 판박이라는 것이었다. 그런 이야기들을 들을 때 가장 흐뭇해하고 좋아했던 사람은 내가 아니라 나의 아버지였다. 이제 와서 생각해 보면 당신도 두어 살 이후 뵌 적이 없는, 그러니 사실상 아무 기억도 남아 있지 않은 아버지를 당신의 아들이 꼭 닮았다고 하니, 잃어버린 아버지에 대한 한스러웠던 기억이, 그리고 그로써 빚어지고 형성된 지금 자신의 존재가 구원받는 경험은 아니었을까. 확인해 볼 길은 없었지만, 무언가 강한 유대와 확신이 아버지와 나 사이를 이어 주었다. 아버지의 아픔은 그의 성품을 형성하는 데 지대한 영향을 미쳤을 것이고, 그 이야기는 어느샌가 나의 이야기, 나의 인간됨의 일부분이 되어 버렸다.

일반적인 예도 생각해 볼 수 있다. 모르는 사람을 소개받을 때, 우리가 흔히 하는 첫 질문 중 하나는 "뭐 하는 사람이야?" 같은 것이다. 즉, 내가 인식할 수 있는 영향력의 영역/범주 안에 소개받을 사람을 위치시키는 질문이다. 이 질문에 대한 답으로는 직업이나 그 사람이 하는 일들에 대한 일종의 공적인 정보를 알 수 있을 것이다. 그러나 그것만으로는 충분치 않다. 그렇기에 우리는 그다음 질문을 하게 된다. "어떤 사람인데?" 이 질문으로부터 질문자가 얻고자 하는 정보는 소개받을 사람의 행동과 감정의 특징적인 형태다. 이에 대한 답변에는 주로 그 사람의 성격이나 기질 등이 담기게 된다. "똑똑하진 않은데 선해"라든가 "영리하지 못한 부분이 좀 있지만 지혜로운 편이지" 등의 답이 이런 분류에 들어간다. 그러나 역시 이것만으로도 부족하다. 그래서 우리는 몇 가지 더 심화된 질문을 이어 간다. 질문을 받은 사람은 자신이 알고 있는 이 사람에 대한 '이야기'를 더 들려줌으로써 그가 예컨대 어떤 부분에서 '헛똑똑이'인지, 그러나 어느 면에서 '지혜로운' 또는 '선한' 사람인지를 알게 해 준다. 그 이야기를 통해 듣는 사람은 한 사람의 성품을 일정 부분 인식하고 이해하는 과정을 경험하게 된다.

이와 같은 예가 이야기가 가진 기능적 속성을 설명해 주긴 하지만, 하우어워스의 신학적 윤리에서 사용하는 '이야기' 또는 '서사'

적 방법론에 대한 완벽한 설명은 아닐 것이다. 그의 신학 또는 신학적 윤리학에서 사용되는 이야기라는 도구는 아무 이야기나 다 포함하는 것은 아니기 때문이다.

이야기와 도덕 주체자

하우어워스의 신학적 윤리학에서 필요한 이야기는 분리되어 보이는 여러 사건들을 하나로 모아 다른 사람에게 전수할 수 있는 이야기여야 한다.[1] 이러한 이야기야말로 한 사람에게 자기 자아를 돌아보게 하며, 과거뿐만 아니라 미래를 향한 충분한 의미를 설명하고 전달해 줄 수 있기 때문이다. 이러한 이야기들은 그 이야기를 통해 성품과 비전과 덕의 형태를 보여 주는 관계를 맺는다. 성품, 비전, 덕은 이야기의 형태로 이야기 속에 존재한다고 말할 수 있다.

비전과 덕이 성품으로 구체화되어 우리 삶 속에 실재한다는 하우어워스의 주장을 생각해 보자. 이 성품은 한 사람 곧 그 자신이다. 하우어워스에게 사람은 이야기의 존재다. 이야기가 없는 인간은 존재하지 않는다. 심지어는 나의 아버지가 경험한 것처럼, 태어나자마자 어떤 이유에서든 부모와 헤어진 아기도 이야기가 있지 않은가? 성품의 인간은 바로 이야기를 가진 도덕 주체자인 것이다. 그렇다면 하우어워스는 왜 도덕 주체자에게 이야기가 필요하다고 생각

---

[1] Hauerwas, *The Peaceable Kingdom*, p. 36.

하며 이러한 연결을 중요하게 생각할까? 단순히 모든 인간에게 어느 형태이든지 간에 이야기가 주어졌다는 자명한 사실적 전제를 넘어, 우리는 도덕 주체자에게 이야기란 어떤 의미인지 살펴보아야 한다. 왜냐하면 하우어워스에 따르면, 윤리적 삶과 윤리 이론은 인간이 살아가는 진짜 삶에 관한 것이기 때문이다.

여기서 윤리와 이야기적 구조의 관계에 대해서 고려할 것이 있다. 인간의 이야기가 인간의 삶과 관련된 윤리와 연결되어 있다면, 다양한 인간들이 존재하는 것처럼 윤리도 다양하다는 것을 염두에 두어야만 한다. 하우어워스는 이렇게 인간의 다양함만큼 다양하게 존재할 수 있는 윤리(학)는 "우리 존재에 대한 적절한 설명을 공급할 수 있는 능력"[2]이라고 말한다. '나'라는 한 사람에 대해 무언가 일관되고 안정적인 설명과 존재의 의의를 구체화하여 전달해 줄 수 있는 것이 윤리학이라면, 이야기란 여기에 빠져서는 안 되는 요소다.

앞서 말했듯이, 결정과 원칙, 행위에만 집중하게 되면 인간의 진정한 자아가 윤리 원칙들을 실행하며 살아가는 생활로부터 분리되는 경향이 생겨난다. 이러한 관점이 지배하는 사회 또는 개인에게 역사와 전통이란 그리 중요하지 않게 여겨지거나 우선순위에서 배제되기 십상이다. 오히려 공동체의 역사와 전통이 이성적이고 자유로운 개인을 옭아매는 올무처럼 느껴질 뿐이다. 다른 가치들로부터

---

[2] Hauerwas, *A Community of Character: Toward a Constructive Christian Social Ethic* (Notre Dame, IN: University of Notre Dame Press, 1981), p. 10. 『교회됨』 (북코리아).

배우고 참고할 수는 있지만 최종적 결정을 내리고 그것을 수행해 나가는 것은 우주적이고 보편적인 인간의 개별 이성이다. 이것이 하우어워스가 반대하는, 칸트 철학을 기반에 둔 근대적 규범 윤리 이론의 본성이다.

하우어워스는 이와는 반대로, 이야기는 도덕 주체자가 사고할 수 있는 적절한 맥락, 근거, 또는 이유를 제공한다고 주장한다. 그 누구도 시간이라는 한계 또는 틀을 배제할 수 없으며, 이 시간 속에서 개인들에게 주어진 역사적이고 전통적인 정황 또한 배제할 수 없다. 그 정황 가운데서야말로 한 개인이 특정한 시간을 살아가는 존재로서, 마음의 의도와 결정을 일관되고 한결같은 형태 및 결의 방향으로 현실 가운데 구체적으로 실현하게 된다. 이것은 곧 한 사람 개인의 이야기가 된다.[3] 다시 말하자면, 한 사람이 개인으로서 이야기를 가지고 그 사람만의 역사를 갖기 위해서는 더 큰 이야기, 즉 '다른 사람들'의 이야기와 역사가 있어야 하며, 이것은 결국 '공동체'의 이야기, 역사, 전통과 연결된다. 하우어워스에게는 바로 이러한 사람에 대한 관심, 도덕 주체자에 대한 관심이야말로 성품과 이야기 사이의 논리적인 연결을 가능하게 하는 요소다.[4] 그리고 이야기적 구조야말로 도덕 주체자에게 구체적이고 특정한 몸체, 한 사람이 어떠한 가치를 체화할 수 있는 조건들을 부여한다.

이 조건들은 특정한 몸체 안에서 성품 형성과 실행에 영향을

---

[3] Hauerwas, *Truthfulness and Tragedy*, p. 21.
[4] Wells, *Transforming Fate into Destiny*, p. 41.

미친다. 하우어워스는 이렇게 말한다. "비록 덕과 성품의 개념들이 그리스도인의 성장을 위한 적절한 위치를 제공하는 데 도움이 될지라도, 이 개념들이 도덕적 인간으로 성장하기 위해 요구되는 것들에 대한 충분한 설명을 자체적으로 제공하지는 않는다. 성품은 그 성장의 주체가 바로 자기 자신인 것에 대한 하나의 암시다. 그러나 그리스도인이 발전하고자 추구하는 성품의 종류는 망상 또는 [자기]기만 없이 실존을 다루기에 충분하도록 자아를 훈련하는 이야기와 상관관계가 있다."[5] 성품, 비전, 덕 등에 대한 이론적 개념들은 다양할 수 있다. 각각 이론으로 나누어 정의 내릴 수도 있고 형이상학적 토론도 얼마든지 가능하다. 그러나 그 요소들의 존재 이유와 의미는 그 자체에 있지 않다. 그러한 개념들은 인간의 전체 삶을 설명하기 위한 하나의 도구에 지나지 않는다. 하우어워스가 주의를 기울이는 부분이 이것이다. 그는 성품이 하나의 시스템으로 굳어지는 것을 경계한다. 또한 그는 이야기 역시 '내러티브 신학'이라는 하나의 시스템으로 굳어져 가는 것 같아 주의가 필요하다는 말을 한 적이 있다. 그 개념들 자체가 인간 삶에 대한, 인간의 존재에 대한 의미를 부여할 수는 없다. 특히 그리스도인으로서 바라보아야 할 지향점은 그리스도 안에서 이루어지는 인격의 성숙에 있고 그것은 곧 한 인간의 인간됨과 성숙과 관련되며, 그렇기에 이야기와 관련이 있다. 성품, 비전, 덕목들도 모두 현실에서는 이야기의 형태로 존재한다는

---

5   Hauerwas, *A Community of Character*, p. 132.

것을 염두에 둘 필요가 있다.[6]

하우어워스가 비전과 관련하여 머독의 글을 인용하며 "우리는 오직 우리가 보는 세상 안에서만 행동할 수 있다"고 언급할 때, 이와 함께 "보는 것은 우리 인생 계획 안에서 우리가 배워 오고 체화해 온 이야기들을 통해 알게 된 존재의 종류에 의해 부분적으로 결정된다"고 말한 것을 주목해 볼 필요가 있다.[7] 개별적인 도덕적 결정들이 독립적으로 구별되어야만 하며, 하나의 도덕 사건 또는 선택이 다른 것들로부터 분리되어야만 한다고 믿는 종래의 근대적 도덕 관점과는 반대로, 하우어워스에게는 도덕적 결정들 사이의 구분이란 칼로 자르듯 명확하게 나뉘지 않을 뿐만 아니라 지속적이고 일관되게 연결되어 있다. 한 사람이 인생에서 내리는 도덕 결정들은 상호 연결된다.[8] 이러한 이유로 하우어워스에게 소설은 성품과 이야기 사이의 관계를 설명하는 가장 좋은 도구이기도 하다.[9] 소설을 읽을 때 우리는 등장인물들이 어떤 성품을 가지고 있으며 그들

---

6   Charles Campbell, *The Word Before the Powers: An Ethic of Preaching* (Louisville, KY: Westminster John Knox Press, 2002), p. 100. 참고. Hauerwas, *The Peaceable Kingdom*, pp. 29-30.
7   Hauerwas, *Vision and Virtue*, p. 69.
8   Wells, *Transforming Fate into Destiny*, pp. 46-48.
9   그의 신학 작업에는 많은 소설들이 사용된다. 대표작인 *A Community of Character*에서 하우어워스는 리처드 애덤스(Richard Adams)의 소설 *Watership Down*을 인용하여 공동체의 이야기를 전개한다(『워터십 다운』, 사계절). 그리고 개인적으로 하우어워스의 작업 중 가장 저평가되었다고 생각되는 *Naming the Silences: God, Medicine, and the Problem of Suffering* (Grand Rapids, MI: Eerdmans, 1990)에서는 피터 드 브리스(Peter De Vries)의 소설 *The Blood of the Lamb*를 인용하여 인간의 고통과 신정론에 대한 본인의 신학적 윤리를 펼친다.

이 전체 이야기 속에서 어떻게 자라거나 변하는지, 성숙해지거나 미성숙해지는지 목격하게 된다. 하나의 소설은 여러 작은 이야기들로 짜이거나 구성되며, 이렇게 짜인 흐름 plot 속에서 사건들은 독립적으로 존재하지 않고 알맞은 위치에 배치된다. 또한 그 위치마다 알맞은 성품의 사람들이 적절하게 등장하며 이야기 속 사건들이 전체로 연결된다.[10] 이처럼 소설에 비추어 본 인간의 삶, 특히 도덕적 삶은 가끔 순간적으로 일어나는 특별한 선택의 순간으로 여겨져서는 안 된다. 오히려 한 사람의 연속되고 통일적인 삶의 이야기로 봐야 하는데, 이런 이야기가 바로 사람이 자신의 성품을 빚어 가는 여정이다.[11]

그러나 이야기적인 접근 방법이 인간의 삶을 짜여진 각본처럼 생각하는 운명론적 관점을 가리키는 것은 아니다. 오히려 그 반대로 이야기적 접근은 인생의 예측 불가능성에 대한 이해를 담고 있다. 인생에서 일어나는 즉흥적이고 예측 불가능한 여러 사건들을 한데 꿰뚫어 이해할 수 있게 하는 도구가 이야기라는 것이다. 이야기는 정해진 질문과 답변의 틀을 손쉽게 허물어 버리고 새로운 형태의 이해할 만한 답변을 제공한다. 그것이 이야기가, 또는 이야기라는 형태가 담고 있는 기능적 힘이라고 할 수 있겠다. 예를 들면, 우리가 가장 익숙하게 듣는 윤리적 질문 중 하나인, "그러면 우리는 어떻게 살아야 하는가?"라는 질문은 어떤 식으로든 명쾌한 답변을 하는 것이 불가능해 보인다. 그러나 이런 질문은 인생에서 인간이

10　Hauerwas, *Truthfulness and Tragedy*, p. 28.
11　Wells, *Transforming Fate into Destiny*, p. 44.

마주하게 되는 여러 사건과 사고 들에 대해서 어떤 선택을 하며 살아야 하는지에 대한 근본적인 고민을 담고 있다. 이러한 질문에 대한, 부분적이지만 한 줄기 빛 같은 답변을 경험할 수 있는 곳은 언어가 아니라 선을 행하며 살아온 우리 주변 인물들의 삶의 이야기다. 오직 삶의 이야기로만, 이러한 질문에 가장 효과적이고 설득력 있게 답할 수 있다. "그리스도인은 어떻게 살아야 하는가?"란 질문에 우리 그리스도인들이 언제나 예수 그리스도의 이야기, 그분의 삶과 사역, 죽음, 부활이라는 복음의 이야기로 되돌아가듯이 말이다.

이야기와 성품의 발달

하우어워스는 한 사람의 도덕적 성장은 그 사람의 성품이 발달하는 것에 달려 있다고 주장한다. 그런데 여기서 이렇게 질문할 수 있다. "어떻게 성품이 자라고 발달하면서 동시에 신실한 그 성품 그대로일 수 있는가?"[12] 이것은 다시 말해, "어떻게 도덕적으로 성장하고 성품이 발달하면서도 '나'는 여전히 '나' 자신일 수 있으며, 내 성품은 여전히 나 자신에게 신실한 자아일 수 있는가?"라는 것이다. 쉬운 예로, 어느 교회에 새신자가 들어와 주님을 영접하고 세례를 받고 열심히 교회 생활을 시작하는 것을 상상해 보자. 이 사람은 성경의 가르침과 목회자의 양육을 받으며 한 사람의 그리스도인이 되어

---

12   Hauerwas, *A Community of Character*, p. 133.

간다. 그런데 이때 간혹 어떤 사람들은 그리스도인이 되고 신앙생활을 배우면 배울수록, 일정한 방식의 도덕 원리에 대해 엄격해지며 자신뿐만 아니라 다른 사람과―대부분 다른 이에게 더 엄격해지는데―사회에도 특정한 잣대를 들이대며 정죄하기도 한다. 주변 사람들은 그 사람이 이전과는 확실히 다른 성품으로 변해 가는 것을 경험하지만, 이는 인간적으로 성숙하는 것과는 다르다. 이와는 반대로 어떤 그리스도인들은 도덕적 기준이 점점 더 엄격해지면서도 인격적으로 성숙해져서, 주변 사람들로부터 "그 사람은 참 변함없이 한결같고 신실해"라는 평을 듣기도 한다.

이러한 일상적이면서도 신앙생활에 핵심적인 질문에 답하기 위해서는 그리스도인으로서 성품의 형성 또는 성숙과 도덕 발달의 관계에 대해서 생각해 볼 필요가 있다. 하우어워스는 성품이 도덕적 삶을 이끈다고 본다. 성품의 사람이 도덕적으로 완벽한 사람을 의미하지는 않는다. 그러나 성품의 사람은 주체적이고도 자유로운 인간을 포함한다. 다만 도덕적으로 발달한 성숙한 사람이면서 여전히 진실된 성품의 사람인 것이다. 하우어워스는 여기에 또 다른 질문을 던진다. "과거에 있었던 우리의 도덕적 실패에 의미와 방향을 주는 것은 무엇인가?"[13] 이 말은 곧 진정한 의미에서 도덕 발달을 이루기 위해서는 과거에 있었던, 그리고 앞으로도 일어날 수 있는 도덕적 실패에 대해서 그 의미와 방향을 제시해 줄 수 있는 기준점이 있

---

13 앞의 책, p. 10.

어야 한다는 것이다. 어떻게 한 사람은 자신의 도덕적 실패와 불완전함을 모두 껴안고, 이해하고, 그것으로부터 배울 수 있는가? 그것은 성품이 있기에 가능하다. 여러 실패에도 불구하고 '이것은 [주님이 주신] 내 삶이다'라고 외치며 삶을 껴안을 수 있는, 그로써 삶이 은혜롭고 아름다운 길로 나아갈 수 있는 기회를 갖게 되는 것, 그러한 미래를 맞이하겠다는 희망을 품게 되는 것, 그것은 특정한 도덕적 결정으로가 아니라 과거를 포용하고 용서하며 나아가는 주체적인 성품으로만 가능하다.

앞서 이 성품은 단독으로 존재하지 않는다고 이야기했다. 성품은 이야기 속에서 여러 사건들과 연결되고 이해된다. 하우어워스는 이렇게 말한다. "그러므로 도덕적 성장은 이야기를 필요로 한다. 이 이야기는 우리의 도덕적 성취와 지속적인 성장의 필요를 인지할 수 있는 여러 기술들skills을 제공한다."[14] 여기서 기술이란 개인의 도덕적 역량을 의미한다. 마치 운동선수들이 훈련을 통해 얻게 되고 반복함으로써 몸에 익혀 자신의 일부로 만드는 기술처럼 말이다. 공동체는 이 기술을 제공하지만, 회사가 제품을 판매하듯 내어 놓는 식으로 제공하지는 않는다. 이는 공동체의 여러 구성원들과 관계 맺고 상호작용하는 가운데 경험하여 갖게 되는, 한 인간의 통전적 성품을 발현하는 일정한 방식 또는 방법이다. 이에 대해 웰스는 다음과 같이 뒷받침한다. "변화, 성장, 발달의 언어는 이야기의 언어다. 이

---

14 앞의 책, p. 135.

야기들은 뒤죽박죽 섞여 있는 사건들에 일관성을 주는 것이다. [이 사건들은] 사람들이 한 일과 그들에게 일어난 일 모두를 포함한다. 그것[이야기]들은 일련의 연속적인 상황들을 하나로 묶으며 하나의 집단적인 성질character을 주는 실타래다."[15]

성품의 발달 또는 성장을 주장한다고 해서 도덕적으로 한 사람의 과거와 현재가 단절된다는 의미는 아니며 그래서도 안 된다. 즉 그리스도인이 되기 전에 저지른 도덕적 실패, 더 나아가 범죄 행위들에 대해서 그리스도인이 되었다고 책임을 면할 수는 없다는 말이다. 우리는 영화 〈밀양〉을 통해 이러한 주장의 폐해를 간접적으로나마 경험할 수 있다. 어린아이를 죽인 살인범이 감옥에서 예수님을 영접했다. 그런데 그가 피해자 유가족에게, 자신은 예수님을 영접했으므로 죽어서 천국에 갈 테니 당신도 예수님을 믿으라고 말한다. 이 장면에서 우리는 더없는 분노를 느낀다. 그렇게 쉽게 자신의 과거와의 단절을 선언하는 것이, 과연 죄인이 예수님을 믿고 회개하여 그분의 제자로 살아간다는 이 신앙의 여정에 어울리는 자세일까?

인간은 과거로부터 벗어날 수 없다. 과거의 오류들, 실패들, 잘못들, 거짓과 기만의 역사 등을 모두 반드시 자신의 인생으로서 껴안아야만 한다. 도덕 성장은 바로 거기, 그 인식에서 시작되며, 바로 그때라야 그 사람은 도덕 주체자로서, 그리스도인으로서 자신의 과거

---

[15] Wells, *Transforming Fate into Destiny*, p. 41.

가 미래에 구원될 것을 희망할 수 있게 된다.[16] 사람들은 좋게나 나쁘게나 어느 방향으로든 변해 갈 수 있다. 이런 실제의 삶 속에서 그리스도인들이 듣고 믿어 온 이야기가 도덕적 삶과 윤리학에 제시하는 것은 인간의 삶 속에 혼재되어 있는 긍정적이고 부정적인 발달들 모두를 통합하는 길이다.[17]

어떤 특정한 종류의 사람이 되고 특정한 종류의 성품으로 다듬어지기 위해, 인간은 하나하나의 도덕적 의사결정만이 아닌 자신과 주변 상황을 모두 포함하는 '이야기'를 염두에 둘 필요가 있다. 하우어워스는 어떠한 행동이든 그것이 그 행동의 목적 또는 목표를 포함하는 맥락과 관계된 contextual 이야기들 가운데 위치할 때 온전히 이해되고 평가될 수 있다고 믿는다.[18] 한 사람의 이야기는 그것이 우리로 하여금 그 사람의 행동을 맥락 안에서 이해할 수 있도록 돕기 때문에 중요하다. 왜냐하면 성품은 항상 그 성품이 처한 맥락을 통해 발견되고 보여지기 때문이다.[19]

'맥락 안에서' in the context 란 말은 곧 '시간과 역사 안에 있는 존재'를 가리킨다. 이 시간과 역사는 다른 사람들의 맥락이기도 하다. 한 사람의 도덕 주체자는 삶의 유한하며 우연적인 차원들 안에 있는 다른 사람들과 그들의 이야기와의 관계에 내재한 도덕적 차원

---

16 Hauerwas, *A Community of Character*, p. 133.
17 Wells, *Transforming Fate into Destiny*, pp. 44-45.
18 Hauerwas, "Vision, Stories, and Character (1973, 2001)", in *The Hauerwas Reader*, p. 166.
19 Hauerwas, *Truthfulness and Tragedy*, p. 20.

을 인정한다. 다시 말해, 이것은 모든 사람이 각자 독립적으로 존재하면서도, 다른 사람의 삶에서 그들에게 어떤 하나의 성품으로 인식된다는 사실을 말한다. '나'는 '다른 이'의 이야기 속에 하나의 성품 또는 등장인물로 자리한다.[20] 달리 말하자면, 하우어워스가 성품에 집중한다는 말은 한 사람이 가족, 친구, 이웃, 그리고/또는 심지어 그에게 적대적인 사람과 같은 시공간을 공유하며 살아가는 사회의 구성원임을 중요하게 생각해야 한다는 의미다. 그의 윤리학의 전제 조건 중 하나가 다른 사람들과의 관계 안에서 인간 존재를 인정하는 것이라고 봐도 될 정도다.

이야기는 듣는 사람으로 하여금 중립적인 위치를 취하게끔 허락하지 않는다고 하우어워스는 말한다.[21] "심지어 하나님도 중립적인 관찰자가 아니시다. 유대인과 그리스도인의 하나님은 하나의 특정한 이야기를 통해 또 그 안에서 자신을 계시하기 원하시는 분이기 때문이다."[22] 우리가 듣는 이야기들은 언제나 주관적이다. 왜냐하면, 하우어워스에 따르면, 이야기는 항상 듣는 이로 하여금 그 이야기로부터 얻게 되는 신념이라는 덕에 의해 행동하도록 요구하기 때문이다. 하우어워스 자신이 경험한 인생도 마치 하나의 이야기 또는 여정과도 같았다.[23] 그는 벽돌공 집안에서 태어나 가족들 중 유

20　Wells, *Transforming Fate into Destiny*, p. 43.
21　Hauerwas, *The Peaceable Kingdom*, p. xv.
22　Wells, *Transforming Fate into Destiny*, p. 16.
23　앞의 책, p. 43.

일하게 고등교육을 받았을 뿐만 아니라 미국의 일류 대학 교수가 되었다. 젊은 시절 만나 결혼한 아내는 양극성 기분 장애를 앓았고 결국 쓸쓸히 죽음을 맞았다. 하우어워스와 그의 아들 애덤은 긴 시간 동안 큰 정신적 고통 가운데 놓였다. 그의 신학적 자서전 『한나의 아이』를 보면, 단순히 그가 유명한 학자이기 때문에 많은 사람이 그 책을 읽은 것이 아님을 알 수 있다. 여러 의미로 성공했다고 말할 수 있는 존경받는 신학자이지만, 동시에 한 인간으로서 그의 인생 여정에 담긴 굴곡진 이야기에 사람들이 끌린 것일지도 모른다. 더욱이 그러한 고통과 비극을 자신의 신학, 그리고 신앙과 분리하지 않고 통전적으로 연결하려는 노력은 여러 독자들로 하여금 자신의 인생을 투영해서 읽을 수 있는 통찰의 기회를 선물한다.

이와 같이 성품은 이야기에 의해 빚어진다. 자아는 도덕 주체자로서 이야기의 체화된 형태 또는 모습이다. 이야기는 그의 신념들을 살아 내고 발휘하는 이러한 주체자를 통해 실제가 된다. 하우어워스는 도덕 주체자를 이해할 때 제3자적 관찰자의 관점을 거부한다. 한 사람의 도덕 주체자는 언제나 활동적이며, 그렇기 때문에 언제나 참여적이다. 도덕적 선택을 하는 것은 도덕 주체자가 마음속에 이야기를 품고 그로부터 얻은 신념을 실행하는 것과 동일하다. 인간은 시간과 역사를 관통하며, 자아인 동시에 도덕 주체자인 자신의 신념들을 살아 냄으로써 성품을 형성하고 빚어 간다. 다시 말해 성품은 이야기의 현현manifestation 또는 체화된embodied 실재다. 이야기를 듣고 그 이야기 안에서 신념과 확신을 발견하고 얻으면서,

그것들을 실제 삶에서 행동으로 나타내는 것. 그것이 성품이며, 이러한 일련의 흐름과 운동이 곧 성품과 이야기의 관계다.

이야기는 자아가 살아가는 특정한 삶의 방식 또는 자아가 취할 수 있는 관점들을 보여 준다. 그러나 이야기는 단순히 정보로만 이루어지지 않는다. 이야기는 누구나 자기 자신을 살펴보고 자신이 살아가는 삶은 다른 누구의 것도 아닌 바로 자신의 인생이라고 판단하고 선언할 수 있는, 다시 말해 한 사람이 자신의 인생 이야기에 얼마나 신실하거나 진실한지를 가늠할 수 있는 하나의 구체적인 여정을 보여 준다. 이것은 곧 이 도덕 주체자가, 자신이 가진 이야기가 요구하거나 전달하는 책임에 진실한지와 연결되며, 그의 자기기만을 깨닫게 한다. 주체자를 바로 그 주체자 되게 하는, 즉 그리스도인을 그리스도인 되게 하는 그 조건들이 무엇인지 알려 주는 것이 바로 이야기다. 성품이 이야기에 의해 빚어지고 형성된다는 말은, 다시 말하자면, 자신이 하는 행동과 자신에게 일어난 일들을 다른 속임 없이 한 이야기의 일부분으로 이해하는 것이다. 그렇게 할 수 있는 자아의 능력 또한 이야기 속에서 발견된다. 이야기가 담고 있는 인물들의 성품, 비전, 덕목들에 자아는 자신의 삶을 투영하고 그 속에서 자신의 인생을 이해하게 된다. 그것은 다른 이야기들과, 거짓으로 속여 왔던 직면하기 두려운 자신을 밝혀내는 일이다. 성품은 곧 이야기 안에서 자신을 새롭게 해석할 수 있는 자유를 얻게 되는 것이다.[24]

---

24 Hauerwas, *The Peaceable Kingdom*, pp. 41-43. 하우어워스는 자아가 자신을 투영하며 이야기를 읽어 내는 능력을 "묘사의 힘"(the power of description) 또는

하우어워스는 이야기가 자아-주체자에게 특정한 삶의 방식을 제공하는 동시에 이야기 자체가 주체자가 살아가는 신념들의 근원 또는 자원이 된다고 주장한다.[25] 그리고 이런 이야기는 개별 도덕 주체자를 특정한 공동체로 연결시킨다. 왜냐하면 인간은 공동체 안에서 실제 삶을 살아가기 때문이다.[26] 이러한 순환 속에서, 이야기는 공동체와 관계된 자아의 성품을 형성한다. 이야기 자체에 성품을 바꾸거나 형성하는 힘이 있기 때문이 아니라, 성품이 공동체를 통해 그 이야기에 개입하고 이를 실천하기 때문이다.[27] 그렇게 함으로써 자아는 일정한 방식으로 사물을 바라보게 된다. 하우어워스가 이러한 실천이 자아를 완벽한 도덕, 즉 공동체성을 함유하는 완벽한 도덕으로 이끈다고 믿는 것은 아니다. 다만 그는 이러한 이해가 더 사실적이고 진실된 인간 이해와 닿아 있다고 믿는다. 이는 단순히 철학과 신학, 이론과 여러 사례들로 쪼개어진 인간 이해가 아니라 삶을 살아가며 다른 이들과 관계 맺는 인간의 실제 삶에 대한 통전적 이해를 가리킨다.

"묘사의 기술"(skills of description)이라고 말한다.
[25] Hauerwas, *Truthfulness and Tragedy*, p. 21.
[26] Wells, *Transforming Fate into Destiny*, pp. 49-50. 앞서 언급했던 것처럼 여기서 웰스는 하우어워스가 그의 책 *Naming the Silences*에서는 드 브리스의 소설 *The Blood of the Lamb*를, 또 다른 책 *A Community of Character*에서는 애덤스의 *Watership Down* 같은 소설들을 사용하는 것을 주목한다. 물론 하우어워스가 손꼽는 소설에는 앤서니 트롤럽의 작품이 첫 번째로 자리한다.
[27] Wells, *Transforming Fate into Destiny*, p. 57.

이야기와 신학적 윤리학

이것이 인간의 삶과 이야기 전반에 대한 하우어워스의 이해다. 그러나 그의 신학과 신학적 윤리가 최우선적으로 인간의 경험에 바탕을 둔다는 의미는 아니다. 그의 이야기 또는 서사적 방법론은 인간의 경험으로부터 시작되지 않는다. 인간의 경험이 중요하지 않다는 것이 아니라 그보다 더 중요한 것이 밑바탕에 깔려 있다는 의미다.

지금까지 하우어워스가 말하는 성품, 비전, 덕 등의 개념들이 이야기와 어떻게 관련되는지 서술했다. 그리고 인간의 삶은 이야기적 구조로 이루어져 있으며 이 이야기 안에 시간과 역사, 정황 등이 담겨 있기 때문에 인간 행동에 대한 일정한 설명이 가능하다고 말했다. 그런데 여기서 인간이 이야기적 존재라면, 그 인간과 인간의 이야기에 의미 곧 삶의 나아가야 할 방향을 알려 주는 더 큰 이야기는 무엇인가에 대한 질문은 여전히 남는다. 그리고 우리는 본질적으로 '그러면 나는 어떤 이야기의 일부가 되어야만 하는가?'라는 질문을 던져야만 한다. 이것이 없이는 마치 허공에 주먹을 휘두르는 것처럼 목적 없는 상념만 되풀이할 뿐이기 때문이다.

인간의 경험이 참으로 '경험'으로 존재하게 하고, 의미가 진정으로 '의미'를 갖게 하는 거대한 이야기는 무엇인가? 그러면 나는 어느 이야기의 일부가 될 것인가? 그것은 하나님이 무(한자)로부터 無, ex nihilo 세상을 창조하셨다는 창조의 이야기에서 시작된다. 그리고 이 이야기를 믿고 확신하는 우리의 주장에 기반하여 믿음의 삶이 펼쳐지고 동시에 그것은 윤리적 삶으로 이해된다. 하나님의 이야기, 창조의 이야기는 곧 이야기라는 구조가 신학과 연결되어 있음을 보여 준다. 하우어워스는, "신학은 그 자체로 이야기들을 말하지 않는다. 다만, 그것[신학]은 이야기에 대한 비판적인 반영"이라고 주장한다.[28] 기독교적 도덕 생활의 전반에 관한 건설적인 담론과 해설을 위해, 기독교 이야기를 비판적으로 반영하고 해석하는 기독교 신학의 존재는 필수적이다. 단순히 윤리학이 아닌 기독교 윤리학 또는 신학적 윤리학을 통해서만, 우리는 기독교 생활의 구조적 설립을 가능하게 하는 여러 개념들 간의 상호 관계를 명확히 밝힐 수 있게 된다. 이를 가능하게 하는 개념이 바로 서사적 구조 또는 이야기적 구조다.[29]

하우어워스를 비롯해 조지 린드벡과 한스 프라이 등 이른바 '예일 학파'Yale school를[30] 위시한 학자 및 학풍을 가리켜 '후기 자유주의'라고 한다. 이 용어는 잘못하면 자유주의와 궤를 같이하는 인본

---

28 Hauerwas, *The Peaceable Kingdom*, p. xxv.
29 앞의 책.
30 '예일 학파'는 시카고 대학교의 '시카고 학파'(Chicago school)에 맞서 그 논의를 극복하려는 일련의 후기 자유주의적 노력의 일환에서 발생한 흐름이다. 윌리엄 플래처(William Placher)는, 예일에서 학생들은 기독교를 공부하거나 유대교 또는 불교를 공부하지만 '종교' 그 자체를 연구하지 않는 반면, 시카고에서 학생들은 다른 종교임에도 불구하고 서로 연관된 문화들 속에 내재한 종교적 경험들을 드러내는 보편적인 현상들의 주제들과 상징들로서 종교를 연구한다고 서술한다. William C. Placher, "Postliberal Theology", in *The Modern Theologians: An Introduction to Christian Theology in the Twentieth Century*, ed. David F. Ford, 2nd ed. (Oxford: Blackwell, 1997), pp. 343-344. 『현대 신학과 신학자들』(CLC).

주의 전통의 신학이라고 오해할 소지가 있다. 좀 더 구체적인 설명을 덧붙이자면, 후기 자유주의는 '계시'라는 하나님의 이야기에 대한 학풍이다. 이것의 기본적인 논쟁 상대는 계몽주의를 기본으로 한 인본주의적 자유주의 신학이다. 철학이나 심리학, 또는 인간 위주의 전제 또는 가정을 우선으로 하는 인간 이해에 기반한 사상으로 이루어진 자유주의 신학에 대한 반대로서, 후기 자유주의는 하나님 외에 다른 우선된 *a priori* 전제나 이해는 없다는 주장을 근간으로 한다. 린드벡은 그의 책 『교리의 본성』 *The Nature of Doctrine*에서, 성경 해석 및 교리 해석의 방법과 관점에 따라 '전기 자유주의', '자유주의', '후기 자유주의'로 나누어 자세하게 설명한다.[31]

하우어워스와 다른 후기 자유주의 학자들의 특징은 성경을 이해함에 있어 우선적으로 기독교 신앙과 교회 공동체 바깥의 다른 개념들을 빌려 오지 않는다는 데 있다. 그들은 먼저 교회의 전통에 입각해서 성경이 말하는 바를 재조명하고 정의하는 것에 집중한다. 이러한 성경의 신학적 해석 작업이 하우어워스에게는 특히 더 중요하다. 왜냐하면 성경은 읽는 이로 하여금 그 메시지에 응답하고 참여하도록 촉구하기 때문이다. 성경은 무엇을 말하고 가르치는가? 다른 무엇보다도 '예수님은 주'라는 선포다. 이는 '인간 자신이 중심'이라고 가르치는 현 세계의 가르침과는 정반대의 가르침이다.

그렇기 때문에 이야기, 특히 기독교의 이야기는 자아에게 인생

---

31 Lindbeck, *The Nature of Doctrine*.

에 관한 목적과 비전을 알게 해 주며 삶의 의미를 준다. 그러나 그것이 곧 인간에게 편안함 또는 만족감만을 주는 것은 아니다. 왜냐하면 하나님이 세상을 창조하셨다는 이야기는 그것으로 끝나지 않고 거기서부터 시작하기 때문이다. 기독교의 이야기는 인간에게 편안함이 아닌—물론 어떤 '편안함'을 의미하느냐에 따라 다르게 받아들일 수 있겠지만—그보다 먼저 우리가 죄인이라는 아픔과 상처를 맞서고 경험하게 한다. 사도행전 2장에서 베드로의 설교가 촉발한 유대인들의 분노를 생각해 보라.[32] 앞서 이야기가 자기기만self-deception을 밝혀낸다고 말했다. 자기기만이란 특히 자신의 정체성, '나는 누구인가?'에 대한 속임이다. 하나님의 이야기, 기독교의 이야기, 복음의 이야기 등을 '내가 속해야 할 더 큰 이야기'로 정했다면, 그것이 진실된 이야기라고 믿는다면, 우리가 먼저 진실하게 발견해야 할 것은 '죄인'의 정체성이다.

우리 자신이 '죄인'임을 깨닫는 것은 이 세상이라는 실제reality 이외에 다른 새로운 실제가 존재함을 가리킨다. 그러나 더 나아가기 전에 살펴보아야 할 것은, 과연 이 이야기, 하나님의 창조와 인간의 죄인 됨과 하나님의 구원에 대한 원대한 계획을 말하고 있는 이 이야기는 무엇인가 하는 것이다. 그리스도인의 존재의 본질에 대한 지식은 성경으로부터 비롯한다. 신앙생활은 하나님의 말씀으로부터 그 구체적인 성격과 질감을 부여받고 기원을 발견하게 된다.[33] 성경

---

32 Hauerwas, *The Peaceable Kingdom*, p. 30.
33 Jim Fodor, "Reading the Scripture: Rehearsing Identity, Practicing Character",

안에는 인간을 향한 하나님의 이야기, 인간과 하나님과의 관계에 대한 이야기들로 가득하다. 그런데 인간이 성경의 이야기를 듣고 알게 되는 주된 통로는 개인적 읽기보다는 그리스도인의 공동체인 교회의 예배와 예전을 통한 함께 읽기다. 교회라는 공동체의 이야기는 시작부터 있었고 그렇게 보존되었으며 전수되어 왔다.

    이것은 단순히 정보나 의견을 전달하는 것과는 다르다. 이야기는 우리에게 또 다른 실제를 보여 준다. 우리가 '죄인'이라는 정체성은, 인간에게 있어 세상이 말하는 것과 전혀 다른 현실이다. 이 실제가 가리키는 것 중 하나는 공동체, 곧 하나님의 이야기인 성경에 존재하는 공동체다. 개인의 윤리적인 선택과 행동도 중요하고 이것을 어떤 관점에서 바라보느냐도 중요하지만, 그보다 중요한 것은 이것들이 공동체의 이야기 안에서 어떻게 해석되고 어떤 의미를 가지느냐다. 왜냐하면 공동체의 이야기를 떠난 개인의 행동 그 자체는 의미가 없기 때문이다. 개인의 행동이 의미를 갖기 위해서도 세상이든 어느 공동체든 더 큰 이야기가 필요하며, 기독교 또는 신학적 윤리에는 하나님의 이야기 공동체가 필요하다. '예수님이 주'라는 선포는 그에 따른 응답과 참여를 촉구한다. 복음을 믿는 사람들에게 이 선포는 그에 따른 행동을 요구한다. 하우어워스에게 이 선포가 촉구하는 것은 윤리적 선택을 쉽고 효율적으로 하기 위함이 아니라

---

in *The Blackwell Companion to Christian Ethics*, 2nd ed., eds. Stanley Hauerwas and Samuel Wells (UK: Willey-Blackwell, 2011), p. 141.

교회를 세우기 위한 것이다.[34] 즉, 예수님의 이야기는 제자들의 이야기다. 이후에도 다루겠지만, 이야기는 기본적으로 개인의 이야기이지만 동시에 그 이야기를 전수해 주는 공동체와 닿아 있다. 예수라는 한 개인의 이야기도 제자들과 초대교회로 이어지면서 시간과 역사를 거쳐 전통이라는 새로운 이름과 틀을 갖추게 되었다.

하우어워스에게 이야기가 성품을 빚어 간다는 말은, 그 이야기를 가진 공동체에 의해 개인의 성품이 빚어짐을 의미한다. 특히 성품은 공동체의 전통에 의해 형성된다.[35] 공동체의 전통이라는 틀을 통해서 사건들이 이해되고, 개인의 정체성은 그러한 이해에 바탕을 둔 채 존재론적 실재와 함께 빚어진다. 그러므로 신학적 윤리와 성품을 고려하자면, 기독교 이야기의 중심을 차지하는 계시의 핵심은 하나님이 이스라엘과 맺으신 언약의 이야기이며 이것은 예수님의 삶과 죽음, 부활 안에서 재조명된다. 이것이 먼저다. 즉, '나는 누구인가?', '어떻게 내가 여기에 존재하게 되었는가?', '내 삶은 왜 이 자리에 머물고 있는가?' 같은 질문은 공동체와 사회 속에 있는 자아로부터 출발하게 된다는 것이 하우어워스의 주장이다.[36] 공동체에 대한 고민 없이 개인의 목적론적·실존론적 질문들에 답할 수는 없다. 개인은 공동체의 이야기 속에서만 도덕적 성장을 넘어 그리스도인

---

[34] Wells, *Transforming Fate into Destiny*, pp. 59-61.
[35] Hauerwas, *The Peaceable Kingdom*, p. 28.
[36] 이러한 이해는 하우어워스를 바르트주의자(Barthian)로 보는 견해와 결을 달리한다. 바르트는 특정한 존재 자체의 이해로부터 출발하지만 하우어워스는 일반적이고 보편적인 공동체적 인간으로부터 출발하기 때문이다.

으로서 '죄'를 인정하는 데로 나아갈 수 있다. 그래서 도덕적 성장이 아니라 '회심'conversion이 그리스도인의 삶을 설명하는 더 올바른 용어일 수 있다.

이 회심 안에서 그리스도인들은 세상이 말하는 발달이나 일관됨이라는 함정, 즉 세상과 인류가 더 나은 방향으로 끊임없이 발전할 것이라는 막연한 희망에 근거를 둔 이야기가 아니라 기독교의 공동체의 이야기, 성경의 이야기에 진실되고 신실한가에 초점을 맞추고 살아가게 된다. 물론 이 말이 도덕 발달이나 일관됨과 반대되는 개념을 말하는 것은 아니다. 다만 성경의 진실된 이야기에 충실한 것이 그리스도인들의 삶에는 더 적합한 설명이라는 말이다. 왜냐하면 그리스도인들은 도덕적 성취나 선택을 우선시하는 사람들이 아니기 때문이다. 그리스도인들은 먼저 인간의 죄를 사하기 위해 이 땅으로 오신 성자 하나님의 십자가 대속과 부활을 믿는 믿음의 정체성을 부여받은 이들이다. 여기에는 도덕적 선택이나 행위보다 '하나님의 피조물'과 '죄인', 그리고 동시에 '성도'라는 지위 또는 정체성이 앞선다. 윤리와 도덕이라는 인간적 차원의 이야기를 넘어, 성품을 빚어내는 정체성의 이야기라는 더 큰 이야기는 우리 인간의 바깥 또는 '위에서' 선물로서 내려온다. 도덕적 생활을 위해 이야기가 필요하다는 앞선 논증은 바로 이것을 위한 예비 단계였다. 그런 점에서 기독교 이야기, 즉 위에서부터 내려오는 이야기를 따라 모인 사람들은 복음의 이야기, 나아가 교회의 이야기, 교회의 역사와 전통을 반드시 필요로 하게 된다.[37]

여기서 제기될 수 있는 질문은, 기독교의 이야기만이 유일하게 진실한 이야기인가 하는 것이다. 예를 들어, '오직 기독교의 하나님의 이야기를 통해서만 인간의 시간과 역사 안으로 간섭하여 들어온 신을 이해할 수 있는가?' '다른 종교를 따르는 공동체의 이야기는 틀린 것인가?'와 같은 질문들을 할 수 있다. 그러나 하우어워스의 초점은 이 질문과는 결이 조금 다르다. 하우어워스는, '나의 이야기가 맞고 너의 이야기는 틀렸다'라고 (직접적으로) 말하지 않는다. 그는 모든 인간의 이야기, 공동체의 전통과 이야기는 관찰자적 자세를 취해서는 이해할 수 없고 오로지 참여자적인 자세로서만 이해될 수 있다고 이야기한다. 이것은 다시 말하자면, '나의, 기독교의 이야기는 이것이다. 이것이 내게 주어진 것이며, 이것이 내 합리성 rationality이며 나의 정의 justice다. 나는 당신의 종교의 이야기가 완전히 거짓이며 잘못되었다고 말하지 않는다. 왜냐하면 그것은 내 이야기가 아니기 때문이다. 나는 나의 이야기를 살아 내겠다. 당신은 당신의 이야기를 살아 낼 수 있을 것이다. 우리는 각자의 이야기를 진실되게 살아 낼 책임이 있고 그럴 때에야 비로소 어느 이야기가 진실한 이야기인지 알게 될 것이다'라고 말하는 것과 같다.

누군가 이렇게도 물을지 모른다. '어떤 이야기가 진실된 이야기인가?' 또는 만일 당신이 이야기적 구조를 믿지 않는다면, '어떤 이야기가 단순히 이야기 이상의, 그 너머의 가치와 의미를 지니고 있

---

37 Wells, *Transforming Fate into Destiny*, p. 52.

으며 나는 그것을 어떻게 알 수 있는가?'라는 질문을 제기할 수 있다. 누군가는 과학적 증거로 설득하려 할지도 모른다. 또 다른 누군가는 신비한 체험으로 그 긴 여정의 증언적 합리성을 대체하려고 할지도 모른다. 논리와 이성, 철학이나 다른 어떤 학문으로 상대방을 설득하거나 변증적 논쟁에서 승리하려고 할지 모른다. 그러나 다시 말하지만 하우어워스의 초점은 이런 종류의 논쟁과는 다르다. 서사적 구조 또는 이야기는 하나님에 대한 기독교적 이해다. 성경은 수많은 작은 이야기들로 구성되어 있고, 이 이야기는 이스라엘과 예수 그리스도의 이야기들로 꿰어진다.

구약 안에는 이스라엘과 하나님의 이야기와 관련하여 수없이 많은 이야기들과 구체적인 율법들, 정보들이 담겨 있다. 그러나 특히 신약에서 바울이 이스라엘을 어떻게 인용했는지 예를 들면서, 하우어워스는 다른 무엇보다도 하나님의 이스라엘 민족을 향한 은혜로운 선택이 어떻게 그들에게 주어졌는지가 가장 중요하다고 이야기한다.[38] 즉, 다른 이야기들이 이 큰 이야기의 틀 또는 주제를 벗어나 과학 등 성경 외적인 다른 이야기를 우선된 틀로 두고 해석되어서는 안 된다는 말이다. 이 기본적인 이해 위에서, 성경의 이야기들로부터 유대 공동체와 예수님의 공동체들은 공동체의 규칙과 윤리적 원칙들을 형성하게 된다.

---

38 Stanley Hauerwas, *After Christendom?: How the Church is to Behave if Freedom, Justice, and a Christian nation are bad ideas* (Nashville, TN: Abingdon Press, 1991), pp. 37-39. 『교회의 정치학』(IVP).

물론 여기에도 주의할 점이 있다. 바로 내러티브 신학 또는 이야기적 구조에 기반을 둔 기독교 신학과 신학적 윤리가 또 하나의 굳어진 시스템이 되어 버릴 위험이다. 진정한 참여나 스스로를 대입하는 것 없이 이야기적 방법론을 그저 지적 이해만을 돕는 하나의 틀처럼 사용하는 것이다. 이런 고착화의 문제는 과연 어떻게 예방하거나 점검할 수 있을까?[39] 앞에서 이야기한 것처럼 하우어워스도 이런 비판을 잘 인지하고 있다. 굳어진 시스템 또는 체제가 된다는 것은, 이야기가 가지고 있는 일시적이고 역사적이며 그렇기에 생동감 있는 성질을 잃어버리는 것을 의미한다. 하우어워스는 이것을 예방하기 위해 공동체의 존재가 필수적이라고 이야기한다. 다시 말하지만, 서사적 구조 또는 이야기에 바탕을 둔 신학과 성경 해석은 그 스스로 발생하지도 그 체계 자체를 위해 존재하지도 않는다. 이것은 오로지 성경을 통해 하나님의 성품이 계시된 예수님의 이야기에 대한 것이며, 이것은 다시 예수님의 제자들과 교회 공동체의 이야기로 확장된다.

    이제 더 이상 공동체에 대한 설명을 미룰 수 없게 되었다. 이제 하우어워스의 신학적 윤리에서 중요한 위치를 차지하는 공동체와 그 이후, 교회에 대한 더 깊은 이해를 향해 가 보자.

---

[39] John Milbank, *Theology and Social Theory: Beyond Secular Reason* (Oxford: Blackwell, 1990), pp. 386-387. 『신학과 사회이론』(새물결플러스).

4장
공동체

앞에서 언급했던 것처럼, 성경의 이야기가 교회 공동체를 포함한다는 것은 성경의 공동체적 읽기를 의미한다. 성경의 공동체적 읽기는 성경의 큰 이야기, 즉 예수 그리스도의 이야기를 진실하게 읽기 위해 중요하다. 공동체가 함께 읽을 때에야 개인이 쉽게 빠질 수 있는 자기기만을 예방하게 되고 윤리적 점검도 가능해진다. 하우어워스는 진실한 성경 읽기의 가능성은 공동체가 낯선 이 또는 예상치 못했던 일들에 대해 열려 있는 정도와 비례한다고 말한다.[1] 더 구체적으로는, 성경을 진실하게 읽는 사람들은 억눌린 사람들의 울부짖음에 귀를 열고 들을 수 있는 성품으로 빚어져 간다.[2]

인간은 누구나 공동체에 속하게 된다. 그 규모나 성격만 다를 뿐 공동체를 벗어나는 인간은 없다. 가장 먼저는 태어나면서부터

---

[1] Hauerwas, *A Community of Character*, pp. 64-69.
[2] Wells, *Transforming Fate into Destiny*, pp. 66-67.

일반적으로 가족 또는 그에 준하거나 그것을 어떤 의미에서든 대체하는 공동체에 속한다. 그다음에는, 지역에 따라 차이가 있겠지만, 가족 공동체보다 더 큰 지역 사회 공동체에도 속하게 된다. 이를테면 마을, 도시, 국가 같은 것 말이다. 이야기는 시간을 따라 세대를 통해 전해 내려간다. 이야기를 전승하는 주체는 당연히 사람이지만, 그는 결코 분리된 개인으로 존재하면서 이러한 전승 작업을 하지 않는다. 한 개인이 다른 개인에게 이야기를 전수할 때, 그것은 공동체성을 담지하는 공동체적인 행위 안에 포함된다. 이야기가 이야기일 수 있는 것은, 그것이 만들어질 때부터 같거나 비슷한 이야기들을 공유하는 사람들이 있었기 때문이라는 사실을 간과해서는 안 된다. 이야기는 단순한 서술이 아니다. 이야기는 서사 narrative다. 시작과 끝이 있고, 그 안에는 등장인물들이 있다. 그들은 실존하는 사람들이며 그들의 성품과 삶이, 아픔과 기쁨, 눈물과 외침이 이야기 안에 담겨 있다.

하우어워스의 신학적 윤리가 처음부터 대화 상대로 삼았던 비조건화된 unqualified 보편적 윤리 universal ethic는 인간의 행위들과 결정들에 초점을 맞추는데, 초점은 보편적 도덕 원칙 또는 규칙들에 근거한다. 이러한 보편적 원칙들에 의해 인간은 "역사적으로 제한된 범위 내에서 발생한 공동체들"로부터 독립할 수 있게 되며 그들 자신을 위해 옳고 그름을 판단할 수 있게 된다.[3] 하지만 개인의 도덕

---

[3] Hauerwas, *The Peaceable Kingdom*, p. 17.

생활은 공동체의 도덕적 신념 또는 확신과 분리할 수 없다고 하우어워스는 말한다. 도덕 주체의 바로 그 존재 또는 실존은 역사 안에 있으며 이것은 사회라는 공동체를 포함한다. 하우어워스는, 비록 계몽주의가 '도덕성'이라는 용어의 의미를 명확하게 상정했지만, 사실 그들이 말하는 '도덕성'은 "아무런 의미가 없는" 용어와 다르지 않으며 언제나 "비유적 통제를 필요로 한다"고 평가 내린다.[4]

하우어워스가 생각하는 공동체는, 하나의 특정한 공동체로서 항상 그 공동체의 도덕적 정체성을 은연중에 내비친다. 공동체의 성품은 개별 구성원들의 도덕적 선택에 반영된다.[5] 한 개인의 정체성은 시간과 역사 가운데 벌어진 실제 사건들에 의해 형성되고 빚어진다. 우리는 이러한 사건들을 이야기로서 이해하며, 여러 이야기 중 살아남을 만한 가치가 있는 이야기들, 즉 진실한 이야기들이 전통과 역사라는 이름으로 다음 세대에게 전해진다. 다시 말해, 공동체 안에 있는 개인들의 이야기는 지속적으로 발달하며 공동체에 의해 수립된 전통의 일부로 편입되며, 동시에 전통에 의해 보존되고 전수된다.[6] 하우어워스는 도덕 원칙들이 윤리(학)에 필요할지도 모른다고 말한다. 그러나 이러한 도덕 원칙들은 그 안에 이야기를 반영할 필요가 있다. 그 원칙들은 이야기들로부터 이해되고 적용되어야

---

4   Hauerwas, "Character, Narrative, and Growth in the Christian Life (1980)", in *The Hauerwas Reader*, p. 222.
5   Hauerwas, "Memory, Community, and the Reasons for Living: Reflections on Suicide and Euthanasia (1976)", in *The Hauerwas Reader*, p. 592.
6   Wells, *Transforming Fate into Destiny*, p. 42.

하며, 이 이야기들을 통해서 살아 있는 전통을 의미하는 공동체의 일관된 표현으로 살아남는다.[7] 그러므로 공동체는 공동의 이야기에 의해 형성되는 공동체적 성품의 빛 안에서 한 사람의 행동을 비추고, 그것을 보는 과정에서 개인의 자기기만을 예방할 수 있다.

공동체와 성경의 권위

이렇게 공동체를 강조하는 하우어워스의 신학과 관련하여 제기되는 날 선 질문들 중 하나로 테오 홉슨Theo Hobson의 비판을 들 수 있다. 그는, 하우어워스가 기독교 윤리를 말하고 공동체를 말하면서도 그 자신은 어떠한 지역 교회의 권위 아래에 놓인 적이 없다고 비판했다.[8] 이러한 비판은 새로운 것이 아니다. 이는 하우어워스가 말하는 교회가 현실에 존재할 수 없는 이상적인 교회라는 주장과 맥을 같이하며, 사실 하우어워스에게 영향을 준 매킨타이어에게도 제기되는 문제다. 한마디로, 역사와 전통을 가지고 덕의 사람을 빚어내는 공동체를 매킨타이어 자신도 특정하지 못한다는 비판이다.

이 비판에 답하자면, 우선 구체적인 공동체를 특정하는 것보다 더 중요한 것은 인간의 합리성 또는 실천적 이성이 서사 또는 내러

---

[7] Hauerwas, "Vision, Stories, and Character (1973, 2001)", in *The Hauerwas Reader*, p. 166.

[8] Theo Hobson, "Against Hauerwas", in *New Blackfriars*, May 2007, 88(1015), pp. 300-312.

티브 형태를 띤다는 사실이다. 그리고 다시, 이러한 서사 형식을 띠는 개인의 합리성은 공동체의 전통에 기반한다. 여기서 한 공동체를 특정한다는 것은 다른 전통들과 양립할 수 없는 전통 또는 공동체를 상정하는 것을 의미하는데, 이것은 그 공동체의 권위 아래에 놓이지 않고서는 도저히 이해할 수가 없는 합리성이며 체득할 수 없는 실천적 이성이자 덕목이다.

그리고 무엇보다도 하우어워스가 교회의 권위 아래 들어간 적 없이 이상적인 주장만 늘어놓는다는 비판은 사실과 거리가 멀다. 하우어워스는 그가 재직하던 노터데임 대학교 근처에 있는 브로드웨이 연합감리교회에 아들 애덤과 출석했고, 정식 교인이 되기 위해 당시 담임목사였던 존 스미스John Smith와 1년 동안 기초 성경공부를 했다. 그는 이 과정을 "충실하고도 즐겁게" 마쳤다고 했다.[9] 주변에서 흔히 볼 수 있거나 상상하기 쉬운 장면은 아니다. 신학과 철학을 가르치는 교육 기관 중 손꼽히는 노터데임 대학교에서 윤리학을 가르치는 교수가 감리교회 정식 교인이 되기 위해, 한국 교회로 치면 '새신자반'에서 1년간 양육을 받은 것이다. 이것은 분명히 그가 '교회의 권위 아래' 들어간 증거다. 그의 초기 연구 중 최고로 꼽히는 『교회됨』과 『평화의 나라』가 모두, 그가 브로드웨이 감리교회의 교인으로서 예배뿐 아니라 여러 사역에 적극적으로 참여하던 이 당시에 쓰인 것은 결코 우연이 아닐 것이다.

---

9   Hauerwas, *Haanah's Child*, p. 140

하우어워스에게 권위란 형이상학적인 주장들이나 일반적인 문화적 개념들, 이론적 논증에 자리하는 것이 아니라, 공동체 안에서 실제로 구현된 구성원들 사이의 상호 관계에 놓여 있다.[10] 특히 기독교 공동체들에게 가장 중요한 '권위의 주체'는 당연히 예수 그리스도다. 그분이 궁극적으로 하나님의 아들이며 온 만물의 주로서 권위를 가지신다는 것에 하우어워스는 당연히 동의한다. 그에게 예수님은 권위 그 자체다. 이 말은 그가 예수님의 이야기에 교리적 또는 신학적으로 접근하지 않음을 의미한다. 예를 들어, 기독론 Christology 과 같이 예수님의 이야기를 조각조각 분해하여 하나의 신학 이론으로 상정하는 것을 우선으로 여기지 않는다는 말이다. 오히려 하우어워스가 생각하는 권위는 예수 그리스도의 전체 이야기 곧 그분의 삶, 사역, 죽음, 부활을 향하고 있다.

하우어워스에 따르면, 권위는 하나님의 것이다. 그러나 그것은 하나의 명제가 아니다. 예수 그리스도의 권위는 그분의 이야기, 즉 성경 안에서 구체화된다. 따라서 하우어워스가 이해하는 권위는 성경의 권위로 연결되며, 성경의 권위는 그것이 교회 공동체들 안에서 실현될 때 실제가 된다. 예수님은 제자들 및 그들의 공동체에게 성경을 통하여 자신의 권위를 전해 주셨다. 이러한 실제화의 단계는

10　Stanley Hauerwas and William H. Willimon, *Resident Aliens: Life in the Christian Colony* (Nashville, TN: Abingdon Press, 1976), p. 167.『하나님의 나그네 된 백성』(복있는사람); John Berkman, "Introduction", *The Hauerwas Reader*, p. 8.

교회와 성경 사이의 관계와 그 전체 과정을 포함한다. 하우어워스는, 기독교 공동체들의 권위는 성경의 권위에 있다고 말한다. "성경은 교회 안에서 권위를 갖는다. 성경은 진실한 대화를 위한 안건과 경계들을 설정한다."[11] 그가 말하는 성경의 권위란 궁극적으로 예수님의 복음에 기초하기 때문이다. 성경의 권위 아래에서 지속되는 대화는 공동체들을 통해서, 그리고 공동체들에 의해서 설명된다. 이것은 성경의 권위가 성자 예수님 안에 있는 성부의 신실함과 예수님의 삶, 죽음, 부활을 기억하는 공동체에 의해 이해되고 지속된다는 의미다. 즉, 성경의 권위는 공동체의 역사, 전통, 기억에 위치해 있다.

성경의 권위가 공동체의 역사, 전통, 기억에 위치해 있다는 말은 무슨 말인가? 하나님의 권위는 성경을 통해, 그리고 그분에 의해 세워진 공동체와 공동체의 전통을 통해 누군가에게 주어지고 발휘된다. 하나님의 권위와 성경의 권위를 떼어 놓고 생각할 수 없듯이, 성경의 권위와 공동체의 권위 사이의 관계도 그렇다. 권위가 공동체의 기억에 위치해 있다는 말을 이해하기 위해서는 먼저, 올바르게 기억하려면 기억하려는 행위를 멈추어서는 안 된다는 당연한 논리를 전제해야 한다. 이 기억의 행위에는 당연히 성례와 예전을 포함한 예배가 포함될 것이다. 그러나 하우어워스에게 교회란 단지 그것뿐인가? 그렇지 않다. 다음 장에서 더 자세히 다루겠지만, 개별 성도들의 삶과 함께, 어찌 보면 부수적인 것처럼 보이는 교회의 여러 행사나 활

---

[11] Hauerwas, "The Servant Community: Christian Social Ethics (1983)", in *The Hauerwas Reader*, p. 373.

동 들도 교회에 포함된다. 다시 말해서, 개별 성도들의 신앙생활은 교회라는 공동체의 권위, 그 공동체의 이야기인 성경의 권위, 궁극적으로는 그 성경을 통해 계시된 하나님의 권위와 연결되어 있다.

그러므로 신앙생활을 할 때 일어나는 수많은 안건들과 질문들은 성경의 권위 아래에서 언제나 계속된다. 흔히 어느 시대에 신학적으로 내려진 교리의 결정은 영원불멸하다고 생각할 수 있지만, 그렇지 않다. 영원히 굳어진 결정이란 있을 수 없다. 물론 삼위일체라든지, 예수 그리스도의 주 되심에 대한 것, 그분의 삶과 죽음과 부활에 대한 사실들은 대화나 토론을 통해 의견이 달라지는 것이 아니다. 그러나 결혼과 양육의 문제, 경제적 문제, 교회의 법과 성찬 또는 성례에 대한 시대적·문화적 반영 등에 대해서는 고민을 멈추어선 안 된다. 하나님의 권위는 편만하게 삶의 모든 구석구석마다 가득 차 있기 때문이다.

앞서 말한 것처럼 공동체의 권위, 특히 기독교의 권위가 성경의 권위라는 말은 언뜻 명확한 주장처럼 보이지만 더 살펴볼 필요가 있다.[12] 왜냐하면, "성경의 권위"를 주장하는 것이 성경 말씀의 무오함을 주장하는 데서 더 나아가 그것을 전하는 교회나 성직자의 권위를 주장하는 것과 동일하게 인식될 위험이 있기 때문이다. 하우어워스에게 성경은 인간의 역사 안에서 일하시는 하나님의 서사로서 "기독교 교회의 삶에 권위를" 가진다.[13] 하우어워스에 따르

---

12 Hauerwas, *A Community of Character*, p. 64.
13 앞의 책, p. 60. 참고. David Kelsey, *The Uses of Scriptures in Recent Theology*

면, 성경은 예수 그리스도 안에 있는 하나님에 대한 적법한 이야기로서 "우리가 진실되게 느낄 수 있는 완벽한 이야기에 대한 갈망"이라는 부인할 수 없는 인간의 진리를 향한 내적 욕망들을 만족시킨다.[14] 여기서 "완벽한 이야기에 대한 갈망"이란 레이놀즈 프라이스 Reynolds Price의 표현을 하우어워스가 자신의 책 『교회됨』 *A Community of Character*에서 인용한 것이다. 꽤 오래전 쓰인 이 책 이후로 하우어워스 자신이나 관련 학자들 중에서도 프라이스의 이 표현이나 주장에 대해 언급한 적이 없지만, 아마도 이러한 인간 내부에 있는 어떤 '갈망'에 대해 하우어워스도 인정하고 받아들였다고 생각해 볼 수 있다. 그러나 주의할 점은, "아래(인간)로부터의 이야기"가 "위로부터의 이야기"(하나님의 이야기, 곧 계시)에 종속된다는 그의 바르트적 관점에는 변함이 없다는 것이다. 성경의 적법함이 하나님을 향한 인간의 관계의 형성과 성장을 의미하므로, 이 이야기는 교회에 대해 권위를 가진다고 말할 수 있을 것이다.

성경은 멈춤 없이 예수 그리스도의 이야기를 제공하는데, 이 이야기는 기독교 공동체의 삶에 가야 할 길을 알려 주고 지혜를 공급해 준다. 그리고 이러한 힘으로 인해 성경은 권위를 가진다. 다시 말

(Philadelphia, PA: Fortress Press, 1975), pp. 208-209. 하우어워스는 이러한 이해가 성경의 교의적·구조적 또는 언어적·분석적 이해나 해설과 충돌된다고 보지 않는다. 오히려, 이것은 그것들과 연결되어 있다. *A Community of Character*, pp. 64-66.

14 앞의 책, p. 66. 참고. Reynolds Price, *A Palpable God: Thirty Stories Translated from the Bible: With an Essay on the Origins and Life of Narrative* (New York, NY: Atheneum, 1978), p. 14.

해, 성경에 대한 교리적 전제의 합이 성경이 아니며, 이것이 성경의 권위일 수는 더더욱 없다. 하우어워스에게 성경은 무엇보다도 우리 삶에 권한을 부여하는 삶의 이야기다. 이 이야기는 예수님의 삶과 하나님과 함께한 이스라엘의 삶의 이야기를 포함한다. 그러므로 기독교 공동체에 있는 성경의 권위는 그 공동체의 삶에 관한 것이다. 그 권위는 예수 그리스도의 이야기를 보여 줌으로써, 공동체와 그리스도인들로 하여금 어떻게 예수님의 삶을 살아갈 것인지 그 길을 발견하는 데 영향을 준다. 동시에, 이 권위는 공동체의 역사와 전통 안에 존재하는 다양한 사람들의 삶 속에서 그들에게 권위로써 인정됨을 의미한다. 이런 점에서 교회의 권위는 생경한 존재에 의해 타율적으로 주어진 것이 아니다. 오히려 그와 반대로, 성경의 권위는 우리가 진정으로 우리 자신이 되도록 자유롭게 하는 능동적이고 긍정적인 작용을 한다. 왜냐하면 성경은 우리 인간을 창조하시고 그분과의 언약적 유대로 우리를 부르시는 하나님에 대해 말해 주고 있기 때문이다. 예수님을 따르기 위해 예수님에 의해 부름받은 사람들은 함께 모인다. 그분을 따르기로 한 결정은 어떤 위협이나 강제에 의한 것이 아니라 예수 그리스도 안에 있는 하나님의 신실한 이야기에 의해 자발적으로 이루어진 것이다.

권위의 근원과 그 본성

이것은 곧 하우어워스가 주장하는 기독교 공동체가 의지하는 권위의 근원이 바로 공동체 그 자체라는 의미다. 다시 말하지만, 이 권위는 우리가 흔히 생각할 수 있는 타율적 힘이나 강제력이 아니다. 기독교 공동체는 어떤 강압적인 힘 때문에 기독교적 규칙들을 지키거나 그것에 순응 또는 타협하는 것이 아니다. 오로지 그리스도인으로서 공동체와 성경의 권위에 자발적으로 순종하는 것이다.[15] 하우어워스는 "준수와 순종"을 구분한다.[16] 준수하는 것은 어떤 규칙을 따르는 것으로, 강제적이고 강압적인 성질을 띤다. 그러나 순종은 강제되는 것이 아니다. 이와 비슷한 방식으로, 힘power과 권위authority는 구분된다. 힘은 다른 사람을 순종하도록 강제하기엔 너무나 "무력"powerless하다.[17] 사람은 어떤 위협에 의한 강제에 의해서가 아니라 자신의 자발적인 의지 또는 동의로 순종하기 때문이다. 하우어워스는 순종하는 사람이 고려할 것 두 가지에 대해 말한다. 첫째, 순종은 순종하는 이에게 순종하는 대상과의 "관계에서 상당한 힘"을 부여한다.[18] 왜냐하면 그의 순종은 특정 대상을 자신의 권위로 선택한 것이기 때문이다. 둘째, 순종하는 사람은 일정한 책임을 갖게 된다. 왜냐하면 순종하기로 결정한 사람은 그 대상이 순종을 받기에 적합하고 옳은지 스스로에게 물어야만 하기 때문이다.

---

15   바로 이와 같은 자발적 순종에 있어서 그리스도인과 공동체의 관계를 살펴보는 데 성령의 역할이 핵심이다. 이 부분은 부록의 첫 번째 부분에 별도로 언급되어 있다.

16   Hauerwas, *Christians among the Virtues*, p. 134.

17   앞의 책, p. 201 n. 5.

18   앞의 책, p. 135.

그러므로, 하우어워스에게 권위는 순종과 상관관계가 있으며 실질적으로 공동체의 개별 구성원들에 의해 주어진다. 하우어워스는 이에 대해 "권위는 순종이 없이는 실행될 수 없으며 권위가 없다면 순종할 수 없다"고 강조한다.[19] 예수님에 의해 그분의 제자로서 그분을 따르라고 부름받은 기독교 공동체 안에서, 각 구성원은 성경을 포함한 하나님의 이야기에 그들의 동의를 내어 주고 공동체의 가르침에 순종한다. 이 순종은 단순히 '따름'이 아닌 책임의 이행으로 이해되어야 한다. 순종하기로 결심하고 결정함으로써 그 대상에 참여할 권리와 권한을 얻게 되었기 때문이다. 진정한 권위만이 개별 구성원들에게 자발적이고 자유롭게 선택하고 실천할 요소들을 공급할 수 있다. 즉, 공동체의 권위에 의해, 개별 구성원들은 공동체의 권위가 실린 이야기를 자유롭게 행사할 권리를 얻게 된다.

그렇다면 공동체 구성원들은 그들이 순종하는 대상이 옳은 대상인지 또는 그들의 순종이 가치가 있는 결정인지 어떻게 알 수 있는가? 이 또한 권위의 본성에 의해 발견될 수 있다. 그 본성이란 개별 구성원들을 포함한 전체 공동체의 공동선common good과 성숙한 성장을 향하는 방향을 가리킨다. 힘과 권위는 모두 지침 또는 방향을 지시하는 경향이 있다. 그러나 힘과 달리, 권위는 공동체 내에 존재하는 가치의 결핍이나 부족에 집중하지 않는다. 하우어워스에 따르면, 진정한 권위는 공동체의 풍성함, 성장, 공동선에 초점을 맞

---

19 앞의 책.

춘다.[20] 그리고 이러한 행위는 모두 공동체의 전통적이고 역사적인 가치들에 기반한다. 다시 말해, 공동체가 권위를 수여하고 그 권위를 구체화시킨다. 그리고 그 안에서 구성원들은 전통에 의해 조명된 여러 가치들을 이해할 수 있고, 그로써 권위에 순종하게 된다.[21]

따라서 교회 안에서 성경은 권위를 얻는다. 그리고 그 권위는 성경에 근거한 교회의 삶이라 불리는 전통 안에서 강하게 세워진다. 그러므로 권위에 있어서 공동체는 필수적이다. 성경적 권위는 교회의 삶에 뿌리내린다.[22] 공동체 없는 신앙생활 또는 그리스도인의 삶이란 존재하지 않는다. 이러한 이해를 바탕으로, 하우어워스는 자유를 권위에 맞서는 개념이 아니라, 오히려 권위를 형성하기 위한 필수 전제 조건으로 본다. 그가 말하는 참 권위에 의해 형성된 공동체는 다시 말해 자유의 공동체다. 그러나 하우어워스는 이것이 공동체 구성원이 자유롭게 그들이 원하는 대로 무엇이든 할 수 있다는 말이 아님을 다시 한번 강조하며 방종을 경계한다. 그가 볼 때 전통

---

20   Hauerwas, *A Community of Character*, p. 60; Yves Simon, *A General Theory of Authority* (Notre Dame, IN: University of Notre Dame Press, 1962), pp. 49-50. 이브 시몽(Yves Simon)의 작업은 하우어워스의 교회 영역, 즉 정치적 영역에 있어 권위에 대한 그의 생각을 이해하는 데 매우 중요하다. 시몽에게 큰 영향을 받은 현대 기독교 사상가들에 대해서는 다음을 보라. Victor Lee Austin, *Up with Authority: Why We Need Authority to Flourish as Human Beings* (London: T&T Clark, 2010). 하우어워스의 권위에 대한 넓게 흩어진 표시 및 강조들과 오스틴의 설명을 비교하는 것도 흥미로운 작업일 것이다.
21   Hauerwas, *Christians Among the Virtues*, p. 202 n. 7.
22   Hauerwas, *A Community of Character*, p. 60.

과 권위는 실천적 순종으로서 제자도를 요구한다.[23]

하우어워스에게 권위는 일방적이지 않고 다자적·상호적·소통적이다. 일방적 힘 또는 권력이 공동체 내의 소수를 위한 이익을 좇는 반면, 권위는 공동의 선이라는 가치에 근거한다. 여기서 중요한 점은 공동의 가치도 소중하지만, 공동의 이야기가 더 앞선다는 이해다. 이것은 앞서 언급했듯, '선택과 결정의 윤리'도 중요하지만 그보다 '성품과 이야기의 윤리'가 더 앞선다는 주장과 결을 같이한다. 권위는 공동체의 구성원들을 필요로 하며, 개별 구성원들은 권위에 의해 연합할 수 있다. 그래서 공동체 내의 약점이나 단점을 보완하는 것은 권위를 정당화하기 위한 적법한 토대가 될 수 없다.[24] 권위, 특히 하우어워스가 생각하는 성경에서 비롯된 교회의 권위는 공동체 내에 존재하는 결핍이나 흠을 제거하는 것을 목적에 두지 않는다. 오히려 주Lord와 다른 이를 섬기기 위한 다양한 기회들을 생산하려 한다. 그러므로 하우어워스에게 권위란 공동체에 존재하는 규칙들을 따르고 순응하도록 구성원들을 강제하는 외부적 힘 또는 압력일 수 없다. 오히려 권위는 특정한 공동체의 삶에 의해 만들어진 공동체의 전통에서 비롯된다.

---

23 앞의 책, pp. 62-63.
24 Yves Simon, *Philosophy of Democratic Government* (Chicago, IL: University of Chicago Press, 1951), pp. 8, 29-30. 이 점이 시몽의 주요 요점들 중 하나다. 심지어 타락하지 않은 세상에서일지라도 권위는 여전히 필요하다. 권위는 우리의 유한성 안에 내재해 있으며, 인간의 다양한 삶 속, 다른 이들과의 상호 연결성 안에서 구체화되어 간다는 것이다.

그러므로 기독교 공동체들 안에 있는 권위는 "진리를 말하기 위한 그리스도인의 의지"willingness of Christians to speak the truth에서 비롯된다.[25] 물론, 여기서 "의지"에 초점을 맞춰서는 안 된다. 그 의지도 "진리를 말하기" 위한 것이기 때문이다. 예수님은 "그분의 권위를 그들[사람들]에게 강제하지 않으신다."[26] 예수님은 제자들에게 자발적인 따름을 요구하셨지만, 그것은 따르는 자들이 '마음대로' 원하는 것을 따르는 것이 아니다. 내 의지로 예수님을 따르지만, 내가 원하는 것을 이루기 위해서가 아니라 예수님의 진리를 말하기 위해 그분을 따르기로 결정한 것이다. 예수님의 진리를 진실되게 말하는 것이 권위의 가장 핵심 요소다. 이것이 공동체의 권위를 움직이는 기준이 되어야 한다. 진리를 진실되게 말하는 행위가 삶을 이루고, 그 삶이 다시 하나의 이야기를 써 내려간다. 이 이야기들은 다시 공동체가 지켜 오고 전수해 온 공동체의 역사와 전통이 된다. 이런 이해를 바탕으로 할 때에야 비로소 '권위는 공동체의 역사와 전통 위에 서 있다'라는 말이 구시대적이거나 억압적인 뜻이 아니라 '자유와 개별 구성원들의 삶을 소중히 여긴다'는 말과 모순 없이 사용될 수 있다.

---

25 Hauerwas, "Reforming Christian Social Ethics: Ten Theses (1981)", in *The Hauerwas Reader*, p. 114.
26 Hauerwas, "Jesus and the Social Embodiment of the Peaceable Kingdom (1983)", in *The Hauerwas Reader*, p. 127.

공동체와 증인 됨

앞서 언급한 것처럼, 권위는 공동체 안에 연합unity을 만든다. 그렇다면 권위를 둘러싼, 권위가 만들어 내는 연합된 행동은 무엇인가? 하우어워스에 따르면, 이것은 증언하는 행동이다. 이제 본격적으로 증언/증인witness과 공동체, 특별히 기독교 공동체들과의 연결에 대해 살펴보려 한다. 공동체의 풍요/성장과 공동선을 위한 행동 안에 있을 때, 한 사람의 증언은 그 자체로 권위를 나타낸다. 그러나 증언하는 사람 자체가 권위를 필요로 하지는 않는다.[27] 증인의 권위는 그 증인이 진실함 가운데 증언의 행위를 보여 주는 정도에 의존한다.[28] 하우어워스의 신학적 윤리에서 기독교 공동체의 권위는 성경의 권위에 근거하는데, 이때 성경이란 그리스도인이 훈련을 받고 예수 그리스도의 삶을 따르는 진실된 증인이 되기 위해 배우는 원천을 의미한다. 이와 같은 성경의 권위는 교회의 전통, 역사, 삶에 의해 형성되어 왔다.

앞서 하우어워스가 말하는 권위는 항복을 요구하는 독재적인 형이상학적 힘이 아니라, 상호 관계 맺고 소통하는 하나님과 그분의 백성들 사이의 관계에 대한 것이라고 말했다. 개별 도덕 주체자의 권위는, 그것이 정당한지 아닌지와는 상관없이, 구성원들이 의지하

---

27 Simon, *A General Theory*, p. 84.
28 앞의 책, p. 127.

는 공동체로부터 분리되어 이해할 수 없다.[29] 공동체에 의해 주어진 도덕 주체자의 권위는 다른 사람들을 강제하고 강요하는 독재자의 원칙 없는 힘과 같지 않다. 하우어워스에 따르면, 개인들이 받아들이는 권위는 그들이 어떻게 공동체를 이해하는지에 달려 있으며, 이것은 다시 공동체의 이야기에 대한 그들의 이해에 기반한다.[30] 공동체의 이야기를 멈춤 없이 진실되게 말하며 그 이야기에 맞게 성품을 가다듬는 공동체 안에서, 개인들은 공동체의 이야기를 들음으로 공동체와 같은 성품을 형성하게 된다. 이렇게 공동체의 이야기는 개별 구성원들이 이야기를 실천하는 것을 따라 작용하며 그들은 결국 공동체의 이야기와 성품을 진실한 방식으로 살아 내게 된다.[31] 이 과정에서 공동체의 권위 아래에 자기 자신을 위치시키는 일은 개인의 편견이나 기호를 극복하게 해 준다. 하우어워스에 따르면, 개인의 편향된 성향은 도덕적 사안들에 대해 자기기만을 만들어 내는데, 공동체의 이야기가 제공하는 신념과 확신을 살아 냄으로써 개인들은 이러한 자기기만을 예방하거나 직면하여 반성할 수 있다.

전통은 공동체의 정체성을 형성한다. 전통은 공동의 이야기들을 이해하고 식별하도록 만들며, 그럼으로써 개별 구성원들의 정체성을 다듬기 때문이다.[32] 하우어워스에게 성품의 형성은 공동체 안

29　Hauerwas, *A Community of Character*, p. 60.
30　앞의 책.
31　William Cavanaugh in "Stan the Man: A Thoroughly Biased Account of a Completely Unobjective Person", in *The Hauerwas Reader*, p. 17.
32　Wells, *Transforming Fate into Destiny*, p. 42.

에서 발생하기 때문에 공동체의 역할은 공동의 이야기를 통하여 구성원들의 성품을 형성하고, 그런 과정을 통해 그들 공동체의 이야기가 담고 있는 진리를 증언하는 것이다. 전통을 수립하는 이러한 공동의 활동에 의해 공동체의 이야기를 살아 내고자 결심하는 사람들이 바로 공동체의 다른 구성원들을 이끌고 도와줄 수 있는 주요 도덕 주체자들이다.[33] 이들은 공동체의 이야기를 그들 개인의 이야기를 해석하는 밑바탕으로 삼으며, 그로부터 믿음과 확신을 얻어 살아간다.

하우어워스는 도덕 생활의 여러 부분들이 전체로부터 분리되거나 고립되어 다루어질 수 없다고 주장한다. 행동 그 자체로는 아무런 의미를 가지지 않으며, 따라서 특정한 결정이나 선택만으로는 도덕적 원칙들을 확립할 수 없다. 누군가 내리는 하나의 결정과 행동을 관찰한다고 도덕적 삶을 이해할 수 있는 것은 아니다. 물론 도덕적 삶이 그러한 결정과 행동들 자체로만 이루어진 것도 아니다.[34] 개별 사건 또는 선택은 오로지 전체의 이야기나 맥락의 일부분으로서 의미를 가질 뿐이다. 즉, 이것이 왜 하우어워스의 신학적 윤리가 개인의 선택보다 공동체의 이야기에 의해 빚어진 성품을 중요시하는가에 대한 이유다. 다른 말로 하면, 만일 한 사람이 증인으로서 공동체의 성품을 형성하고 이야기의 진실함을 특정한 방식으로 실행

---

[33] Hauerwas, "The Church as God's New Language (1986)", in *The Hauerwas Reader*, p. 149.
[34] Hauerwas, *The Peaceable Kingdom*, p. 21.

하거나 실천하지 않는다면, 그것은 공동체와 나아가 전체 세상에게 아무런 의미도 없는 것이다. 공동체의 이야기는 개별 구성원들에 의해 이해되고 확인될 수 있지만, 이것은 개인주의적인 방식이 아니라 공동체적 방식을 가리킨다. 그렇기 때문에 하우어워스는 하나의 공동체를 하나의 증인이라고 부른다.[35]

개별 도덕 주체에 의해 만들어진 개별 도덕 선택은 공동체 안에서 이해될 필요가 있다. 왜냐하면 그러한 개인의 행동과 선택들을 바라보는 사람들도 자신들이 속한 세상 또는 공동체가 가진 가치관과 규범으로 그 행동과 선택을 판단할 것이기 때문이다. 결정과 행동의 주체도, 이를 관찰하는 관찰자도 모두 공동체의 규범과 가치, 전통과 이야기에 기초한다. 그래서 개인이 공동체를 떠나서도 의미 있는 도덕적 의사결정을 내릴 수 있다는 말은 설득력이 약하다. 어디에 있든, 그는 어떠한 공동체에 속한 것이기 때문이다.[36] 어떤 이야기에 참여하길 원하는가에 대한 질문 없이, 또는 공동체에 대한 고민 없이, 한 사람의 개인적 이야기는 인간 삶에 대한 중요한 질문들에 답을 할 수 없다.[37] 도덕 생활에 대한 감각을 요구하는 각 개인의 이야기는 그것의 토대가 될 공동체의 이야기를 필요로 한다. 왜냐하면 단일한 이야기가 아닌 공동의 이야기들은 인간 본성과 운명에 대한 질문들에 특정한 답을 주기 때문이다.[38]

---

35 Wells, *Transforming Fate into Destiny*, p. 79.
36 Hauerwas, *A Community of Character*, p. 60.
37 Wells, *Transforming Fate into Destiny*, pp. 42-43.

이야기는, 특히나 하우어워스의 신학적 윤리학에 있어서는, 단순한 정보가 아니라 진리를 수반하는 복잡한 방식을 취한다. 이 진리는 오로지 그 이야기가 진실인지 거짓인지 보여 주는 증인들에 의해서 드러난다. 한 사람이 이야기에 따라 증언하는 것은 그 이야기의 내용들에 대한 지적인 이해보다 훨씬 중요하다.[39] 그러므로 하우어워스에게 "증인"은 공동체의 이야기 안에 담긴 신념들을 살아내기 위한 한 사람의 통전적인 또는 통일적이고 일관된 과정을 가리키는 용어다.[40] 이 과정 속에서, 개인은 그의 신념의 진실함을 증언하게 된다.

하우어워스에게 한 공동체는 하나의 증인이나 마찬가지다. 증인은 전수된 이야기를 자신이 진실로 믿는지, 그리고 그 이야기를 삶에 적용하고 살아 내는 열심이 진실한지 아닌지를 증명하도록 끊임없이 시험test받는다. 이러한 신실함은 그 공동체가 받았고 소유하고 있으며 후대로 전수하는 이야기들에 의해 드러나고, 공동체 구성원들에게 덧입혀져 그들의 성품을 빚어 간다.[41] 그래서 하나의 공동체로 모인 한 무리의 사람들은 이야기로부터 비롯되는 다양한 형태의 이해로 구성된 공동의 배경을 공유한다. 하우어워스가 생각하

---

[38] 앞의 책, p. 42.
[39] 앞의 책, p. 2.
[40] 하우어워스에게 이 '증인'의 궁극적인 표상 또는 대표적인 예는 초대교회의 순교자들이다.
[41] Hauerwas, "The Church as God's New Language (1986)", in *The Hauerwas Reader*, pp. 148-149.

는 대표적인 공동체의 이야기는 무엇이 있을까? 소설이나 근현대사 속 여러 이야기들이 있을 수 있겠지만, 하우어워스의 신학적 윤리에서 큰 부분을 차지하는 것은 역시 이스라엘의 이야기, 그리고 예수님의 이야기다. 이 이야기는 여러 선택지들 중 다른 길이 아닌 바로 그 특정한 길을 살기로 선택하는 특정한 종류의 사람들을 만드는 공동의 이야기다.[42] 그들은 공동체의 구성원으로서 그 이야기에 그들의 생활을 헌신하며 그들 자신을 공동체의 구별된 속성과 정체성을 대표하는 대표로 여긴다. 공동의 정황과 성품은 결정적으로 개별 구성원들의 도덕 이해에 영향을 끼친다.[43] 하우어워스에게 한 사람의 개인적인 확신도 단순히 개인적 의견이라고 평가절하될 수 없다. 왜냐하면 그것은 언제나 공동체적이며, 그렇기에 정치적이기 때문이다.[44] 공동체의 성품을 통해서, 공동체는 그들이 누구인지뿐 아니라 공동체가 가진 그 이야기가 무엇에 관한 것인지 드러낸다.

기독교 공동체의 이야기는 예수님의 이야기 안에서 펼쳐지는 하나님의 나라에 관한 이야기다. 예수님의 이야기는 추상적인 신학적 담론으로서의 기독론에 관한 것만이 아니라 그분의 삶과 죽음, 부활에 대한 이야기다. 기독론은 신학적 담론이자 동시에 정치적 담론과 연결된다. 이것은 예수님의 제자들과 제자들의 공동체의 이

---

42 Hauerwas, *A Community of Character*, p. 53; Wells, *Transforming Fate into Destiny*, pp. 42, 126, 144.
43 Hauerwas, *Truthfulness and Tragedy*, p. 102.
44 Hauerwas, *Vision and Virtue*, pp. 203-204; Hauerwas, *A Community of Character*, p. 40.

야기로서 세상 속 교회 가운데서 발견될 수 있다.[45] 여기서 주의할 점은, 예수님의 진실된 이야기를 증언하는 것은 기독론의 정치적 담론처럼 정치적 활동을 의미한다고 이해할 수 있다는 것이다. 기독론적인 이야기와 그 이야기에 근거한 공동체는 그리스도의 제자를 만드는 것을 목적으로 한다는 점에서 정치적이다.[46]

하우어워스에게 증인이 되는 것은 덕목 또는 "기술"의 전개를 포함하며, 그 이야기를 진실하게 살기 위해서는 그 이야기의 "진실함"truthfulness을 실천할 기술이 필요하다.[47] 웰스는 하우어워스가 말하는 진리란 특정한 기술들에 의해 연습되고 권한을 부여받은 성품에 의해 전수되며 이야기된 진실한 이야기라고 덧붙인다.[48] 진리 또는 진실을 진실되게 드러내기 위해 필요한 것은 이야기에 내재된 확신들에 대해 진실하고 truthfully 신실하게 faithfully 임하는 것이다. 하우어워스에게 진리는 언제나 이야기 안에 내포되어 있는 것이므로, 성품은 누군가의 이야기를 진실하게 드러내기 위한 주요 방식이다. 다시 말해, 성품을 통해서만 이야기가 담고 있는 진리가 드러난다. 그러므로 칸트 또는 칸트에 의해 영향을 받은 근현대 규범 윤리학자들이 말하는 것과는 달리, '나'라는 사람 자신의 이야기를 다른 어떤 큰 이야기 안에 위치시켜서 이야기가 담고 있는 진리를 풀어

---

45 Hauerwas, *A Community of Character*, pp. 44-46.
46 앞의 책, p. 40.
47 Hauerwas, *The Peaceable Kingdom*, p. 43; Hauerwas, *A Community of Character*, p. 135.
48 Wells, *Transforming Fate into Destiny*, pp. 1-2.

낼 때 개인의 이야기도 해석될 수 있다고 이해하는 편이 옳다. 그렇지 않다면, 칸트가 말한 것처럼 순수한 이성적 자아 또는 순수 이성이 자기 자신으로부터 한발 물러나 사물과 문제들과 심지어는 자기 자신조차 객관적으로 바라보고 가장 옳은 결정을 내릴 수 있다는, 즉 한 사람의 내면의 이성적 자아가 외적 자아보다 우월하며 어떤 면에서는 그것을 소유했다고 보는, 다소 자연스럽지 않은 주장만이 남게 된다.

이와 같이 기독교라는 큰 이야기 안에 자신을 위치해 놓는 법을 배우는 것이 바로 그리스도인의 삶의 여정이고, 복음이라는 기독교 공동체의 이야기 안에서 자기 자신을 이해하고 인생의 이야기를 해석하는 것이다.[49] 다른 말로 하자면, 기독교의 이야기들에 근거한 기독교 신앙의 진실함은 증인의 기독교적 도덕 생활에 의해 나타난다.[50] 그리스도인들은 이 진실함을 다양한 확신들로 실행함으로써 실현한다.[51] 공동체의 삶의 방식은 이러한 확신들을 어떻게 살아내는가를 나타내 보여 준다. 한 사람의 인생은 다른 여러 방식들 중에서 특정되고 구체적인 한 방식에 대해 공동체 안에서 의무를 갖게 된다.[52] 증인에 대한 하우어워스의 인식이 성품과 긴밀히 연결되어 있는 것과 증인의 성품에 집중된 이러한 개념은 하나의 이야기

---

49 앞의 책, p. 46.
50 Hauerwas, *Truthfulness and Tragedy*, p. 8.
51 앞의 책, p. 9.
52 앞의 책.

가 성품을 형성하고 하나의 공유된 이야기 안으로 성품의 사람들을 모은다는 점에서 공동체적이고 정치적이다.[53] 그러므로 하우어워스의 논점에 따르면, 공동체 안에서 한 사람은 그의 삶이 자기 자신만의 것일 뿐 아니라 그가 속한 공동체의 일부분이기도 함을 인식하게 된다.[54]

개인들이 살아갈 특정한 종류의 삶의 근원은 공동체의 이야기로, 이것은 공동체의 전통과 역사로 드러난다.[55] 공동체의 전통과 역사에 기반하여, 개인의 진실한 증언은 진실된 이야기에 의해 세워진 공동체에 의해 공급되는 기술과 같다. 즉 증인들이 '진실함의 기술' 그 자체다.[56] 그런데 공동체와 개인들 사이의 관계에 대한 이러한 생각들은 자주 쉽게 잘못 이해되곤 한다. 자유주의자, 특히 글로리아 알브레흐트Gloria Albrecht와 린다 우드헤드Linda Woodhead 같은 여성주의 신학자 또는 윤리학자들의 의견에 따르면,[57] 하우어워스는 한편으로는 자유주의 신학과 현대 윤리학의 추상적인 보편주의를 비

---

53 Wells, *Transforming Fate into Destiny*, p. 11.
54 Cavanaugh, "Stan the Man", in *The Hauerwas Reader*, p. 18.
55 Hauerwas, *Truthfulness and Tragedy*, p. 21.
56 Hauerwas, "Reforming Christian Social Ethics: Ten Theses (1981)", in *The Hauerwas Reader*, p. 111.
57 Gloria Albrecht, *The Character of Our Communities: Toward an Ethic of Liberation for the Church* (Nashville, TN: Abingdon Press, 1995); Linda Woodhead, "Can Women Love Stanley Hauerwas?: Pursuing an Embodied Theology", in *Faithfulness and Fortitude: In Conversation with the Theological Ethics of Stanley Hauerwas*, ed. Mark Thiessen Nation and Samuel Wells (Edinburgh: T&T Clark, 2000).

판하면서, 다른 한편으로는 자신의 비폭력적 복음을 보편적으로 적용하고 홍보함으로써 폭력을 저지른 교회의 어두운 역사를 감추거나 외면한다. 그리고 신학적으로 보수적이며 특권을 가진 백인 남성으로서 교회 내의 주변화되고 억눌린—주로 여성—사람들을 외면한다는 것이다.[58]

그러나 이에 대해, 여성주의 신학자인 데브라 머피Debra Murphy는, 그들이 제기하는 비판적 의견의 필요성에는 동감하면서도 알브레흐트와 우드헤드를 포함한 많은 여성주의 신학자들의 신학적 배경이 근대주의 철학과 같다는 점을 지적한다. 그것은 역사, 전통, (교회와 같은) 공동체로부터 개인들을 자유롭게 하려고 분투하는 사상이며 성경 해석이나 교회의 전통보다 인간의 이성을 훨씬 더 가치 있게 여기는 사상이다.[59] 머피는 하우어워스의 작업이 "불의에 저항하는 사람들을 침묵시키는 하나의 관점을 보편화"시킨다고 보지 않는다.[60] 오히려 하나님이 요구하신 신실함과 정의를 인간이 배신하고 강압적으로 실천해 온 현실을 공동체적으로 의심해 보아야 한다는 기본 원리를 하우어워스가 제공해 준다고 강조한다.[61] 그는 하우어워스의 업적에 대해 "간과(또는 무시)되는 것은, 죄의 힘과 지배를

---

58 Debra Dean Murphy, "Community, Character, and Gender: Women and the Work of Stanley Hauerwas", *Scottish Journal of Theology* 55, no. 3 (2002): pp. 338-355.
59 앞의 논문, p. 350.
60 앞의 논문, p. 343.
61 앞의 논문.

패배시킨 이에 대한 진실한 증인/증언은 폭력과 억압을 향한 저항이 엄중하게 실행되는 변화된 공동체들을 가능하게 만든다는 것이다"라고 강조한다.[62] 즉, 하우어워스를 비판하는 학자들은 그가 백인 남성이자 엘리트 출신의 교수라는 배경만 가지고 그가 주장하는 공동체에 대한 주장들을 단순히 편견과 억압이 만연한 공동체로 치부해 버린다는 것이다. 그들의 주장이나 비판이 의미가 없다는 것이 아니라, 그렇게 비판하는 이들 스스로도 자신들이 비판하는 구조와 동일한 프레임에서 벗어나지 못한다는 뜻이다. 정작 하우어워스의 주장인 공동체의 변화, 공동체가 형성하는 개인들의 성품, 그러한 시간이 소요되는 진실한 변화에 대해 그를 비판하는 학자들은 전혀 받아들일 생각이 없거나 일부러 못 본 척하는 것처럼 보인다.

증인: 숙명을 넘어 운명으로

모든 공동체는 공동체의 성품을 암묵적이든 분명하게든 나타낼 수 있는 기술들을 구성원들에게 제공한다. 예를 들어, 기독교 공동체는 하나님과 돈을 더불어 섬길 수 없다고 가르치고, 실제 삶에서 어떻게 하나님을 섬기며 돈에 대해 선한 청지기의 자세로 살아갈 수 있는지 가르친다. 또는 선한 사마리아인의 이야기를 통해 진정한 이웃이 되는 기술을 가르친다. 하우어워스에 따르면, 진실한 이야기

---

[62] 앞의 논문, p. 352.

에 의해 형성된 공동체에서 제공하는 이러한 기술들은 "숙명fate을 운명destiny"으로 바꾸는 기술들이며, 예기치 않고 통제되지 않은 낯선 것들을 포용할 수 있는 기술들이다. 그로 인해 심지어는 인간 삶의 고통까지도 구원받을 수 있는 것으로 변하며, 공동체와 각각의 구성원을 세워 가는 데 공헌하는 선물이 된다.[63] 여기에서 간과하지 말아야 할 것은, 이것은 "기술"이자 동시에 "선물"이라는 사실이다. 성품의 공동체와 그 공동체의 성품을 드러내는 각 구성원들은 자연스럽게 만들어지지 않는다. 그들은 주어진 선물과 기술들을 가지고 자신의 삶을 반추해 나가야 하며 자기기만에 직면해야만 한다. 과거의 실패를 인정할 수 있어야 하며 자신이 복음, 즉 예수 그리스도의 큰 이야기 안에 놓여야만 한다는 사실을 인정해야 한다. 삶에 찾아오는 고통은 언제나 예상치 못한 것들이다. 우리의 통제하에 놓여 있지도 않다. 이는 개인에게는 질병 또는 인간관계를 포함한 여러 종류의 아픔일 수 있고, 공동체에게는 공동체에 맞지 않다고 생각되는 이방인들의 출현이거나 내부 균열을 일으킬 수 있는 '다른' 생각 또는 모습을 지닌 사람들의 등장일 수 있다. 그러한 고통을 마주할 때 공동체와 구성원들은 진정한 시험대에 오르게 된다.

그러므로 진실한 이야기에 의해 형성된 공동체는 단순히 저마다 다른 목적들을 가진 개인들의 모임이 아니다. 그 경우 진실한 이야기란 단지 그들 사이에 공유되는 정보에 불과해진다. 그러나 하우

---

63 Hauerwas, *A Community of Character*, p. 10; Hauerwas, *Christian Existence Today*, p. 53.

어워스에게, 성품의 공동체라 불리는 진실한 공동체는 구성원들의 공동체적 삶을 통해 자신의 역사와 전통을 만든다.[64] 즉, 공동체란 정보를 공유하는 사람들의 모임이 아니라 함께 모여 한 몸을 이룬 이들을 의미한다. 한 몸은 여러 지체들을 통하여 하나의 삶을 산다. 사도 바울이 고린도전서 12장에서 이에 대해 자세히 설명했다. 구성원들은 공동체의 이야기를 묘사할 수 있고 이해할 수 있는 각자의 역량을 통해 그들의 진실된 이야기를 살아 낸다. 그리고 심지어 통제할 수 없는 상황에 놓일지라도 서로를 신뢰한다.[65] 이것은 다른 무엇도 아닌 이야기에 담겨 있는 진리의 힘이다.

모든 이야기가 그런 것은 아니다. 예수 그리스도의 이야기인 복음이 담고 있는 하나님의 진리는 교회의 처음 발생부터 하나님의 인간을 향한 사랑과 신뢰를 기반으로 세워졌다. 인간, 즉 예수님의 제자들은 한때 실패했다. 그러나 실패 속에서 그들을 다시 세운 것은 부활하신 주님의 사랑과 신뢰였으며 그로 인해 교회가 형성되었다. 공동체가 낯선 상황 가운데서 서로를 신뢰하며 그리스도의 성품을 드러낼 수 있다는 것은 개인의 역량이 성장하고 발달하며 성숙했음을 의미하지만, 그것은 전적으로 그 공동체가 지니고 있는 이야기의 진실성, 또는 공동체가 다다르고자 하는 성품의 지향점에 달려 있다. 그리스도인의 성품과 증인 된 공동체를 형성하는 가장 우선된 이야기는 예수님의 이야기다. 그러나 하우어워스에게 '예수는 진리다'라

---

64 Hauerwas, *A Community of Character*, pp. 13-14.
65 앞의 책, pp. 22-23.

는 명제적 주장은 그의 신학과 신학적 윤리에 있어서 그리 결정적인 부분을 차지하지는 않는다.[66] 비록 교회가 예수님의 이야기에 근거하고 있지만, 하우어워스는 곧바로 교회의 탄생과 이야기로 뛰어들지 않는다. 더욱이 교회가 그 자체로 사회 윤리라는 이해에 대해 설명할 때, 그는 이야기의 진실함에 초점을 맞추긴 하지만, 이 이야기는 특정한 전통에 근거한 개인의 삶을 가리킨다. 이야기의 진실함은 확신과 긍정이 분명히 체화된 형태로 볼 수 있기 때문이다.[67] 하우어워스에게, 누군가가 신앙으로 믿는 이야기가 진정성을 확립하려면 진리로 실천되어야만 한다. 이러한 실천 가운데 사람들 각자의 삶은 이야기로 존재하며, 다시 각자의 이야기는 그들이 믿는 더 큰 이야기 안에서 자리를 잡고 정당성을 부여받으며 진리의 일부분이 된다.

하우어워스가 말하는 증인 된 공동체는 한 가지 모습만을 가리키지 않는다. 세상에 다양한 사람들이 존재하고 살아가는 것처럼, 이야기 역시 다양하기 때문이다. 사람마다 자신의 삶의 이야기를 내어 놓고 조명할 수 있는 거대 담론 또는 더 큰 이야기가 같을 리가 없다. 어느 것이 맞다 틀리다의 문제가 아니다. 진리라고 주장되는 모든 이야기들은 서로 동등하지도 않을뿐더러 다른 사람들에게

66　Robert Dean, "For the Life of the World: Jesus Christ and the Church in the Theologies of Dietrich Bonhoeffer and Stanley Hauerwas" (Th.D. diss., Wycliffe College and the University of Toronto, 2014), p. 53.

67　Hauerwas, "Reforming Christian Social Ethics (1981)", in *The Hauerwas Reader*, p. 114.

동등하게 이야기되거나 전해지지도 않는다. 이에 대해 웰스는 "거대 담론"metanarrative에 대한 존 밀뱅크John Milbank의 주장을 인정한다. 즉, 거대 담론의 주장은, 하나의 이야기에 드러나는 하나의 형태는 다른 맥락들 속에서 다양하게 이야기하는 여러 세대의 서로 다른 사람들에 의해 변화된다는 것이다.[68] 그럼에도 불구하고, 하우어워스에 따르면, 한 이야기가 다양한 세대의 다른 사람들에 의해 다르게 이야기되고 실천되면서 다양한 형태로 변해 가는 것 같아 보이더라도 변하지 않는 것이 있다. 바로 이야기를 전하는 유일한 방법은 그 이야기를 진실되게 실천하는 것이라는 점이다. '이야기를 진실되게 실천한다'는 말은, 누군가 그 이야기 안에서 발견하게 되는 '진리/진실함'을 살아 내는 것을 의미한다. 성품은 이러한 과정에서 중요한 역할을 수행한다. 진실한 이야기는 증인으로서 그 이야기에 관여하는 사람들에게, 그 이야기 안에서 발견되는 진리를 살아 낼 것을 요구한다.[69]

예수 그리스도의 이야기의 본성은 그 이야기 안에서 진리가 선포하는 것에 순종하고 따를 것을 요구한다. 그분의 삶, 사역, 죽음, 부활이라는 이야기를 통해서 계시되는 그리스도의 진리는 신실하고 진정한 그리스도인들의 삶에 의해 실천된다. 하우어워스는 삶을 통해서 하나님의 진리를 어떻게 살아 내야 하는지 그리스도인에

---

[68] Wells, *Transforming Fate into Destiny*, p. 81. 참고. John Milbank, *Theology and Social Theory: Beyond Secular Reason* (Oxford: Blackwell, 1990), p. 387.
[69] Hauerwas, *Truthfulness and Tragedy*, p. 80.

게 가르치는 것이 성령의 일이라 단언하면서도, 이것은 또한 공동체의 일이라고 주장한다. 왜냐하면 개별 그리스도인의 다양한 삶의 모습들은 예수님의 삶과 죽음과 부활을 증언하는 구체화된 삶으로서 식별되고 이해될 수 있기 때문이다. 이러한 개별 그리스도인들과 그들이 모인 공동체가 그리스도의 덕목들을 살아 낼 때, 세상에 그리스도인의 소망이 드러난다.

이 소망은 바로 하나님 나라에 대한 소망이다. 이것이 바로 개별 그리스도인들이 공동체로서 모일 때 우선시하는 동기이자 바람이어야 한다. 따라서 기독교 공동체는 단순히 그리스도인들이 모인 것만으로는 충분하지 않다. 기독교 공동체는 교회로 나아가야 한다.

5장
교회

앞서 다소 개인적인 가족사를 부분적으로 나누었다. 할아버지가 일찍 돌아가신 뒤, 할머니는 갓난아기였던 나의 아버지를 두고 재혼을 위해 서울로 떠나셨다. 아버지는 친척 집에서 머슴살이를 하며 자랐고, 그 생활로부터 도망치다시피 다른 도시의 고등학교로 진학하면서 독립을 하게 되었다. 아버지에게는 할아버지의 사진 한 장 없었고, 단지 친척들이 어릴 적 가끔 해 준 짤막한 이야기들만 남아 있을 뿐이었다. 일제시대 강제노동에서 살아남아 터를 잡고 자라난 가문의 이야기, 동남아시아의 아비규환으로부터 생환한 이야기, 나라를 지키다 무장공비의 총탄에 전사한 자랑스러운 이야기…. 그러나 그 이야기에는 그로 인해 어머니로부터 버림받았다는 한스러움도 맺혀 있었을 것이다. 돌아가신 아버지에 대한 사무치는 그리움과 자신을 두고 떠난 어머니에 대한 원망, 그것이 나의 아버지를 붙들어 살게 한, 낯선 도시에서 그를 지탱해 준 이야기였다. 그리고 이야기는 거기서 끝나지 않고, 그가 자라서 가정을 꾸리는 이야기로 연결된다.

이러한 개인적인 이야기가 교회를 풀어내는 하우어워스의 신학적 윤리에 대한 이해와 무슨 관계가 있을까 의아해할 수 있다. 앞서 그리스도인들의 공동체는 하나님 나라에 대한 소망으로 모인다고 했다. 우리는 그 소망을 붙잡고 살아갈 뿐 아니라 이미 예수님을 통해 이 땅 위에 존재했던 그 나라를 지금 살아 내려 한다. 그것은 한 번도 존재하지 않았지만 우리에게 던져진 하나님의 숙제가 아니다. 그것은 예수님의 삶, 죽음, 부활을 통해 시공간 속에 실제로 일어난 용서와 화해, 그리고 하나님과의 일치 사건이다. 나의 아버지도 자신의 이야기를 예수 그리스도의 이야기 아래 놓고, 그 안에서 이해하려 애썼다.

그래서였을까? 언젠가 내가 학교를 마치고 집에 돌아왔을 때, 친척 어른과 함께 처음 뵙는 할머니 한 분이 아버지 곁에 앉아 계셨다. 어린 아버지를 두고 떠났던 아버지의 친어머니, 나에게는 할머니셨다. 당황하여 아버지의 얼굴을 살폈지만, 아버지의 얼굴에서는 분노를 찾아볼 수 없었다. 모든 것들을 체념했다고 말하기엔 너무 평온한 분위기, 마음 깊이 용서를 한 사람만이 가질 수 있는 평화로운 얼굴이었다. 그분들 사이에 어떤 대화가 오갔는지는 알 수 없었다. 그러나 자신을 거부한 과거의 실체인 할머니와 마주한 아버지, 그리고 자녀를 버리고 떠났다는 죄스러운 과거를 마주한 할머니. 두 분의 이야기는 단순히 세상에 던져진 독립된 개체들의 이야기로 끝나지 않고, '죄인을 구원하러 이 땅 위에 오신 하나님'이라는 이야기 안에서 재해석될 기회를 부여받았다. 예수 그리스도의 이야기 안에서 두 분은 자신의 과거를 마주할 용기를 얻었을 뿐만 아니라, 용서를 빌고 또 용서를 할 선물과 같은 기회를 얻게 된 것이다.

사회 윤리로서의 교회

교회는 단순히 그리스도인들의 모임일 뿐인가? 하우어워스가 흔히 알려진 것처럼 공동체를 지상과제로 여기는 공동체주의자였다면 공동체만으로 족했을 텐데, 그는 왜 굳이 교회까지 전진해야만 했을까? 기독교 공동체와 교회의 다른 점은 무엇인가? 교회는 기독교 공동체이지만, 기독교 공동체가 꼭 교회인 것은 아니다. 하지만 많은 사람이 이 둘을 거의 비슷한 뜻으로 이해하곤 한다. 이 장에서도 기독교 공동체와 교회라는 용어를 바꿔 가며 사용하고는 있지만, 둘 중 궁극의 지향점은 교회다. 하우어워스는 교회의 임무가 세상을 하나님 나라로 만드는 데 있지 않으며, 오히려 예수 그리스도 자신과 동일하게 여겨지는 하나님의 나라를 신실하게 살아 내는 데 있다고 주장한다.[1] 하나의 사회 윤리로서 교회의 위치에 대해 말할 때 하우어워스가 빼놓지 않는 설명이 있다. 바로 교회란 "예산, 건물, 주차장, 포틀럭 potluck 저녁식사,[2] 다음 [담임]목사가 누구여야

---

1 Hauerwas, *Truthfulness and Tragedy*, p. 12.
2 포틀럭 식사란 참석자들이 각자 적당한 음식을 준비해 와서 나눠 먹는 식사 모

할지에 대한 열띤 토론 등등이 일어나는 기관institution"이라는 것이다.³ 특정한 여러 일들과 대화의 주제를 공유하는 사람들, 또한 일관되게 두드러진 한 종류의 덕에 신실한 사람들, 그리고 그들의 공동체가 바로 교회다.⁴ 이 덕은, 물론 여러 이론과 예를 들어 설명할 수도 있겠지만, 간략히 말하자면 십자가에 못 박히신 나사렛 예수를 가리킨다. 하우어워스에게 교회는 그 자체로 사회 윤리다. 교회의 목적과 정신은 바로 **교회가 되는 것**이다.

그러므로 교회는 예수님 이야기가 이 세상 속에 구현된 결정체 또는 전형으로 이해해야 한다. 하우어워스에 따르면, 가장 중요하고 우선적인 그리스도인의 증언은 교회의 전통에 의해 형성된 교회 그 자체다. 믿음, 소망, 사랑을 포함하는 "신학적 덕목들"은 오로지 교회의 전통에 의해 이해될 수 있다.⁵ 이 전통은 신실한 여러 그리스도인들과 그들의 공동체의 삶을 대표한다. 기독교의 덕목들은 세상의 것들과 같지 않다. 사람들은 오직 예수 그리스도 안에 계시된 하나님의 이야기라는 틀을 통해 이 덕목들을 이해할 수 있다.⁶ 앞서 설명했듯, 비그리스도인들이 말하는 믿음, 소망, 사랑은 교회가 가르치고 전수하는 믿음, 소망, 사랑과 전혀 다르다. 교회는 예수님의 삶,

---

임으로, 북미에서는 흔하게 갖는 일상적인 모임이다.
3 Hauerwas, *The Peaceable Kingdom*, p. 107.
4 앞의 책, pp. 102-103.
5 앞의 책, p. 103.
6 Hauerwas, "The Servant Community: Christian Social Ethics (1983)", in *The Hauerwas Reader*, p. 389.

사역, 죽음, 부활을 통해 계시된 하나님 나라를 가르치고 실천하기 때문이다.[7] 믿음, 소망, 사랑도 이런 예수님의 이야기에 기초하여 해석되고 적용되어야 한다.

즉, '교회의 가장 우선적인 목적이 교회가 되는 것'이라는 표어는, 교회는 그 자체로 소중하고 존재할 가치가 있다는 말이 아니다. 교회는 오로지 예수 그리스도의 이야기, 하나님이 이스라엘과 함께 하시며 인간의 시간과 역사 가운데 개입하신 이야기, 그분의 구원의 이야기 등을 보전하고 전수하며 살아 내기 위한 본래의 목적에 충실할 때 존재의 가치가 있다. 그런데 오늘날 교회, 특히 한국의 개신교회는 교회 그 자체를 지상 목적으로 여기고 있는 것은 아닌가? 비판적 숙고 없이, 하나의 지역 교회 또는 교단의 가르침이 영원한 가치나 덕목인 양 받아들이며, 그에 기반하여 다른 사람들을 정죄하고 판단하고 있지는 않은가?

그리스도인에게 믿음, 소망, 사랑이 세상의 덕목과 다르다는 것은, 그러한 덕목들이 세상의 것과 전혀 상관없다는 말은 아니다. 우리는 세상 속에 살아가는 하나님의 피조물의 일부로서, 영화나 음악이나 미술 등 우리의 감각을 자극하거나 심지어 마음의 갈망을 달래 주는 여러 문화나 예술 작품들에 많은 영향을 받는다. 그렇지만 그리스도인에게 이러한 덕목들은 예수 그리스도와 하나님의 이야기에 나타난 하나님의 성품을, 그렇기에 천국의 성품을 드러내고

---

[7] Hauerwas, "Jesus and the Social Embodiment of the Peaceable Kingdom (1983)", in *The Hauerwas Reader*, p. 116.

계시하는 덕목들이기 때문에 그 본질상 세상의 것과 다르다. 다만 하나의 본질이 여러 모양으로 구현될 수 있기 때문에, 이러한 덕목들을 실행하는 데는 일률적인 정답이 있을 수 없다. 교회에는 가변적이고 창조적이며 포용적인 대안들이 필요하다.

하나님의 진리에 대한 증인으로서 교회는 개인의 목적을 위하여 세워지지 않았다. 성찬을 받음으로써 예수님의 제자들은 삼위일체 하나님의 생명을 받고 그분의 생명의 일부가 된다고 하우어워스는 주장한다.[8] 그렇게 그들은 교회가 되고, 자신들이 믿는 주의 부활에 대한 증인들이 된다. 그러므로 교회는 삼위일체 하나님의 나라에 따라 살아가는 공동체다. 이 공동체는 그 제자들의 실패보다 더 위대한 예수님의 용서에 의해 그들에게 주어졌다.[9] 이 공동체 자체가 하나님의 용서의 증거인 예수 그리스도라는 궁극의 낯선 이방인(절대적 타자) Other[10]의 임재에 의해 세워지고 형성된 것처럼, 이 공동체는 낯선 이와 이방인, 나그네에게 열려 있다. 교회는 하나님의

---

8   Stanley Hauerwas, *In Good Company: The Church as Polis* (Notre Dame, IN: University of Notre Dame Press, 1995), p. 157.
9   Hauerwas, "The Interpretation of Scripture: Why Discipleship Is Required" (1993)", in *The Hauerwas Reader*, p. 264.
10 하나님은 하나님으로서 인간에게, 인간은 하나님에게 절대적 타자(Other)다. 하우어워스는 이를 낯선 이(stranger)로 해석한다. 예수님은 영원으로부터 인간에게 오신 하나님으로서 인간에게는 낯선 이방인이라는 것이다. 이에 관한 내용은 하우어워스의 가장 초기 저널에서도 언급된다. Stanley Hauerwas, "The Humanity of the Divine", *The Cresset* 35, No. 8 (June 1972), pp. 16-17. 또한 신적 타자의 개념(The divine Other)은 하우어워스의 신학에 영향을 준 바르트의 저술에서도 찾아볼 수 있다. Karl Barth, *Church Dogmatics* II/1, pp. 257-321. 『교회 교의학 2/1』(대한기독교서회).

사랑과 용서를 말하고 실천하는 "새로운 언어"로 하나님에 의해 창조되었다.[11]

하나님의 새로운 언어로서의 교회

사회 윤리로서 교회의 임무는 교회가 되는 것이기 때문에, 세상의 다른 윤리나 원칙, 또는 시스템/체제에 순응하지 않는다. 그러나 이 말이 교회가 세상으로부터 등을 돌려야 한다거나 그리스도인은 모두 사회 전복을 꿈꾸는 무정부주의자가 되어야 한다는 뜻은 아니다. 지금까지 살펴본 것처럼, 하우어워스가 생각하고 주장하는 교회는 하나님의 성품이 이스라엘과 예수 그리스도의 이야기를 통하여 계시되는 공동체, 그리고 그러한 이야기들을 삶과 세상 가운데서 살아 내면서 다음 세대에 믿음의 이야기를 전수하는 공동체다. 예수 그리스도를 통하여 하나님이 보여 주신 그분의 성품은, 세상과는 다른 평화와 인내의 방식으로 하나님 나라의 가치를 보여 주는 것이라고 하우어워스는 말해 왔다. 그렇기 때문에 교회는 "평화의 사람들로서" 하나님 나라에 따라 살고 그 나라에 충실해야 한다.[12] 예수님이 하나님의 본체이자 천국의 현존으로서 보여 주신 모습은 하나님이 택하신 계시, 즉 세상과 소통하고자 하신 하나님의 언어였다. 예수님의 이야기 위에 세워진 교회 또한 이 새로운 언어로서

---

11 Hauerwas, *Christian Existence Today*, p. 53.
12 Hauerwas, *The Peaceable Kingdom*, p. 103.

세상과 소통하기 위해 하나님에 의해 주어진 것이다. 교회의 존재 목적은 예수 그리스도의 진실된 이야기들을 전하는 것이며, 동시에 그리스도의 삶과 죽음과 부활을 통해 계시된 삼위일체 하나님에 대해서 말하는 것이다.

하우어워스의 신학적 윤리가 주장하는 비폭력의 근원은 예수 그리스도의 부활에 있다. 부활하신 예수님은 파괴적인 신적 능력을 행사하며 세상을 무릎 꿇리지 않으셨다. 그분은 다만 자신의 제자들에게 나타나셨으며, 그분의 부활로 인해 죄인들은 용서받았을 뿐만 아니라 새로운 공동체 안에서 새로운 생명을 선물받았다.[13] 십자가 위에서 죽으신 예수님의 공동체가 무덤에서 부활하신 예수님의 공동체로 새롭게 탈바꿈한 것이다. 빈 무덤은 사망이 삼킬 수 없는 생명이 세상에 도래했음을 증명했고, 그분의 제자들을 통해 전파되었다. 이 전파는 전쟁과 살인 같은 폭력적인 방법으로 이루어지지 않았다. 제자들은 부활하신 예수님을 통해, 하나님의 나라가 세상 시스템의 폭력적 전복이 아님을 배우고 경험한 사람들이었다. 그들이 해야 할 것은 십자가 위에서 죄 없이 죽으신 하나님의 어린양, 그리고 죽음을 뚫고 부활하신 새 생명, 곧 예수님이라는 산 소망의 증인이 되는 것이었다. 칼과 창이 아닌, 희생과 인내 그리고 죽음의 이야기는 단순히 비극적 결말로 끝나지 않는다. 그 후에 부활 생명의 이야기가 뒤따르기 때문이다. 이 그리스도 예수의 이야기가 바로 제

---

13 앞의 책, p. 90.

자 공동체의 정체성이다. 이것은 다시 말해, 비폭력의 사람인 그리스도인들은 하나님으로부터 비롯된 사람들이라는 말과 같다. 하나님으로부터 비롯된 사람들은, 예수님이 그러셨듯 세상 속에서 사람들의 삶에 관여한다. 그리고 이러한 관여는 세상의 폭력적인 시스템과 긴장 관계에 놓인다.

하나님으로부터 태어난 평화와 비폭력의 사람들에게는 어떠한 종류의 사회적·정치적·종교적 다툼이든 무시하거나 회피하지 않아야 할 의무가 있다. 평화주의를 분리주의와 동일시하여, 이것이 세상과 담을 쌓고 여러 중요한 사회 문제들에 대해 거리를 두는 원칙이라고 생각하는 사람들이 있다. 특히 기독교가 그래야 한다고 생각하는 사람들이 의외로 많다. 이것은 평화에 대한 부정적이고 수동적인 이해에서 비롯된다. 평화는 회피하는 것이 아니다. 오히려 비폭력의 사람들은 적극적이고 활동적인 방법으로 세상의 논의에 참여한다. 하우어워스는 그리스도인들이 "용서받은 사람들"로서 평화를 살아 내야 할 책임과 사명이 있다고 주장한다.[14]

즉, 예수님의 죽음과 부활에 근거한 그리스도인들의 삶은, 교회라는 공동체를 통해 하나님께 받은 새 생명 안에서 그 생명과 하나로 화합되는 한 개인의 주체적 삶이라는 말과 다르지 않다. 평화를 살아 낼 책임, 그것은 그리스도인들의 임무를 규정하고 정의한다. 기독교 공동체의 토대와 존속이 인간에게 있지 않고 하나님께 있다

---

14 Hauerwas, *Christian Existence Today*, p. 91.

는 보편적인 믿음에 근거하여, 하우어워스는 분쟁과 대립 사이에서 적극적으로 "중재"를 이루어야 할 핵심적인 책임이 그리스도인들에게 있다고 주장한다.[15] 이렇게 할 때만이, 그리스도인으로서 고백하는 "내 생명, 내 인생은 하나님께 받은 하나님의 것이다"라는 명제와, 도덕 주체라는 한 인간으로서 주체성을 발휘하는 "나는 전력으로 나의 인생을 산다"라는 두 명제가 화합될 수 있다. 그리고 이러한 합은 오직 그리스도를 믿는 믿음 안에서만 이루어질 수 있다.

하나님께 받은 생명으로 새로운 삶을 산다는 말은, 그 개인이 증언할 대상 또는 주제가 더 이상 그 자신이 아니라는 뜻이다. 그리스도인이 삶으로 드러내야 할 하나님의 계시는 예수 그리스도다. 그것이 바로 하나님의 증인이 가지고 전해야 할 이야기다. 그리고 이 이야기가 개인만의 이야기로 존재한 적은 없다. 예수님의 이야기는 언제나 제자들과 함께한 이야기였으며, 교회와 성경의 이야기로 존재해 왔다. 그러나 개인은 스스로를 잃어버리지 않고 예수님의 공동체 안에서 새로운 정체성을 수여받는다. 즉, 그리스도인의 삶은 죄인으로서 하나님과 분리된 한 인간의 삶이 예수님을 통해, 그분의 교회를 통해 하나님과 화해되고, 화해될 뿐만 아니라 살아 내야 할 임무를 부여받아, 계시의 도구로서 하나님의 생명에 일치되는 것이다.

이 화해와 일치의 삶은, 기독교 공동체의 적법하고도 유일한 주

---

15 앞의 책, p. 91.

제인 예수 그리스도의 생명에 부합하도록 교회의 임무를 제한하고 규정하는 역할을 한다. 교회의 이러한 사명은 세상을 위해서 그리스도 안에서 살아가는 대안, 즉 기회를 제시할 수 있어야만 한다. 이 대안은 교회와 각 그리스도인의 삶으로 드러나고 제시된다. 이것은 공동체적이냐 개인적이냐라는 문제가 아니라, 시스템(또는 기계)적이냐 유기적이냐의 문제로 논의할 수 있다. 사실 시스템과 유기성 organic이 서로 반대되는 개념은 아니다. 한 몸의 유기적 흐름과 연결이 시스템과 유사한 면이 있기 때문이다. 그러나 여기서의 '시스템'이란 하나의 체제 또는 제도로 고정되어, 본래의 생명과 의미를 상실한 채 기계적 정답만을 제시하거나 시대와 상황과는 동떨어진 명제만을 생산해 내는 것을 가리킨다. 이와 다르게, 유기적 조직의 흐름은 생명의 통전성과 변화무쌍한 (그러므로 신비한) 삶에 대한 이해를 밑바탕에 둔다. 그러므로 교회의 대안은 언제나 유기적으로 통전적이면서 생명에 열려 있어야 한다. 예수 그리스도에 기반한 새로운 대안의 제시는 새로운 삶으로의 초청이며 이러한 초청은 모든 생명을 소중히 여겨야 한다는 신학적·윤리적 결정과 연결된다. 그렇기 때문에 하우어워스가 주장하는 교회와 그리스도인의 삶, 화해와 일치의 삶은 낯선 이를 환영하고 영접하는 창조적 환대의 삶과 직접 연결된다.

즉, 교회가 교회 되는 것, 교회가 교회 되어야 하는 것 말고 다른 길은 없다는 하우어워스의 명제는 교회의 또 다른 정체성, 즉 그리스도의 증인으로서의 정체성을 가리킨다. 하우어워스가 말하는 기독교 공동체의 삶은 세상을 바꾸는 것을 의미하지 않는다. 다만 그리스도의 십자가와 부활 안에 계시된 하나님의 생명, 진리, 성품을 실천함으로써 세상에 또 다른 창조적 대안이 있음을 보여 주는 것을 의미한다.[16] 하우어워스가 주장하듯, "교회가 사회 윤리 그 자체다."[17] 이러한 주장은 '교회란 바로 하나님의 증인의 모습이다'라는 주장과 다르지 않다. 앞서 1장에서 언급한 것처럼, 하우어워스의 신학적 윤리 전체에서 성품과 연결된 논의들이 성품의 공동체를 가리키기 위해 발전된 것임을 고려할 때, 예수 그리스도의 이야기를 전해 받고 또 이에 대해 증언하는 교회는 "성경의 들음과 행함을 통해 하나님의 성품에 진실할 것에 그 목적을 둔다."[18] 즉, 내면적 확신 또는 신념과 연결된 믿음과 일상의 삶이 구분은 될지언정 결코 분리되지 않는다는 말이다. 그렇게 예수님 안에 계시된 하나님의 통치권은 교회를 통해, 그리스도의 제자들을 통해 인간의 시간과 역사 속에 작용해 왔고, 그리스도의 몸인 교회는 그리스도의 전적인 주 되심을 보이며 실천함으로써 이러한 하나님의 주권을 드러내 왔다. 그리스도의 주 되심 안에서 교회는 그분의 생명의 일부가 되고, 그 주 되심에 의해 교회는 복음이라는 그분의 진실된 이야기가 구현된 전형embodiment이 된다고 하우어워스는 강조한다.[19]

---

16   Wells, *Transforming Fate into Destiny*, pp. 61, 131, 133.
17   Hauerwas, *In Good Company*, p. 22.
18   Wells, *Transforming Fate into Destiny*, p. 74.
19   Hauerwas, *In Good Company*, p. 24.

하우어워스에게 그리스도의 생명은 예수님이 십자가 위에서 보이신 바로 그것이다. 그에 따르면, 십자가 사건이야말로 바로 하나님이 어떻게 주권으로 세상과 그분의 나라를 다스리시는지를 자기 계시로 명명백백하게 드러내신 사건이다.[20] 그리스도의 삶과 죽음, 부활을 통해 계시된 것은 그분의 피조물과 나라를 다스리는 길을 나타내는 하나님의 성품이다.[21] 교회에 대한 하우어워스의 이해에 관하여 새뮤얼 웰스는 다음과 같이 말한다. "교회는 하나님의 성품을 모방하기를 추구하는 공동체다."[22] 교회의 사명은 예수님의 삶, 죽음, 부활을 통해 현실에 구현된 하나님의 주권과 나라를 삶의 형태로써 모방하는 것이다. 만일 하나님이 예수 그리스도를 통하여 시간과 역사에 참여하셨다면, 인간도 성령을 통하여 그 아들 안에서 하나님의 실재와 성품에 참여할 수 있다.[23] 이것은 곧 하나님의 시간과 역사에 참여하는 것이며, 이것이 교회를 교회 되게 하는 사명이다.

교회의 덕목, 예배

그렇다면 무엇이 교회를 교회 되게 하는가? 첫째로는 당연히 예배

---

20 Hauerwas, *A Community of Character*, p. 201; Wells, *Transforming Fate into Destiny*, p. 91.
21 Wells, *Transforming Fate into Destiny*, p. 93.
22 앞의 책, p. 96.
23 앞의 책, p. 97.

의 실천이다. "교회의 첫 번째 정치적 사명은 진정한 하나님을 진정으로 예배하는 것"이라고 하우어워스는 강조한다.[24] 하나님을 증언하는 인간의 가장 우선된 방법은 예배다. 예배가 교회를 교회 되게 하는 필수 요소이며, 하우어워스에 따르면 예배는 교회의 덕목이다. 이 덕목은 "예배 안에서 우리가 받는 훈련으로부터 여러 상징들을 조합하기 위해 작용하며, 이 암시들은 우리로 하여금 세상을 올바르게 바라보고, 또 계속해서 우리가 어떻게 세상에 의해 사로잡혀 있는지를 인지하게 한다."[25] 하나님의 생명은 예배 가운데 선포되는 말씀에 의해서 예배에 참여하는 사람들에게 공유된다. 하우어워스는, 교회의 예배란 우리의 죄인 됨과 하나님의 하나님 되심, 그리고 하나님의 의지를 따라 창조된 만물이 어떻게 되어야 하는지 등을 고백하며 증언하기 위한 교회의 가장 구별되고 심오한 실천이라고 강조한다.[26]

예배에 참여함으로써 우리는 그리스도 안에 있는 교회에 주어진 하나님의 생명을 받는다. 교회는 그러므로 어떠한 형태의 폭력, 심지어 교회의 규칙과 규율들을 지키기 위한 폭력에도 반대해야 한다고 하우어워스는 주장한다. 왜냐하면 예수님의 복음은 죄인에 대

---

24 Dean, "For the Life of the World: Jesus Christ and the Church in the Theologies of Dietrich Bonhoeffer and Stanley Hauerwas", p. 143. 참고. Stanley Hauerwas, *Disrupting Time: Sermons, Prayers, and Sundries* (Eugene, OR: Cascade, 2004), p. 182.
25 Hauerwas, *In Good Company*, p. 156.
26 앞의 책, pp. 156-159.

한 용서를 말하기 때문이다. 예배를 통해 선포되는 복음은 폭력에 동의하던 구시대의 가치가 그리스도 안에서 끝이 났음을 의미한다.[27] 교리적 규칙과 신조는 오로지 교회의 이야기를 더 잘 이야기하기 위한 수단일 뿐이다. 하우어워스는 교회의 "예전"은 바로 이러한 이해 속에서 해석되어야만 한다고 말한다.[28] 하나님이 시간과 역사를 다스리시는 만유의 주시라는 것은 우주의 창조주가 누구이며 세상은 피조물로서 어떠해야 하는지를 주장하는, 세상을 향한 복음의 선포다.[29]

이는 단순히 교회 내에서만 나누고 전수되는 기억이 아니다. 교회는 사람들의 자발적인 모임만이 아닌 그리스도의 거룩한 몸이다. 하나님의 거룩한 사람들로서, 교회는 반드시 그들에게 주어진 하나님의 거룩한 이야기를 살아야만 한다. 이에 대해 웰스는 다음과 같이 말한다. "교회가 예배를 위해 모일 때, 교회는 분명히 몸을 갖추게 된다. 거룩함은 그리스도인들이 하나님의 성품을 모방하기 위해 추구하는 길이며, 예배 안에서 그리스도인들이 찾아야 할 것이다."[30] 예배는 천국의 새로운 삶이 교회에게 주어졌다는 사실을 가리키는 증언의 행위다. 예배를 통해 인간은 하나님의 성품을 모방하는 것이 무엇인지 인지한다.[31] 예배 속 그러한 일련의 훈련을 통해 교회와

---

27 Wells, *Transforming Fate into Destiny*, p. 128.
28 Hauerwas, *The Peaceable Kingdom*, p. 26.
29 Wells, *Transforming Fate into Destiny*, pp. 98, 103-104, 122.
30 앞의 책, p. 121.
31 Hauerwas, *In Good Company*, p. 96.

그리스도인들은 세상에 만연한 죽음의 공포와 고통에 맞서게 된다. 하나님을 예배함으로써 누구나 "하나님의 찬양과 기쁨의 일부로 만들어"지며, 이러한 일들이 벌어지는 것이 바로 세상과 구별되는 교회의 특징이라고 하우어워스는 말한다.[32]

예배는 그리스도인들이 세상과 다른 시간을 살아간다는 것을 확연하게 보여 준다는 점에서 세상과 구별된다. 단적인 예로, 유튜브 같은 매체를 통해서 각종 훌륭한 강의나 동기부여 영상, 심지어 설교 영상들을 접할 수 있는 요즘 같은 세상에 어떤 사람의 말에 귀 기울이며 시간을 할애한다는 것은 대단한 일이 아닐 수 없다. 그것도 황금 같은 일요일 아침 시간에 말이다. 웬만큼 영향력 있는 사람들, 특히 성공한 기업가나 유명한 인물의 강의가 아니라면 단 10분도 투자하지 않는 세상이다. 그런 의미에서 교회의 목회자들은 자신들에게 보장된 시간, 허용된 영향력에 걸맞은 노력을 기울이는지 자문해 볼 필요가 있다. 더 높은 지위에 오를수록 발언의 무게와 책임도 따라서 커진다.

물론 교회를 구성하고 세워 가는 사람들은 인간 중심적인 관심에 목적을 두지 않는다. (이 말이 나태함에 대한 변명이 될 수 없음은 자명하다.) 특히 인간관계와 사회적 유대, 또는 개인의 이익을 위해서 구성되는 모임들과 교회는 관련이 없다.[33] 이것은 공동체와 교회의 근본적인 차이점에 닿아 있다. 사람들이 모인 공동체는 더 포괄적이

---

32 앞의 책, p. 156.
33 Hauerwas, *After Christendom?*, p. 35.

고 광범위한 공동체 단위에 속하며 기능한다. 예를 들면, 회사나 사회의 여러 공동체들은 사회와 국가의 목적에 맞게 존재하고 기능한다. 그러나 교회는 사회와 국가를 위해 존재하지 않는다. 하나님의 피조물이 세상을 섬기고 하나님의 구원이 이 세상 가운데 필요함을 보여 준다는 점에서 궁극적으로는 세상을 위해 존재하지만, 또 그와 비슷한 의미에서 국가나 더 광범위한 사회의 영역을 위해 존재한다고 할 수 있지만, 결국 교회는 하나님을 예배하기 위해 존재하며, 세상과 관련해서는 세상과 인간에게 구원의 필요성을 알게 해 주기 위해 존재한다.

하우어워스는, 교회는 "부활한 주를 증언하기 위해 [여러] 나라들로부터 모인 사람들"이라고 말한다.[34] 교회는 세상의 방식이 아닌 부활하신 주 예수님의 방법으로 존재하며 기능한다. 하우어워스는 이를 로마를 이긴 순교자들의 예를 들어 설명한다. 로마를 이긴 것은 급진적 무력 저항이나 현실 도피가 아니었다. 예수님의 승천 후 제자들과 그들의 공동체가 로마를 이긴 방법은 로마가 세상을 정복하는 데 사용한 것 같은 폭력이 아니라, 오히려 평화와 희생 그리고 인내였다. 교회는 그리스도의 평화라는 토대로부터 기인한다. 그리고 초대교회 성도들의 이야기는 그러한 그리스도의 방법을 모방하며 살아 낸 이야기다. 그러므로 교회는 그리스도가 어떻게 세상을 이기셨는지, 그리고 제자들의 공동체가 어떻게 그 길을 따랐는지를

---

34 앞의 책, p. 36.

기억하고 그것을 시대마다 새롭게 해석하며 후대에 전수하는 믿음의 공동체다. 그리스도를 기억하는 것은 그분의 십자가를 통한 승리를 기억하는 것이므로, 교회는 폭력적인 정치 기구이거나 폭력을 사용하는 모임일 수 없다.

교회의 증언은 무엇인가? 그것은 교회에게 다른 이야기가 아닌 오직 그리스도의 이야기만이 있음을 세상에 증명하고 보여 주는 것이다. 보여 주는 것이 왜 중요한가? 특히나 하우어워스가 살아온 20세기와 지금 21세기의 미국에서 개개인의 종교적 신념이란 단지 하나의 의견 그 이상도 이하도 아닌 것으로 취급받고 있는데 말이다.[35] 이러한 세상의 흐름, 문화적 조류를 바꾸기란 불가능에 가까워 보이지만 다른 한편으로는 이것을 이용하는 지혜도 생각해 볼 수 있다. 바로 이러한 다원주의적 사상 속에서는, 개인의 종교적 자유와 그에 따른 의사표현을 억압하거나 핍박할 수 없다는 것이다. 일정 부분 주의를 기울일 필요는 있겠지만, 주장을 어떤 방법으로 피력하는가가 관건이다. 이야기를 실천하고 경험적으로 증명하는 데 있어서, 일반적인 정치적 의견은 교회와 세상이 크게 다르지 않을 수도 있다. 그러나 현대 사회에 산재한 윤리적 사안들에 대해서는, 교회가 세상과 다른 길을 택함으로써 하나님의 피조물로서 예수 그리스도 안에서 살아가는 사람들은 어떻게 다른가를 보여 줄 필요가 있다. 무엇보다도 그럼으로써 교회는 십자가 위에서 보이신

---

35 앞의 책, p. 39.

하나님의 비폭력의 성품을 보일 수 있다.[36] 이를테면 고통을 인내하는 것이나 죽음을 대하는 인간의 자세에 대한 선택이 그 예가 될 수도 있겠다. 하우어워스는 이에 대해 "죽음의 기술"the art of dying을 언급하며, 현대 사회는 죽음과 고통을 거부한다는 점을 꼬집는다.[37] 바로 이러한 근본적 차이점에서 오늘날 그리스도인과 교회는 하나님의 증인이 될 기회를 발견할 수 있다.

새로운 언어: 섬김의 공동체

앞에서 언급한 것처럼, 하우어워스에게 신학적 윤리는 진리에 관한 것을 대변한다. 그리고 기독교 윤리는 하나님의 나라를 사는 것에 목적을 둔다. 바로 그 하나님의 나라를 사는 신앙생활은 하나님의 진리를 드러내 보인다. 예수의 증인은 하나님의 성품이 그 자체로 계시된 예수 그리스도의 이야기를 따라 산다. 따라서 이러한 증인은 어떤 형태든 폭력적일 수 없다. 왜냐하면 증인이 된다는 것은 하나님의 생명에 참여한다는 뜻이고, 심지어 고통 가운데서도 하나님 앞에서 진실하고 신실하게 행동하는 것이기 때문이다.[38] 그러므로 하우어워스에게 교회는 세상에서 철회하는 곳이 아니다. 왜냐하

---

36 Hauerwas, *A Community of Character*, p. 49.
37 Hauerwas, *After Christendom?*, p. 43.
38 Stanley Hauerwas, "Messianic Pacifism", *Worldview* 16, issue 6 (June 1973), p. 31.

면 교회는 십자가 위에서 나타난 하나님의 성품을 정치적으로 드러내기 때문이다. 이것은 세상에서 아무 갈등이 없을 것이라는 비현실성을 전제하지 않는다. 하우어워스에게 있어서 교회는 폭력 없이 "올바른 종류의 갈등"을 끊임없이 낳는 새로운 피조물이다.[39] 성품의 공동체로서 교회는 더 큰 사회와 반대로 보이는 특정한 관점과 믿음들을 가지고 있다. 즉, 교회와 세상 사이의 긴장과 마찰은 필연적이다.[40]

그렇지만 교회는 누구에게든 긍정적으로 용서와 화해의 삶을 제시한다. 하우어워스는 살인과 폭력을 허용하는 모든 정치의 기본 전제는 하나님을 믿는 믿음이 아니며 단지 세상의 방식들을 반영하는 것뿐이라고 주장한다. 이와 반대로, 교회의 정치학은 어떠한 형태의 폭력이든 부인하는 것에서부터 시작된다. 그렇기 때문에 하우어워스는, "교회의 우선된 사회 임무는 세상을 더 정의롭게 만드는 것이 아니다. 그것은 세상이 세상을 인정하게 하는 것이다"라고 단언한다.[41] 이 말은 그리스도인들과 교회의 삶을 통해, 세상은 세상이 얼마나 폭력적이며 폭력을 정당화해 왔는지 깨닫게 됨을 함의한다. "세상 속에서 평화의 나라를 신실하게 나타내려는" 구별되고 특

---

39 Wells, *Transforming Fate into Destiny*, p. 100.
40 Stanley Hauerwas, "On Keeping Theological Ethics Theological", in *Revisions: Changing Perspectives in Moral Philosophy*, ed. by Stanley Hauerwas and Alasdair MacIntyre (Notre Dame, IN: University of Notre Dame Press, 1983).
41 Hauerwas, "Christianity: It's not a Religion: It's an Alternative (1991)", in *The Hauerwas Reader*, p. 533.

정한 노력들에 의해, 그리스도인들과 교회는 세상으로 하여금 하나님이 누구신지 알게 할 뿐만 아니라, 세상이 "하나님의 선한 피조물로서" 어떤 더 큰 이야기에 속하는지 알게 한다.[42]

교회의 이러한 임무는 "섬김의 공동체"the servant community로 표현될 수 있다.[43] 하우어워스는 섬김의 공동체가, 오로지 교회가 세상의 길과는 근본적으로 다른 곳에서 "그 존재를 유지하기 위한 길"을 찾을 때 가능하다고 말한다.[44] 그는 이러한 '다름'이 교회의, 예컨대 '에큐메니컬'이라 부르는 연합과 같은 운동이나 어떠한 질문들보다 앞서야 한다고 주장한다. 교회의 "갈라짐"은 "교리, 역사, 또는 실천들"의 다른 점 때문에만 발생하는 것이 아니라, "우리가 사물들의 본성 안에 쓰여진 것으로서 죄스러운 것으로 받아들였던 계급, 인종, 국적이라는" 차이점들로 인해 발생하기도 한다고 하우어워스는 설명한다.[45] 이 말은 교회가 세상에 존재하는 여러 영역을 부정해야 한다는 것이 아니다. 그러나 동시에 교회가 우선적으로 세상과의 일치를 추구해야 함을 의미하지도 않는다. 단지 교회의 정체성이 국가나 세속 사회가 부여하는 집단적 특성에 묶여서는 안 된다는 말이다. 왜냐하면 그러한 집단 정체성은 이데올로기적 이상향을 개인에게 강요하기 마련이고 결국 개인의 신념을 뒤로한 채 사회

---

42   Hauerwas, *The Peaceable Kingdom*, pp. 99-100.
43   앞의 책, p. 99.
44   앞의 책, p. 107.
45   앞의 책, p. 100.

적 연합 그 자체를 위한 연합을 시도하기 때문이다. 그것은 하나님의 연합도, 하나님을 위한 연합도 아니다.

섬김의 공동체는 진리에 기반한다. 이 진리는 폭력을 통해서나 폭력과 함께 오지 않으며 사랑, 자선charity, (거룩함이 체화된) 거룩한 사람들을 통해서 온다.[46] 하우어워스에게 연합 또는 일치란 하나님의 선물이다. 세상을 위로하거나 세상에 순응하는 연합의 종류는 하나님으로부터가 아니라 세상으로부터 온 것이다. 그것을 따르려면 교회는 하나님의 진리에 대한 진실한 증인으로서의 역할을 타협해야 한다. 교회가 국가에 순응하고 타협함으로써 얻게 되는 연합은 교회의 안전을 위해 국가에 그 대가를 지불하는 것과 같다.[47] 그와는 반대로, 교회는 그리스도를 모방함으로써 그리스도인의 생명을 살아 내는 특별한 기술들을 사용해야 한다. 인내의 덕목을 필요로 하는 교회의 비폭력이야말로 하나님의 피조물인 세상과 연대할 수 있는 능동적이며 창조적인 기술이다.

세상과 구분되는 교회에 대한 하우어워스의 관점은 물리적 공간을 포함할 뿐 아니라, 시간의 구분으로도 확장된다. 왜냐하면 시간이야말로 인간 역사 안에서 계시된 하나님의 실재를 나타내기 때문이다.[48] 교회의 증언은 교회 구성원들에게 세상의 진정한 실제를 보는 법을 가르친다. 교회의 증언은 무엇보다도 하나님의 비전에 따

46　Hauerwas, *The Hauerwas Reader*, p. 391.
47　Hauerwas, *After Christendom?*, p. 33.
48　Wells, *Transforming Fate into Destiny*, pp. 116, 142-149.

라 세상을 "하나님의 선한 피조물"로 보며 그 세상 속에서 살기 위한 것이기 때문이다.[49] 하우어워스에게 특정한 일들의 옳고 그름에 대한 판단은 윤리의 우선순위가 아니라 이차적 문제다. 중요한 것은 무엇이 실제 또는 진실인가 하는 판단이다. 다른 말로 하면, 기독교 증인은 하나님의 비전의 실재를 살아 내기 위해 일한다. 그럼으로써 하나님의 실재가 공간적으로 식별되고 제한된 시간 안에서 실천되기 때문이다.[50] 결국 하우어워스가 정의하는 증인이란 그리스도인을 가리키며, 특히 한 사람의 그리스도인 안에서 인간의 지식과 하나님의 지식이 만나 일어나는 마음과 행동의 변화를 포함한다.[51]

하지만 앞에서 언급했듯이, 하우어워스에게 하나님의 증인으로서 우선적인 주체는 개인이 아닌 교회 공동체다. 그는 심지어 "기독교 공동체"라는 용어로도 만족할 수 없었다. 교회를 사회 윤리 그 자체로서 특별하게 만드는 것은 교회의 시간 가운데 자리 잡은 예배의 실천에 적극적으로 참여하는 것이다.[52] 그와 같은 예전과 성례에 참여하면서, 개별 그리스도인들은 세상과는 다른 실재를 고백하고 그 고백을 배우며 익히게 된다. 그러한 수련은 곧 개인의 삶과 분리해서 이해할 수 없는 공동체의 신앙생활을 형성해 간다.

---

49 Hauerwas, *The Peaceable Kingdom*, p. 100.
50 Hauerwas, *Vision and Virtue*, p. 67.
51 Wells, *Transforming Fate into Destiny*, p. 122.
52 앞의 책, p. 121.

6장
하우어워스 비판적 읽기

이 장에서는 하우어워스를 향해 제기되는 대표적인 비판들과, 그에 대한 하우어워스 본인의 답변을 살펴보려고 한다. 그를 향한 비판에는 크게 두 흐름이 있다. 하나는 그가 '분리주의자'라는 비판이고, 다른 하나는 그가 '엘리트 백인 남성 그리스도인'이라는 비판이다. 미국이라는 맥락에서 이를 더 구체적으로 표현하면, 하우어워스는 사회적으로 주류이고 여러 혜택을 누리는 '고등 교육을 받은 백인 남성 그리스도인'에 속한다. 그래서 그가 자신보다 열악한 환경에서 태어나고 자랐을 비주류 사람들, 예를 들면 다른 인종이나 기독교가 아닌 다른 종교의 사람들 또는 사회적 소수자들을 전혀 이해하지 못한다는 비판이다. 이 두 번째 비판은 조금 더 구체적으로는 '다원주의 사회에서의 진리 주장truth-claim 논쟁'과 '인종차별racism 논쟁'으로 나눌 수 있다.

분리주의자라는 비판

먼저는, 그가 분리주의자 또는 소종파주의자 sectarian 라는 비판에 대해 살펴보자. 여기서 말하는 분리주의자란 극단적으로는 아미시 Amish 공동체처럼 세상과 가능한 한 철저히 분리된 채 살아가려는 사람들을 가리킨다. 하우어워스를 비판하는 학자들은, 그가 주장하는 교회는 자의든 타의든 결국 세상과 분리된 채 고립된 생활을 하게 되며, 그러므로 실제 세상에서 살아가는 그리스도인들과 교회 공동체를 위한 적용점이 결핍되어 있다고 주장한다.

이처럼 하우어워스가 주장하는 것이, 교회가 세상에서 분리되어 자신들만의 공동체 생활을 하는 것이라고 믿는 사람들이 있다. '세상의 이야기가 아닌 예수님 이야기의 본질로 돌아가 교회로 교회 되게 하자'는 주장, '교회가 곧 윤리이며 정치'라는 주장이 이상주의처럼 들리거나 때로는 급진적으로까지 보이기 때문에 분리주의자나 원리주의자의 주장처럼 받아들여질 수도 있다는 점에 어느 정도 동의한다. 그가 주장하는 대로 살다가는 교회와 그리스도인들이 세상에서 고립될 것이라는 주장은 일견 그럴듯해 보이기도 한다. 그러나 실제로 하우어워스가 쓴 글을 살펴보면 이러한 주장은 사실과 거리가 멀다. 더욱이 하우어워스 자신이 그렇게 주장한다는 것은 결코 사실이 아니며, 세상에서 분리된 채 살아가는 것이 교회의 삶이라는 이해와는 더욱 거리가 멀다.[1]

하우어워스의 신학이 교회 공동체에 집중되어 있는 것은 사실이다. 그런데 여기에 한 가지가 더해지면 분리주의자라는 오명이 덧씌워진다. 바로 '비폭력'nonviolence이다. 많은 사람이 비폭력은 실제로 불가능한 일이라고 생각하기 때문에, 하우어워스의 모든 '교회됨'의 주장까지 비현실적이며 분파주의적인 것으로 취급된다. 그러나 단지 비폭력을 강조하기 때문에 분리주의적이라고 비판하는 것은 빈약한 논리가 아닐 수 없다. 신학자이자 윤리학자로서 하우어워스는 분리주의를 주장하지 않으며, 실제로 그것이 가능할 것이라는 기대 또한 하지 않는다.[2] 물론, 분리주의를 어떻게 정의하느냐에 따라 다양한 의견이 있을 수 있겠지만, 일반적으로 분리주의는 말 그대로 세상으로부터의 자발적인 고립과 가능한 한 모든 공적 영역의 참여에서의 철회를 의미한다. 이것은 하우어워스가 주장하는 '예수 그리스도의 길'과는 정반대의 길이다.

교회와 그리스도인들이 세상 속에서 살아가는 모습에 관하여, 하우어워스는 전통적인 기독교 윤리에 따르면 대략 세 가지 정도의 선택지가 있다고 말한다. 첫 번째는 경건주의quietism로서, 이것은 강한 분리주의의 길을 제시한다. 이 방법을 택하는 공동체의 일원은 세상을 피하고 아무리 논쟁적인 사안이 있어도 참여하지 않는다. 세상으로부터 멀어져 자급자족하며 생활하는 아미시 같은 기독교 공동체가 그 예다. 두 번째는 교회가 세상과 국가의 길에 순응하는 것이다. 이와 관련하여 우리는 역사적으로 로마의 콘스탄티누스 황

---

1 Hauerwas, *The Work of Theology*, pp. 94, 174.
2 앞의 책, p. 174.

제에 의해 기독교가 공인되며 일어난 변화를 알고 있다. 그러나 가장 극단적인 예로는, 하우어워스에 따르면, 나치를 생각해 보면 된다. 즉, 독일 제3제국을 주창했던 나치에 찬동하며 히틀러를 적극적으로 지지했던 독일 국가교회가 바로 전형적인 예다. 세 번째 길은 바라바의 길로, 교회가 폭력적 수단으로 무장하고 국가 또는 세상의 다른 공동체와 충돌하는 길이다. 유대 민족의 무장 항쟁이 이에 해당하고, 중세의 십자군 원정도 이에 해당한다고 하우어워스는 말한다.

이 세 선택지 중 어떠한 의견도 하우어워스의 주장이 아니다. 그의 입장은 아마도 네 번째 대안으로 제시될 수 있을 것이다. 이 방법은 교회가 세상에 참여하는 것을 전제하며, 비그리스도인들과의 협력도 당연히 수반된다. 하우어워스는 이러한 참여 속에서 예수님 안에 있는 하나님의 성품이 발현된다고 믿는다. 이러한 교회의 결정과 그리스도인의 행동은 단순히 세상과 협력하는 것, 즉 세상에 순응하는 것을 가리키는 것이 아니다. 이 참여의 근본에는 전제되어야 할 것이 있다. 바로 예수 그리스도와 그분의 제자들이 보여준 비폭력적 평화다. 세상의 다른 이들과 함께 살아가고 협력할 때, 폭력을 철저히 배제하되 일정한 긴장은 피할 수 없음을 인정하는 것이다.[3]

'비폭력을 가능하게 하는 것이 예수 그리스도'라는 말은 쉽게는

---

[3] Wells, *Transforming Fate into Destiny*, p. 100.

그분의 십자가와 부활 사건을 통해서 이해될 수 있지만, 그에 앞서 하나님의 말씀이신 예수 그리스도가 성육신한 사건을 통해서도 이해할 수 있다고 하우어워스는 말한다. 즉, 교회와 그리스도인의 세상을 향한 참여는 단순히 자발적 봉사활동이 아니라 성육신의 진정한 이해와 연결된다. 만일 하나님이 성육신을 통하여 인간의 역사 안으로 들어와 참여하셨다면, 인간도 예수님 안에 있는 하나님의 성품에 참여할 수 있다. 그것이 하우어워스에게는 그 무엇보다도 밝히 보여지는 실제 세상이며, 기독교 윤리 또는 신학적 윤리는 그러한 실제가 무엇인지에 대해 구체적 해설을 제공하는 것이다.[4]

달리 말하자면 하우어워스는, 마치 영화 〈매트릭스〉처럼 '과연 세상이 보여 주는 것이 사실인가?' 또는 '무엇이 진짜 실제인가?' 하고 질문을 던지고 있는 것이다. 세상이 말하는 것이 진실인지 거짓인지 확인하는 물음은 더 나아가 기독교 공동체의 성품, 그리스도인의 성품을 어떻게 단련할 수 있는가 하는 물음으로 연결된다. 교회는 언제나 하나님의 나라를 인식하고 그것을 일상 속에서 진정한 실재로 인정하는 공동체다. 새로운 실재는 예수 그리스도 안에서 완전히 계시되었다. 예수 그리스도는 자신의 삶과 죽음과 부활을 통하여, 그리고 성령을 통하여 그분의 제자들이 살아갈 새로운 공동체와 공동체의 삶을 이룩하셨고, 이 땅 위에 새로운 실재 the new reality를 여셨다. 또한 그분의 증인들이 모인 교회는 이러한 실재를

---

[4] Hauerwas, *Vision and Virtue*, pp. 36-37.

살아 내기 위한 여러 덕목들을 추구한다.[5]

그러므로 하나님의 성품을 모방하려는 교회의 사명은 하나님의 주권의 구현을 모방하는 것이다. 무엇이 이 세상에서 구현된 하나님의 주권인가? 바로 십자가 위에 달리신 예수 그리스도다. 예수 그리스도는 철저히 침묵 가운데서 십자가에 달려 죽으심으로 하나님의 성품을 세상에 드러내셨다. 따라서 하우어워스는 어떠한 경우에도 전쟁을 반대하며 비폭력을 지지한다. 다시 말하지만, 비폭력을 주장하는 것이 분리주의를 지지하는 것과 같을 수 없다. 이것은 하우어워스가 매킨타이어식의 상대주의를 차용한 것으로 이해해야 하며, 하우어워스가 생각하는 '세상 속에서 살아가는 성품의 공동체'에 대한 이해와 같다. 세상을 살아가다 보면 여러 공적 사안들이나 논란이 되는 안건들에 대해 서로 다른 공동체들이 대응하는 모습을 보게 된다. 예컨대 낙태, 안락사, 동성 결혼 입법 등 논란이 되는 문제들에 대해 각 공동체들은 저마다의 방식으로 사안을 해석하고 대안을 제시하거나 행동에 돌입한다. 한 공동체는 다른 공동체가 그 문제들을 어떻게 대하는지 살펴봄으로써 자기 공동체의 방식

---

5   Wells, *Transforming Fate into Destiny*, p. 116. 여기서 주의할 점은, 덕목들의 성취에 초점이 맞춰져서는 안 된다는 것이다. 그것은 자칫 그리스도께서 이미 이루신 실재를 우리가 보완해야 한다는 착각과 그로써 연쇄적으로 일어날 수 있는 여러 오해들을 불러 일으키는 실수를 범하는 일이다. 오히려 그리스도가 이루신 실재를 우리 삶 가운데 구현해 낸다는 단계로서의 '덕목의 추구'로 이해하는 것이 더 올바를 것이다. 우리에게 성취해야 할 덕의 사명이 주어진 것은 사실이지만, 이것이 '구원을 얻어 낸다'는 아르미니우스주의적 해석이 될 수도 없고 되어서도 안 된다.

을 돌아보게 될 뿐 아니라, 더 나아가 이로 인해 공동체의 전통, 이야기, 가치에 명확한 확신이 더해지게 된다. 특히 기독교 공동체가 그 문제들을 어떻게 해결할 수 있을지 참여적으로 고민하는 일은 공동체의 성품을 형성하고 강화하는 중요한 계기가 되어 준다. 따라서 섬김과 전도를 위해서라는 이유 이외에도, 공동체 자체를 위해서라도 교회는 분리주의의 길을 가서는 안 된다.

다원주의 사회에서의 진리 주장 논쟁

하우어워스의 신학과 신학적 윤리에 대해 제기되는 두 번째 비판은 앞서 말했듯 다시 '다원주의 사회에서의 진리 주장 논쟁'과 '인종차별 논쟁'으로 세분할 수 있다. 우선, '진리 주장 논쟁'이란 오늘날 정치적·사회적으로 제기되는 자유주의와 이를 토대로 한 '진리 주장'에 대한 비판이다. 이는 다원주의 사회의 구성원으로서, 오직 기독교 공동체의 이야기만이 진리라고 주장하고 기독교의 이야기만이 진정한 실제라고 주장하는 후기 자유주의에 기반을 둔 하우어워스의 신학과 신학적 윤리가 적절하지 않다는 비판이다. 이러한 비판의 적절성을 확인하기 위해서는 후기 자유주의 신학에서 중요하게 생각하는 하나님의 계시에 대한 근본적인 질문부터 살펴보아야 한다. 계시의 의미에 대해 명확히 정의 내린 후에야 그에 기반한 주장의 진리적 확실성을 논의할 수 있기 때문이다. 또한 이를 확인하기 위해서는 그러한 신학적 주장의 근본이 되는 존재론적 설명이 함께 이루어져야 한다. 하우어워스는 그의 신학 또는 신학적 윤리에서 계시의 의미를 조직신학적으로 정의 내리지 않고 기술적으로 정교하게 서술하지도 않는다. 예수 그리스도의 실재에 대해 바르트의 기독론에 동의하지만, 더 이상의 존재론적ontological 담론에 참여하거나 흥미를 내비치지도 않는다. 이러한 이유에서 하우어워스는 신앙주의자fideist라는 비판을 받기도 한다.[6]

진리적 상대주의 또는 종교적 다원주의 사회에서 이와 같은 '진정한 실제'true reality에 대한 논쟁은 답하기 까다로운 질문임에 틀림없다. 만일 하우어워스의 주장처럼 하나의 종교 또는 종교적 이야기의 진실성이 그 종교를 믿는 사람들의 실천적 행위의 결과들에 달려 있거나 지대한 영향을 받는 것이 사실이라면, 많은 종교들이 그만큼 동등하게 진실된 종교라고 할 수도 있기 때문이다. 자기기만과 거짓이 없는 삶을 살고 자기희생과 평화의 영성을 인지하고 실천한다면, 그것이 기독교나 성경의 이야기가 아니라 하더라도 하나님에 대한 이야기라고 주장할 수도 있는 셈이다.

이러한 비판에 대해 두 가지 방법으로 답할 수 있다. 첫 번째 방법은 밀뱅크가 선택한 '거대 담론'의 방식이다. 즉 성경의 이야기뿐 아니라 교회의 계속되는 이야기와 역사야말로 모든 사회적 담론

---

6 신앙주의(fideism) 또는 신앙주의자(fideist)는 쉽게 말하자면, 이성적인 것을 배격한 채 이해되지 않는 것이라도 무턱대고 믿고 보는 종교적 태도를 비판적으로 가리키는 용어다. 흔히 '광신적'이라는 표현과 함께 사용되곤 한다.

을 재해석할 수 있는 통로 또는 도구라는 것이다.[7] 그 이유는 인간의 역사 가운데 개입한 예수 그리스도의 사건과 이와 연결된 교회의 이야기들이 가장 명확하며 구분할 만한 일이기 때문이다. 사실 하우어워스는 이에 동의하지 않는다. 그는, "이야기들의 이야기란 존재하지 않는다. 예를 들면, 문자 그대로 어떤 이야기들이 진실인지 거짓인지 말하기 위한 기준을 제공하는 설명 말이다. 우리가 할 수 있는 것은 그 이야기들이 우리에게 무엇을 요구하는지, 그리고 우리가 살고 있는 세상이 어떤 모습인지를 보기 위해 이야기들을 비교하는 것뿐이다"[8]라고 말한다. 즉, 또 다른 거대 담론의 틀을 만들어서 우리가 현재 가진 이야기들, 예를 들면 예수님의 복음과 교회의 이야기들을 일정한 틀에 맞게 해석하고 설명하는 것이 아니다. 그러한 상위의 해석 틀이란 실제 존재하지 않을 뿐더러, 설령 있다 해도 아무런 소용이 없다. 우리가 할 수 있는 것은 전수받은 이야기가 우리에게 무엇을 요구하는지를 다른 이야기들과 비교해서 아는 것 외에는 없다. 전능하신 신의 아들이 육신을 입고 이 땅에 내려와 십자가 위에서 죽임을 당했다. 로마 제국의 폭력 이야기, 유대교의 율법 이야기 등 여러 이야기 가운데 예수님의 복음 이야기는 단연 우리에게 죄와 용서, 평화와 사랑, 인내와 자비, 죽음과 새 생명을 가르친다. 우리는 다른 이야기들이 아닌 우리에게 전해진, 우리가 가지고 있는 바로 이 복음의 이야기로 세상을 바라보며 살아간다. 그러

---

7   Milbank, *Theology and Social Theory*, pp. 387-388.
8   Hauerwas, *Truthfulness and Tragedy*, pp. 78-79.

나 하우어워스가 교회의 특수성에 암묵적으로 동의한다는 점에서 밀뱅크의 의견과 크게 거리가 있다고 볼 수만은 없다.

밀뱅크의 의견 대신에 선택할 수 있는 두 번째 방법은, 교회와 기독교 공동체들이 다른 공동체들 사이에서 어떻게 살아가는지를 보여 주고 그에 대해 이야기하는 것이다. 이것은 간접적이고 덜 명확한 응답일 수 있지만, 미묘하고 세밀한 뉘앙스를 전달할 수 있다는 점에서 앞선 방법보다 더 실질적인 노력에 해당한다. 이러한 방법으로 기독교 공동체의 이야기를 평가할 때, 하우어워스는 자기기만, 폭력, 힘의 잘못된 이해와 사용을 피하는 것에 강조점을 둔다.[9] 물론 그가 사용하는 '파괴', '폭력', '고통' 등의 용어와 이야기들 또한 그의 주장을 뒷받침하기 위해 선별된 것이라는 점에서 비판에서 자유롭지만은 않다. 그러나 하우어워스의 요점은, 그 어떤 사람도 완전히 객관적이거나 중립적일 수 없는 것처럼 그 어떤 이야기도 중립적이지 않기 때문에, 우리의 존재에 대해 적절한 설명을 줄 수 있는 이야기들이 있다면 그들 모두를 비교해 봐야 한다는 것이다. 그리고 그리스도인들이란, 그러한 많은 이야기들 중에서 그리스도의 십자가와 부활이 이 세상과 인간의 역사 및 미래에 대해 가장 적절한 이야기를 들려줄 수 있다고 믿는 사람들이라는 것이다.

---

9   앞의 책, p. 35.

인종차별 논쟁

이 마지막 비판이 아마 가장 최근에 다시 제기되고 있으며 하우어워스로서는 쉽게 답할 수 없는 성질의 것이다. 바로 그가 인종차별주의자라는 이의 제기다. 2019년 "백인을 증언하기"Witnessing Whiteness[10]라는 논문에서 크리스토퍼 노리스Kristopher Norris는 가장 초기부터 최근까지 약 50년에 걸친 세월 동안 출판된 하우어워스의 글들과 활동들을 살펴보며, 그가 다양한 윤리적 사안들에 관여하고 신학적 의견을 제기해 왔지만 인종 문제에 대해서는 거의 한 손으로 꼽을 정도밖에 언급하지 않았음을 꼬집어 비판한다. 특히, 하우어워스 자신도 명백하게 밝히듯이 그의 청자가 미국의 그리스도인들과 교회라는 점을 봤을 때 이것은 충분히 설득력 있는 비판이다.

하우어워스가 인종차별주의자라는 말이 아니며 그러한 주장에 내가 동의하는 것도 아니다. 다만 그가 윤리학, 특히 신학적 윤리학을 가르치는 학자이고 이 시대에 가장 영향력 있는 기독교 윤리학자 중 한 사람이기 때문에, 안락사와 낙태 등의 민감한 주제와 함께 인종차별의 문제도 충분히 논의했어야 하지 않을까 하는 아쉬움이 드는 것은 사실이다. 혹시나 그가 이러한 주제를 의도적으로 피한 것은 아닌가 싶기도 하다. 노리스의 논문이 인종차별에 대한 하

---

10 Kristopher Norris, "Witnessing Whiteness in the Ethics of Hauerwas", *JRE* 47.1 (2019): pp. 95-124.

우어워스의 인식을 비판하는 내용은 사실 이러한 의문을 거의 기정 사실화할 수 있을 만큼 설득력이 있다. 이 논문에서 노리스는 하우어워스가 '자신의 이야기'와 '흑인들이 당하는 차별의 이야기'를 구별하여, 그들의 이야기는 '자신의 이야기'가 아니라고 선을 긋는다는 점을 비판한다. 하우어워스가 교수 생활을 막 시작했을 즈음 오거스태나와 노터데임에서 흑인 학생들의 인권 시위 현장에 참여했던 사실은 있지만, 그는 그 이후로는 거의 철저하리만치 인종 문제에 대해서는 유달리 말을 아끼는 듯 보이며 이에 대한 논문도 거의 없다. 그의 방대한 저술과 무엇보다 그의 전공이 윤리학인 점을 고려해 볼 때 이해하기 힘든 일이라는 비판에도 일리가 있다.

하우어워스는 이보다 한 해 앞선 2018년에 쓴 "인종: 50년 후" Race: Fifty Years Later라는 논문을 통해 노리스가 제기한 이 질문에 대한 해명을 내놓았다.[11] 그는 인종차별 문제에서 백인들을 비난하기란 별로 어렵지 않다는 사실을 누구나 알고 있다고 언급한다. 심지어 흑인 또는 다른 유색인종의 편에서 적극적으로 활동하는 사람들에 대해서도 가차없이 비판의 잣대를 들이댈 수 있고, 명료하게 정의하기조차 쉽지 않은 그 기준으로부터 자유로울 수 있는 백인은 거의 없다는 사실 말이다. 그렇기 때문에 흑인을 비롯한 유색인종

---

11 Stanley Hauerwas, "Race: Fifty Years Later", *CrossCurrents* 68, no. 1 (2018), pp. 38-53. 사실 노리스는 이 논문을 위해 몇 해 전부터 하우어워스에게 의견을 물었고, 하우어워스는 그에 대해 적절한 해명을 해 왔던 것으로 알려졌다. 이에 대한 자세한 자료는 해당 논문을 통해 확인할 수 있다.

이 미국에서 경험하는 인종차별에 대해 하우어워스가 "그건 내 이야기가 아니다"라고 말한 것을 최대한 호의적으로 이해하자면, 인종 문제란 한마디 언급하기조차 어려울 정도로 민감한 주제이기 때문에, 특히나 차별당한 직접 경험이 없는 백인 남성으로서 자신을 투영해 말할 수 있을 정도로 깊이 볼 수 있는 그런 '자신의 이야기'가 아니라는 말이었다고 이해할 수도 있다. 그의 완벽주의 성향 탓인지도 모르겠다.

하우어워스를 읽는 독자들은 이에 대해 어떻게 이해할 수 있을까? 그를 인종차별에 암묵적으로 동의하는 사람이라고 판단해야 할까? 나는 그렇게 생각하지 않는다. 물론 잘못된 일에 대해서 침묵하는 것은 옳지 않다. 그러나 그가 말한 것처럼, 본인이 백인인 상황에서 다른 인종에 대해 말을 한다는 것 자체가 굉장히 조심스러울 수 있다. 자칫 그가 의도하지 않은 방향으로 이해될 수도 있기 때문이다. 그리고 무엇보다도, 신학적 윤리학자로서, 하우어워스는 이런 인종차별 문제가 오직 성령의 은사들로만 다루어질 수 있는 교회와 연관된 죄라는 것을 깨닫는 데서부터 논의를 시작해야 한다고 말한다. 세상보다 교회 안에서 먼저, 그리스도인들이 이 문제를 성령의 도움에 힘입어 넘어서야 한다는 말이다. 그리스도의 몸 된 교회를 이루는 그리스도인들은 인종과 계급 등 세상이 지정해 놓은 온갖 구분과 차별을 넘어 새로운 생명을 사는 공동체의 사람들이라고 말하기 때문이다.[12]

그러므로 하우어워스가 인종차별주의자인가 아닌가 하는 문제도 중요한 주제이지만, 그와 함께 한국에 살고 있는 우리가 더욱 중요하게 제기해야 하는 문제는, 과연 인종과 사회적 편견, 경제적·사회적 지위로부터 우리는 참으로 자유하며 서로를 평등하게 대해 왔는가, 그럴 수 있는가 하는 것이다. 예를 들어, 한국 사회에서 작지 않은 비중을 차지하고 있는 외국인 노동자나 결혼 이주 여성 등을 교회는 어떻게 대하고 있는가? 그들을 동등한 성도이자 인간으로 대하고 있는지, 아니면 여전히 어떤 식으로든 나와 다른 '낯선' 외부인으로 여기고 있는지 자성해 볼 필요가 있다.

---

12   Hauerwas, "Race: Fifty Years Later", *CrossCurrents* 68, no. 1 (2018), p. 52 n. 2.

7장
교회 됨을 넘어 증인으로

하우어워스는 자서전 『한나의 아이』 서문에서, 그 책을 통해 자신에 관한 무언가를 새롭게 발견하려 한 것이 아니라고 말했다. 그가 그 책을 통해 이루고자 한 바는, 자신의 신학적 여정을 통해 그리스도인으로서 그리고 예수 그리스도의 증인으로서 스스로를 확증하는 것이었다. 어린 시절의 가정 환경과 부모님과의 기억, 신학 공부의 여정, 어찌 보면 불행하다고 볼 수도 있을 첫 번째 결혼과 이별, 이후 학자로서의 성공과 두 번째 결혼까지. 이 모든 인생을 하나의 이야기로 선보이면서, 그는 자신이 다른 무엇보다 그리스도인, 곧 그리스도의 증인임을 비로소 확신할 수 있었다.[1]

증인을 뜻하는 영어 단어는 '위트니스'witness다. 이 단어는 증인 또는 목격자를 뜻하는 그리스어 '마르투스'*martus*에서 비롯했는

---

1   Hauerwas, *Minding the Web*, pp. 138-141.

데, 여기서 다시 순교자를 뜻하는 '마터'martyr 및 관련 파생어들이 나왔다. 기독교 신앙에서 순교자 또는 증인은 강력한 변증의 논거가 되는 중요한 존재다. 그들이 단순히 목숨을 잃었기 때문만은 아니다. 그리스도의 증인으로서 순교자들의 이야기가 소중한 이유는 그들이 세상과 타협하지 않고, 자신의 목숨보다 그리스도의 진리를 더 소중히 여겼기 때문일 것이다. 여기에 하우어워스는 구체적인 묘사를 덧붙인다. 그는 순교자로 인해 기독교 신앙이 로마를 이겼다고 묘사한다.[2] 로마는 그리스도의 부활의 증인들을 죽이면서 그들을 로마의 이야기에 편입하고 종속하려 했지만 그리스도인들은 굴복하지 않았다. 당연히 순교자들의 믿음은 비이성적으로 보였다. 제국의 황제인 카이사르Caesar에게 충성하기를 거부하고 종교적 믿음을 위한 죽음을 선택하는 그들을 로마는 이해할 수 없었다. 로마는 순교자들의 죽음의 의미를 이해할 수 없었고, 그리스도인들의 믿음의 방식이 아니고서는 다른 어느 곳에서도 그것을 해석할 길을 찾을 수 없었다. 그리고 결국 기독교의 이야기를 로마에, 다시 말해 국가의 이야기에 종속시킬 수 없었다. 왜냐하면 순교자 곧 증인들의 이야기는 믿음의 이야기, 교회의 이야기, 더 나아가 궁극적으로는 하나님의 이야기이기 때문이다.

따라서 교회가 역사적으로 순교자들의 이야기를 기억하는 것은 중요하다. 순교자들을 통해 그리스도를 기억하는 것은 그리스도

---

2 Hauerwas, *After Christendom?*, p. 38.

의 십자가를 통한 승리와 부활을 기억하는 것이다.[3] 사망과 죽음을 이기신 그리스도의 승리뿐 아니라 세상의 제국이었던 로마를 이긴 교회의 승리를 기억하는 것이다. 그러므로 하우어워스에게 있어서 어떠한 폭력 행위에든 동의하거나 간접적으로라도 협력하는 그리스도인과 교회란 있을 수 없는 일이다. 그에게 영적 구원은 단순히 신앙생활을 넘어 정치, 경제 등 세상의 모든 영역과 하나로 연결된 것이기 때문이다.

사회 윤리로서의 교회

증인의 개념과 관련하여 개별 그리스도인의 인생과 교회 사이의 관계에 대한 설명이 더 필요할 것 같다. 왜냐하면 하우어워스는 자신의 글에서 언제나 교회가 그리스도의 증인이라고 소개하고 주장해 왔기 때문이다. 그의 유명한 말처럼, "교회는 사회 윤리를 가지고 있지 않다. 교회가 바로 사회 윤리다."[4] 교회를 사랑하는 그리스도인이라면 기억해 둘 만한 멋진 주장이 아닐 수 없다. 교회 자체가 바로 사회 윤리라니.[5] 그러나 이 말을 잘못 이해하면 그가 의도했던 것과

---

3   앞의 책.
4   Hauerwas, *The Peaceable Kingdom*, p. 99.
5   물론 하우어워스는 '사회'라는 수식어가 붙는 것을 그리 좋아하지 않는다. 하우어워스에게는 교회 자체가 하나의 공동체이며 사회이기 때문이다. 그리고 교회 자체가 이 교회라는 사회에서 작용하는 윤리이기도 하다. 그렇기 때문에 '교회가 윤리 그 자체다'라는 표현이 적어도 하우어워스에게만큼은 더 적확한 표현이다. 그가 볼 때, '교회가 사회 윤리다'라는 표현은 동어반복이기도 하지만, 그

는 굉장히 다른 방향의 공동체로 향할 수 있다. 마치 교회만 우선적으로 생각하고 세상의 법과 규칙은 나 몰라라 해도 주님이 기쁘게 봐주시고 지켜 주실 것이라는 잘못된 생각으로 빠질 위험이 있다. 다음 장에서 자세히 다루겠지만, 먼저 간략하게라도 이 점을 짚고 넘어가야겠다. 한국 사회는 미국이나 유럽처럼 역사상 크리슨덤(또는 크리스텐덤)Christendom이라고 하는 기독교 국가 시기 또는 기독교 문화가 중심이 된 시기를 경험한 적이 단 한 번도 없다는 사실 말이다. 이 지점을 놓치면, 하우어워스의 신학적 윤리뿐 아니라 다른 어떤 신학 또는 신앙 훈련을 한국 상황에 적용하려고 노력하더라도 심각한 오류와 착각을 범하게 될 것이다.

"교회 자체가 사회 윤리"라는 말은 기본적으로 사회 또는 세상을 구성하는 한 조각에 교회가 포함된다는 말이다. 그렇지만 교회와 그리스도인들이 세상에 종속된다는 의미는 아니며, 세상도 교회도 하나님의 피조물로서 각각 피조 세계의 한 부분이라는 의미다. 교회와 그리스도인들은 그 한 조각으로서 세상 가운데 그리스도인이 아닌 사람들과 살아가면서 그리스도인과 비그리스도인 모두에게 필요한 역할을 한다고 이해할 수 있다.

교회가 사회 윤리가 되기 위해서는 함께 이해해야 할 몇 가지

보다 더 큰 문제는 이러한 표현으로 인해 교회가 그보다 더 크고 상위에 위치한 (세속) 사회에 속하여 그 안에서 기능하는 한 부분으로 이해되는 것이다. 그러므로 이러한 표현은, 그리스도인이 찾고 있는 신앙에 기반한 윤리라는 점에서는 맞는 말이지만, 이와 같은 이유로 하우어워스가 선호하는 표현은 아니다. Hauerwas, *The Work of Theology*, p. 181 n. 30.

가 있는데, 먼저 이 교회가 어떤 교회인지 명확히 해 둘 필요가 있다. 하나의 지역 교회인지, 교단 차원의 교회인지, 아니면 일반적인 모든 교회들을 망라한 우주적이며 보편적인 교회를 가리키는 것인지 말이다. 물론 종국적으로는 이 모든 교회의 정의와 범주가 포함될 것이다. 그리스도인으로서 전 지구적인 공동의 주장과 명제와 신조가 존재하며, 그럴 필요가 있다. 그러므로 여기서의 교회란 일반적·보편적·우주적 기독교회라고 볼 수 있고, 논란의 여지는 있지만, 가톨릭교회도 하우어워스에게는 당연히 포함된다. (하우어워스의 몇몇 제자들이 개신교에서 가톨릭으로 이동했음은 굉장히 흥미로운 사실이 아닐 수 없다.) 이러한 전 지구적 그리스도인이라는 정체성을 제외하면, 한 국가 내에 존재하는 신학 및 신앙의 색채가 비슷한 교단들이 모인, 예를 들면 한국개신교회연합 같은 연합체가 있을 수 있다. 하우어워스가 말하는 교회의 구체적 사례에는 교단을 넘어서는 전 세계 그리스도의 교회부터 교단, 그리고 그보다 작은 규모의 지역 교회까지 모두 포함되지만, 그중에서도 특히 각 지역의 다양한 개별 교회들에 무게가 더욱 실린다.

둘째로, 이 교회가 지역 교회를 가리킨다면 지역에 대한 이해가 있어야 한다. 그러나 이 지역이란 단순히 한 교회가 위치해 있는, 예를 들어 '서울시 도봉구 쌍문동 꽃동네' 같은 좁은 행정구역만을 가리키는 것은 아니다. 그 지역에 사는 사람들이 터전으로 삼고 살아가는 동네라는 울타리에서, 자동차나 지하철 등 교통수단으로 닿을 수 있는 좀 더 넓은 지역이 포함되고, 더 나아가면 도시 전체가 유기적으로 연결된다. 미국처럼 땅이 넓은 나라라면 다를 수 있겠지만, 한국처럼 국토도 좁고 인구 밀도가 높은 곳은 어쩌면 나라 전체를 '지역 사회'에 포함해야 할지도 모른다. 지리적 조건만이 아니라 사회의 역사, 문화, 정치 등 다양한 영역들과 이에 대한 전반적 인식 및 상호 이해 관계도 당연히 지역 사회에 포함될 것이다.

다만, 너무나 포괄적인 이해를 요구하다 보면 교회가 세상에 순응하고 그 일부분이 되어 세상을 따라가야 한다는 이해로부터 벗어나기가 어려워질 가능성이 높다. 하우어워스는 그러한 생각들이 결국 순응주의로 연결된다고 본다. 교회도 세상도 모두가 하나님의 피조물일 뿐이다. 피조물로서의 역할이 있고, 그 역할들은 시대와 사회 문화에 따라 조금씩 유동성을 발휘할 수는 있지만, 핵심 요소들이 변해서는 안 된다. 예를 들면, 교회는 예배의 공동체로서 세상 가운데 존재한다. '이미 하지만 아직'already but not yet이라는, 주님의 승천과 재림 사이에 놓인 이 시기 인류를 위한 교회의 역할은 명확하다. 교회는 이미 이 땅 위에서 발생한 하나님의 나라, 예수 그리스도의 대속과 구원의 실재를 살아 내야 하는 사명이 있다. 그리고 동시에 교회의 고백이 여기에 있다. 많은 그리스도인들, 그리고 교회 자체에서 드러나는 연약함과 죄라는 당황스러운 경험을 하면서도, 여전히 그리스도인들이 교회로부터 기대하고 바라보는 것은 예수님의 이름을 통해 드러나는 하나님의 나라라는 실재다.[6] 앞에서도 언

---

6   Stanley Hauerwas and William Willimon, *The Holy Spirit* (Nashville, TN: Abingdon Press, 2015), p. 85. 『성령』(복있는사람).

급했듯이 교회의 시간은 세상의 시간과 다르다. 달리 말하자면, 그리스도인과 교회는 세상과는 명확히 다른 시간과 실재를 믿는다. 그렇기 때문에 바쁜 일상 속에서도 비효율적으로 보이는 예배와 예전의 시간을 기꺼이 할애하는 것이며, 기도의 힘을 믿으며 성령의 일하심을 신뢰하는 것이다.

하우어워스에게는 그리스도인이 세상과 다른 하나님 나라의 실재와 시간을 살아간다는 이 믿음이 중요하다. 그렇지 않다면 그리스도인이 세상과 다른 방법, 특히 비폭력적 삶을 살아갈 이유도 동기도 없는 것이다. 교회는 지금이 성령의 시간인 것을 믿는다. 그 때문에 세상을 바꾸기 위해 세상이 사용하는 것과 같은 힘을 발휘하지 않는다. 교회의 힘은 약해질 때 강해지기 때문이다. 십자가는 우리에게 침묵을 가르치지, 변명과 항쟁이나 '눈에는 눈, 이에는 이'의 대응을 가르치지 않는다. 십자가는 우리에게 나약함과 고통당함, 그리고 심지어는 쓸쓸하고 의미를 상실한 듯한 죽음을 가르친다. 그리고 그 죽음에서 하나님이 생명을 일으키신다는 것을 믿는 사람들이 그리스도인이라고 하우어워스는 믿는다. 이것이 그리스도인들의 새로운 생명과 시간이며 사회 윤리 그 자체인 교회의 실제다.

이러한 교회의 사명, 즉 성령의 시간과 부활하신 예수 그리스도의 실재를 믿고 살아 내야 하는 사명이 세상의 다른 피조물 또는 공동체들이 가지고 있는 사명보다 더 우월한 것인가? 하우어워스의 신학과 신학적 윤리에서는 이를 어떻게 풀어내고 있는가? 이것을 세속적인 의미에서의 '우월함'으로 이해하면 안 된다. 이 사명 자체를 우상시하게 될 때, 배타적이고 사회에 염려를 끼치며 법과 질서를 따르지 않는 종교 이기주의 집단이 되기 쉽다. 우리는 이 교회의 사명, 즉 세상의 것과는 전혀 다른 '우월한' 실재를 '하나님을 예배한다'는 특별함에서 찾아야 한다. 그렇기 때문에 인간의 언어와 형식이 담긴 예배는 특별하다. 예배의 예전을 통하여 믿음을 나타내는 상징들이 인간의 마음속에 관념으로 형성되기 때문이다. 이 예전을 통해 그리스도인은 하나님의 실재를 인식하려 노력한다. 그러나 우리의 구원이 우리 자신에게서 비롯된 것이 아니라 선물로 주어졌으며 누구에게나 차별 없이 주어졌기 때문에, 교회의 특별함은 하나님의 피조물, 용서받은 죄인들, 그리고 주께서 쓰시고자 부르신 도구로서 증인들이라는 점 그 이상도 이하도 아니다.

예수 그리스도의 진실된 증인으로서의 교회

하우어워스는 교회가 그 자체로 정치 공동체이자 사회 윤리라고 했다. 앞서 설명했듯이, 그는 예수님의 제자들은 로마가 아닌 하나님 나라의 비폭력 법을 따랐던 정치 공동체였다고 주장한다. 여기엔 오늘날 교회에서 어렵지 않게 들을 수 있는 정치적 보수 또는 진보의 목소리가 들어올 자리가 없다. 물론 교회 내에서나 소모임 가운데 보수니 진보니 하는 정치 의견들이 있을 수는 있다. 그러나 하우어워스에게 그런 의견은 별 중대한 의미도 없을 뿐만 아니라 교회를 교회 되게 하는 데 도움이 되지 않는, 세상에 순응한 콘스탄티누스주의적 담론일 뿐이다. 예수님의 정치만이 교회를 교회 되게 할 수 있다. 예수님의 십자가가 증명하는 비폭력의 정치가 아닌 세상의 정치를 교회로 들여오거나, 다른 것을 교회 공동체의 정치적 성명으로 소유하거나 사용하려 할 때, 그리스도인들은 교회로 대표되는 영적 구원과 하나님의 생명이 현실 세계와 단절되는 경험을 하게 된다고 하우어워스는 말한다. 안타깝게도 이러한 현상은 이미 많은 그리스도인들에게 사실로 받아들여진 것처럼 보인다. 하우어워스는 교회가 이렇게 교회 외부의 정치 진영이나 성명에 가담하게 될 때, 각 성도들은 자신들에게 구원이 결핍된 듯한 착각을 하게 된다고 주장한다. 이런저런 사회 안건들, 정치적 사안들에 대한 다양한 의견들과 이해들로 사람들의 시선이 분산되기 시작하면, 결국 동일한 세상의 철학과 논리로 무장한 기독교 변증론이라는 덫에 빠지게 된다. 하우어워스는 이를 우려한다.

    철학적 기독교 변증론의 문제는 어떤 이유에서든 기독교 신앙과 신학의 주체이신 하나님을, 더 구체적으로는 역사적 실체이신 예수 그리스도의 성육신과 죽음, 부활과 성령의 역사를 해석의 객체로 끄집어 내린다는 데 있다. 얼핏 세상의 철학과 논리로 행하는 '진리 대결'에서 승리할 수 있을 것만 같은 자신감을 보이는 것이 변증론의 함정이다. 기독교 신앙과 신학, 그리고 그것들을 가능하게 하는 교회의 힘은 논리와 철학으로 기독교 신앙을 변증하는 것에 있지 않기 때문이다. 기독교 신앙의 힘은 예수 그리스도를 통해 계시된 하나님의 나라와 세상을 살아가는 사람들을 향한 사랑에 있다. 하우어워스는 바로 그 사랑에 기초한 신학의 힘이 어떠한 논리와 변증보다 더 많은 사람을 진리로 인도해 왔다는 사실에 집중한다.

하우어워스는, 교회의 유일한 변증은 오직 그리스도께만 집중하고 교회가 교회로 존재하는 것이라고 강조한다.[7] 그에 따르면 그리스도인들이 빠지기 쉬운 위험한 유혹은, 그들이 로마 제국의 방법(세상의 수단)을 차용해 자신들이 생각하는 하나님의 나라(또는 교회)의 영향력을 확장하려 시도하는 것, 혹은 그럴 수 있다고 생각하는 것이다. 이에 대해 하우어워스는, "이해할 만하지만 재앙적인 전략이다. 그것은 구원의 정치와 하나님의 이름으로 그리스도인들이 반드시 세상을 다스려야 한다는 생각을 혼동한 것"이라고 단언한다.[8]

그리스도에 대한 증인으로서 교회의 특징은, 무엇보다도 그들이 증인이 되기 위해 부름을 받았다는 사실에 있다. 하우어워스의 교회론을 논할 때 쉽게 놓칠 수 있는 부분이 바로 이러한 존재론적이며 목적론적인 측면이다. 그에 대해서 떠올릴 때 가장 먼저 꼬리표처럼 따라붙는 평화주의나 비폭력주의, 또는 경험주의적인 측면만 강조하다 보면 자칫 그가 주장하는 본질을 놓치기 쉽다. 그 본질이란 그의 작업 전반에 걸쳐 근간을 이루는 강한 기독론, 즉 그리스도에 관한 이해라는 토대다. 교회의 근원은 예수 그리스도이며, 특히 그분에 의해 부름을 받은 공동체라는 이해가 이에 포함된다.

---

7   Hauerwas, *After Christendom?*, p. 39.
8   앞의 책.

하지만 하우어워스는, 부름받은 공동체라는 정체성을 가지고 있던 교회가 시간이 지남에 따라 점차 자발적 기구라는 정체성으로 무게 중심을 옮겨 갔다고 꼬집는다.[9] 이런 변화는 근본적인 인식의 변화와도 관련이 있다. 부름받은 공동체라면 공동체의 수적 증가나 외형의 확장을 신경 쓸 이유가 없다. 부르신 이가 그분의 필요에 따라 부르실 것이기 때문이다. 증인으로 부르신 목적에만 신실하고 진실하게 임한다면, 변증으로 기독교 신앙을 사람들에게 항변하며 온갖 마케팅 방법이나 심리학적 전략들을 총동원하여 교인 수를 늘리는 것이 교회의 가장 우선순위가 될 필요가 없지 않은가? 그러나 그 시작을 잊어버리면 부름받은 공동체인 교회는 어느 순간부터 자신들이 자발적으로 모였다고 착각하게 되고, 그 순간 외연의 확대를 위한 싸움에 집중하여, 하나님의 이야기가 아닌 다른 이야기들과 그것들로부터 차용된 기술들을 사용하여 세상에 순응하기 시작한다는 것이 하우어워스의 주장이다. 그는 그 대표적인 예로 공동체 밖의 사람들에게 매력적으로 보이기 위해 늘 친절하고 우호적이어야 한다는 강박에 사로잡히게 된다든지, 더 나아가 국가의 전쟁 또는 폭력 행위에 타협하는 것을 비롯하여 정치적 주류에 순응하는 행위 등을 든다.

이러한 이해로부터 우리가 얻을 수 있는 지혜는, 그리스도를 위한 증인이 된다는 것은 지극히 공동체적인 것이며 이 말은 기독교

---

9   앞의 책, p. 94.

신앙의 본질인 공동체성을 가리킨다는 점이다. 하우어워스가 주장하는 기독교 증인Christian witness의 전제가 되는 기초는 하나님의 나라다. 기독교 증인으로서 모든 증언의 행위가 이것을 향하고 이것에 공헌해야, 하나님이 부여하신 권위의 정당성이 수반되는 것이다. 풀어 설명하면, 하나님의 나라는 그 단어 자체가 함의하듯 개인이 아니라 공동체를 가리킨다. 그러므로 당연히 그 증언도 공동체적이어야 한다. 그러나 앞서 공동체와 권위에 관하여 설명했듯이, 교회 공동체의 권위는 소수의 지도력이 행사하는 특권이 아니다. 그것은 하나님이 성경과 교회에 부여하신 거룩한 권위를 실제로 발휘하는 권리와 힘으로서, 공동체 구성원인 모든 성도에게 부여된다. 다시 말해, 교회의 권위는 끊임없이 역동적이며 유동적인 관계를 나타낸다. 개인의 믿음과 구원에 대한 소망은 그 사람이 처한 상황에 관계없이 어떤 선택이나 사건에 자동으로 의미를 부여하는 정답 해설집이 아니다. 그러한 이해는 믿음이 공동체가 아니라 개인이라는 한계 내에서 작용하는 것이라는 잘못된 단정을 강화할 뿐이다.[10] 그리고 그렇게 믿음에 대한 개인주의적인 이해가 바탕이 된 삶은 전혀 공동체적이지 않기 때문에 공동체의 권위 또한 부여받지 못하며 자연히 하나님 나라에 대한 증인이 될 수 없다.

하나님 나라를 위한 증인이 되기 위해서는 버튼을 누르면 정답이 출력되는 자동 시스템이 아니라 시간과 노력이 수반되는 훈련이

---

10 앞의 책, p. 96.

필요하다. 시스템과 훈련은 결코 같지 않다. 시스템에서는 개인이 원하는 것을 얻어 갈 수 있다. 하지만 훈련은 공동체로부터, 전통이라고 하는 공동체의 이야기로부터 전수된다. 시스템에서 얻어진 일정한 답을 개인이 자기 삶에 끼워 맞추어 의미를 부여하는 것은 올바른 기독교 신앙이 아니다. 기독교 신앙은 훈련과 실천을 통하여, 시간을 들여 자신의 성품을 공동체의 이야기, 교회의 이야기, 예수님의 이야기 안에 담긴 하나님의 성품으로 깎고 빚어 형성해 가는 것이다.

공동체와 개인의 증인 됨

이러한 공동체 속에서 이루어지는 훈련과 실천에 기반한 기독교 신앙과 증인 됨은 개별 성도에게 형성된 바로 그 성품, 현실 세계 속에서 살아갈 수 있는 믿음의 기량skill을 수여한다. 이것은 앞서 말한 구원과 하나님 나라에 대한 개인주의적 이해와는 다르다. 전자는 변해 가는 시대와 상황 속에서 개별 그리스도인들이 능동적이며 창의적인 하나님 나라의 대안을 만들어 내는 데 별 도움을 주지 못해서 각자 자기만의 철학과 능력에 의존해 살아가야 하는 반면, 공동체의 훈련과 복음의 이야기에 의해 형성된 믿음의 기량 또는 기술을 익힌 그리스도인들은 하나님의 성품이 발현되는 통로로서 각자가 개별적인 동시에 공동체적인 대안을 만들어 내고 살아갈 수 있다.

즉, 교회의 권위, 공동체의 권위는 '무엇을 하라' 또는 '하지 말라' 같은 규율적 답안에 있지 않으며, 오히려 세상 속에서 하나님의 성품으로, 창의적인 대안 그 자체로 존재하게 하는 능동적이며 상호관계적인 권위다. 교회의 권위를 하나님의 권위와 같은 것처럼 보이게 해서 사람들이 어떠한 질문이나 의심, 반발도 하지 못하도록 만드는 것이 아니라는 말이다. 하나의 교리나 가르침은 다른 교리들 또는 교리적 가르침들과 유기적으로 맞물려 있다. 권위는 공동체와 개인의 소통을 위한 진정성, 즉 신뢰에 기반한다. 그리고 그 근본 토대는 이 세상의 어두움 가운데 있던 죄인들에게 먼저 '말씀'을 보내신 하나님의 진정한 '계시' 또는 그러한 이해에 있다. 그래서 이러한 유기적이고 역동적인 권위는 소통을 통해 이루어지는 공동체와 개인의 관계에서 힘을 얻으며, 개인은 하나님의 말씀이라는 참 계시를 경험하게 되는 선순환 속에 들어간다.

그리스도의 증인으로 살아가는 교회의 삶에서 개별 그리스도인이 일부로 자리한다는 것은, 일부이기 때문에 하찮거나 덜 중요하다는 의미가 아니라 그들의 삶이 하나님의 말씀이신 예수 그리스도의 성육신에, 하나님의 계시인 예수 그리스도의 이야기에 토대를 둔다는 의미다. 그 때문에 하나님이 보이신 진리를 담고 있는 진실한 삶의 이야기에 속했다는 점에서 개별 성도의 삶은 기적과 놀라움의 연속이라고 이해할 수 있다. 직분에 관계없이 모든 그리스도인은 일부이자 전체로서 교회를 의미한다. 즉, 증인 된 교회는 바로 우리를 가리킨다. 우리가 자주 잊어버리는 사실은, 그 놀라움을 경험하고 깨닫게 되는 대상이 바로 우리 자신이라는 것이다. 그러나 여기서 살아가는 것은 이전의 내가 아닌, 성육신하신 하나님의 말씀이 이 땅 가운데 사시며 보이신 그 하나님의 나라와 성품으로 빚어진 그리스도에 대한 증인으로서의 '나'다.

8장
한국에서 하우어워스 읽기

하우어워스는 철저히 미국이라는 배경의 교회와 회중을 향해 글을 썼다. 이 점을 잘 이해해야 하우어워스의 논지와 주장을 미국이 아닌 다른 국가, 특히 한국 사회와 교회에 올바로 적용할 수 있다. 미국의 기독교 지형과 한국의 기독교 지형이 어떻게 다른지 살펴본다면 무수히 많은 것들을 여러 갈래로 나누어 짚어 낼 수 있겠지만, 하우어워스가 말하는 교회 됨과 공동체성을 기반으로 굵직한 몇 가지 주제들을 살피는 것도 좋은 방법이다. 나는 이 논의의 시작을 콘스탄티누스 황제의 승인하에 기독교가 로마 제국으로부터 제국의 종교라고 불리기 시작한 기독교 국가Christendom의 형태부터 시작하고자 한다. 물론 그 모든 역사를 살펴보는 것은 이 책의 주제와도 맞지 않으며 지면의 한계상 불가능할 것이다. 하지만 콘스탄티누스주의Constantinianism가 무엇인지 간단한 개념만 나누어도 이후의 논의에 대해 이해와 적용의 폭을 넓히는 데 도움이 될 것이다.

4세기 로마 제국의 콘스탄티누스 황제가 분명하게 기독교로 회심했는지, 했다면 언제부터일지에 대해서는 역사학자들 사이에서도 주장이 나뉜다. 하지만 중요한 것은 그가 로마 황제로서 기독교 박해를 중지시켰다는 점이고, 기독교를 적어도 로마 제국의 종교 중 하나로 인정하고 활동에 도움을 주었다는 것은 부인할 수 없는 역사적 사실이다. 콘스탄티누스주의는 이와 같은 국가 정치의 영향을 받아, 기독교가 국가에 순응하고 그 일부로 귀속된 채 존재하고 기능하는 것을 가리킨다. 실제로 콘스탄티누스 황제의 영향으로 2세기 무렵의 폴리카르포스Polycarpos와 같이 죽음을 두려워하지 않고 믿음을 지켰던 초기 교회의 수많은 순교자들이 사라짐으로 인해, 교회의 성도들은 그리스도의 증인으로서 그들이 가지고 있던 신앙의 정체성에 혼란을 겪게 되었다. 목숨을 잃는 순교가 멈추자 아우구스티누스나 히에로니무스Hieronymus 같은 교부들에 의해 '내적인 순교'라는 새로운 신학적 개념들이 생겨나기도 했다.[1] 하우어워스는 콘스탄티누스주의의 영향으로 일어난 세상을 향한 타협과 순응 때문에, 하나님의 아들이신 예수 그리스도의 부활 생명을 선포하며 그분을 통해 계시된 하나님의 나라를 선포하는 증인으로서 교회의 역할이 약화되었다고 주장한다.

논란의 여지는 있겠지만, 하우어워스가 자신의 신학적 윤리를 펼치고 있는 미국 사회는 기독교 신앙이 건국의 핵심 토대인 나라

---

[1] Brad S. Gregory, *Salvation at Stake: Christian Martyrdom in Early Modern Europe* (Cambridge, MA: Harvard University Press, 1999), p. 50.

다. 지금도 미국은 대통령이 취임할 때 성경 위에 손을 올리고 선서와 맹세를 하며, 사회의 많은 부분에 기독교가 영향을 미치고 있다. 할리우드 영화에서 보이는 것과는 다르게, 아직도 내륙 특히 남부 지역에 위치한 많은 주에서는 백인 보수 그리스도인들이 정치적·문화적·사회적 주류를 형성하고 있다. 이에 반해 우리나라는 기독교가 사회의 주류가 된 적이 없다. 조선 말기에 조선 사람이 중국을 통해 직접 기독교(천주교) 신앙을 들여왔다는 점에서 다른 피식민지 국가들이 기독교를 받아들인 역사와 다르긴 하다. 그러나 그것은 한국 기독교의 태생 자체가 정치적·사회적 변혁을 위한 도구로 사용되기 위한 것이었다고 해석할 수도 있다. 민중신학에서 기독교 신앙과 교회를 민중의 해방을 위한 도구 또는 통로 정도로 이용하곤 하는 것은 이런 이유 때문인지도 모른다. 실제로 민중신학에서는 '신론'Doctrine of God이 가장 약한 부분이다.

다시 말하자면, 미국 사회에서의 기독교는 콘스탄티누스 황제 이후 로마 제국에서 기독교가 제국의 종교이자 신앙이 된 모습 그대로 전형적인 기독교 국가의 종교라 불릴 만하다. 그러나 한국 사회는 지금까지 단 한 번도 기독교가 주류 사회와 문화를 형성하고 이끌어 온 기독교 국가였던 적이 없다. 그렇기에 당연히 기독교 문명권이라고 할 수도 없다. 얼핏 당연한 것처럼 들릴 수 있지만, 현재 한국 교회, 특히 개신교회의 성장에 굉장히 큰 비극을 야기하는 시초가 바로 이에 대한 잘못된 이해와 가르침이다. 사회의 여러 분야를 비롯하여 특히 기독교 신학과 신앙에 있어 미국의 영향이 컸던

탓인지, 마치 한국 사회가 미국처럼 기독교 국가의 역사와 문화 아래에 있는 것처럼 이해하고 행동하는 모습을 쉽게 볼 수 있기 때문이다.

또한 공동체, 특히 교회가 기독교 윤리에 있어서 도덕 주체라는 하우어워스의 주장이 미국인에게는 굉장히 새로운 이야기라는 점에 주의할 필요가 있다. 이 이야기는 한국에서는 '당연한 이야기'를 넘어 '너무나 자연스럽고 은혜로운 이야기'처럼 들리겠지만 말이다. 미국은 철저히 개인의 자유가 가장 중요한 사회다. 심지어 비극적인 총기 사고가 반복되는데도 무기를 소지할 권리를 규정하는 '수정헌법 제2조'[2]를 유지하는 나라다. 한국은 그렇지 않다. 무슨 이야기나 대화, 심지어 토론에서도 '우리'가 주어로 사용된다. '나'와 '우리'. 너무나 큰 차이이지 않은가.

물론 두 나라 사이에 유사한 점도 있다. 미국은 흔히 '이민자의 국가'라 표현되며 다양한 인종이 어울려 사는 사회로 여겨진다. 그런데 그런 표현이 무색할 만큼, 전체 인구 중 코카서스 인종이라고 하는 백인의 비율이 2017년 전후로 70퍼센트를 상회한다. 이 가운데 남미의 히스패닉을 제외하더라도 60퍼센트를 넘는다.[3] 하우어워

---

2 "A well regulated Militia, being necessary to the security of a free State, the right of the people to keep and bear Arms, shall not be infringed."[잘 통제된 민병대는 자유로운 주(state)의 안전에 필수적이므로, 무기를 소지하고 휴대할 인민의 권리는 침해되어서는 안 된다].

3 미국 인구 조사국 통계자료, https://www.census.gov/quickfacts/fact/table/US/PST045221. 최종 접속일 2022년 10월 20일.

스가 주로 활동한 시기인 1980-2000년에는 이 비율이 10퍼센트 이상 더 높다. 특히 소수인종 이민자들이 주로 거주하는 동부와 서부 대도시를 제외하고 비교적 덜 발달한 내륙 지방 주들을 살펴보면 백인 비율이 현재도 80퍼센트를 상회할 만큼 미국은 백인들의 국가가 맞다. 한국은 어떤가? 국내 거주 이주민이 전체 인구에서 차지하는 비율이 이제 겨우 5퍼센트에 근접한다.[4] 물론 한국 사회도 다문화 사회로 변했다고는 하나, 아직까지도 '다문화 사회'라는 용어가 자연스럽게 적용되는 곳이 아니라는 것이 객관적 사실에 더 가까울 것이다. 압도적으로 '한민족'이 다수를 이루고, '단일민족'으로 구성된 사회임을 국민의 다수가 자랑스럽게 여기는 사회가 바로 한국 사회다.

이렇게 미국과 한국 사이에 존재하는 사회문화적 공통점과 차이점을 살펴보았다. 그러면 과연 어떻게 미국 사회 속 미국 교회에서 발달한 하우어워스의 신학과 신학적 윤리를, 한국 사회 속에 자리하고 있는 한국 교회에 적용할 수 있을까?

성품과 도덕 주체자로부터의 고찰

한국 교회와 그리스도인들이 형성하고자 하는 성품은 그것이 어떤

---

[4] 2021년 발표된 행정안전부 통계자료, https://www.mois.go.kr/frt/bbs/type010/commonSelectBoardArticle.do?bbsId=BBSMSTR_000000000008&nttId=88608. 최종 접속일 2022년 10월 20일.

것이든지 간에 한국 교회 또는 한국 기독교가 전수해 온 신앙 공동체의 이야기와 결을 같이해야 한다. 그렇지 않으면 변해 가는 세상과 문화 속에서 사회의 다수가 옳다고 여기는 가치에 교회가 휘둘리거나 타협해 갈 수밖에 없기 때문이다. 구체적인 일들에 대한 선택도 중요하지만, 1장에서 말한 것처럼 교회는 '선택의 공동체'가 되기 이전에 '성품의 공동체'가 되어야 한다.

성품의 공동체는 공동체 자체를 하나의 주체자로 본다. 앞서 말했듯, 성품이 드러나기 위해서는 해당 도덕 주체자가 지속적이고 일관된 방식의 삶을 살아가야 하며, 그 주체가 공동체일 때 그것이 성품의 공동체라 불릴 것이다. 그러나 공동체 이전에, 하우어워스가 말하는 '성품의 공동체'의 주체는 개인이 우선이다. 물론 이때의 개인은 공산주의 사회처럼 전체주의적 집단의 뜻과 결정만을 따르는 부속품이 아니다. '성품의 공동체'의 주체로서 인식되어야 할 개인은 교회 리더십의 명령에 무조건적으로 복종하는 성도를 의미하지 않으며, '성품' 역시 그런 교회 구성원을 만들어 내기 위해 사용하는 도구가 아니다.

여기서 성품의 공동체가 되기 위한 가장 기본적이지만 동시에 가장 중요한 요소들 중 하나인 '비전'에 대해 다시 이야기해야겠다. 한국 교회가 바라보고 소망하는 미래의 비전은 진실로 과거에 이어받은 복음의 전통, 즉 '오직 예수'에만 의지하는 이야기이며 십자가를 짊어지고 괴로움의 세월을 인내하는 바로 그 이야기인가? 물론 이러한 이야기가 교회 안에서 발생하는 세대 또는 계층 간 갈등을 반드시 해결한다고 장담할 수는 없다. 대화의 방향이 어디로 향할지는 아무도 예측할 수도 없다. 다만 교회 안에도 세상과 같은 갈등이 존재한다는 것을 인지하고 인정할 필요가 있다. 우리는 교회 안에 세대 간 갈등뿐 아니라 사회적 지위나 경제적 풍요에 따른 계층이 존재한다는 것을 부정하거나 회피할 수 없다. 다만 교회가 이를 인정하고 어떻게 하나가 될 수 있을지 노력하는 것이 중요하다. 이때 생각해 볼 점은, 그렇다면 과연 그리스도인들은 교회 안에서 발견되는 이러한 문제들을 해결하기 위해 무엇을 사용할 것인가 하는 것이다. 우리는 세상에서 사용되는 정치적 도구 또는 세상이 만든 다른 이야기를 교회 안으로 가지고 들어올 것인가? 예수 그리스도의 십자가 사랑과 부활 생명의 법이 아닌 세속적(주로 정치적) 법과 논리로 선과 악, 정의와 불의를 구분하는 과정을 거쳐야만 하는가?

적어도 교회는 세상의 문화와 가치 속에서 영향을 받으며 살고 있는 성도들이 다시금 복음의 이야기, 예수 그리스도의 이야기 속에 잠길 수 있는 곳이 되어야 한다. 성도들의 삶의 이야기가 복음 안에서 자리를 찾을 때, 은혜의 즉흥성 및 하나님의 능동성에 대비되는 인간의 수동성이라는 구도에서 벗어날 수 있고, 그렇게 될 때라야 성품의 형성을 위한 제대로 된 첫걸음을 시작할 수 있다. 앞서 '서사'를 다루면서 언급했지만, 얼핏 비그리스도인에게 배타적으로 보이는 하우어워스의 윤리학은 결코 실제적인 인간의 삶을 무시하거나 무가치하게 여기지 않는다. 이것은 그리스도인과 비그리스도인을 단순히 나누거나 어느 한쪽을 배제하지 않음으로 확장된다. 인간이란 존재는 '시간과 역사' 안에 놓여 있다. 그것이 어떤 철학적인 형이상학적 논의를 제공하는지 하우어워스는 얘기하지 않는다. 적어도 그것은 그의 주요 주제는 아니다. 그의 모든 작업들은 그리스도의 증인으로 살아가는 교회와 성도를 섬기기 위한 것이기 때문이다. 그의 마음속에, 그리고 기도 속에 있는 교회는 결코 세상 속에서 외딴섬처럼 존재하는 배타적이고 광신적인 공동체가 아니다. 교회로 모이는 그리스도인들도 마찬가지다. 그리스도인의 삶 역시 인간의 삶으로서 '시간과 역사'라는 틀 안에 놓여 있고, 이를 통해 해석되거나 이해될 수밖에 없다.

한국 기독교, 특히 개신교회와 그리스도인들이 사회에서 지탄받는 이유가 여기에 있는지도 모른다. 나는 '몇몇'이라는 한정적 단어로 이 문제를 그리 중요하지 않은 것처럼 보이게 하거나, 그것이 극히 일부의 문제라는 식의 뉘앙스를 풍기고 싶지 않고 그래서도 안 된다고 생각한다. 이것은 근본적인 문제이며, 특히 목회자들과 목회자 후보생들에 대한 신학 교육에 일정 부분 책임이 있다. 대부분의 신학생들은 신학교에서부터 그들이 '구별되었다'는 종류의 교육을 받는다. 그 영향 때문인지 그러한 가르침이 교회 안에 잠재적으로 퍼져 있고, 많은 교회와 그리스도인들에게 이러한 '다른(믿지 않는) 사람들과 시간, 역사, 공간을 공유하는 것'에 대한 인식이나 감각이 현저하게 부족한 것이 사실이다. 다른 종교의 건축물이나 상징적인 장소에 가서 하는 이른바 '땅밟기'라든가, 극단적으로는 훼손 또는 방화 등의 행위를 하는 것이 그 예일 수 있다.

특정한 사회와 그곳에 사는 사람들을 대상으로 펼쳐진 사상은 전시해 놓은 예술 작품을 이곳에서 저곳으로 옮기듯이 다른 사회와 사람들에게 단순히 적용할 수 없다. 그렇게 하는 순간 그것은 죽은 이론이 되며, 그럴듯해 보이기만 하는 얄팍한 술수에 지나지 않는다. 거기엔 특정 상황에 놓인 사람들이 하나의 주장을 펼치기까지 그 배경이 된 고뇌도, 깊이도, 무게도 없다. 당연히 사람들에 대한 관심과 사랑도 없거나, 있었지만 상실한 지 오래다. 그저 성곽을 더 견고히 쌓아 올려서 아무도 자신의 것을 빼앗아 가지 못하게 하려는 탐욕과 욕망이 똬리를 틀고 있을 뿐이다. 아무리 그 뿌리에 '교리적으로' 공유되는 것이 있다 하더라도 말이다.

하나님을 향한 믿음에 대해 말할 때, 인간의 죄성과 약함에서 비롯되는 욕망이 자아를 기만한 채 기생하는 것을 완전히 배제할 수는 없을 것이다. 그렇지만 우리는 끊임없이 우리의 믿음과 교회의 삶, 성도의 교제 가운데 어떤 우상이 자리하고 있지는 않은지 심각하게 성찰해 볼 필요가 있다. 이방인과 낯선 이들을 환대하셨던 예수님의 사랑과 평화 대신, 정치적 무관용과 같은 배타주의로 하나님을 제한하고 있는 것은 아닌지 말이다.

증인으로서의 한국 교회: 비폭력적 증인

그렇다면 그리스도의 증인으로서 교회와 그리스도인들은 과연 어떠한 삶을 살아야 하는가? 그리스도인이라면 누구나 한 번쯤은 고민해 봤을 질문이다. 새로운 생명과 실재를 살아간다는 것은 진정으로 무엇을 의미하는가? 하우어워스의 신학적 윤리에서 그것은 그의 유명한 명제인 '교회가 교회 되는 것'과 직접 연결된다. '교회가 교회 되기' 위해서는 당연히 예배를 회복하고, 예전과 전통을 새롭게 해석하는 노력이 있어야 한다. 예배와 예전은 하나님의 나라를 기대하는 소망을 이 땅 위에 실현하는 교회의 중요한 활동이기 때문이다. 그러나 앞에서도 살펴보았듯이, 교회의 권위는 교회의 구성원인 그리스도인들 개개인과 역동적이고 능동적으로 연결되어 있다. 그런 의미에서 그리스도인은 저마다 하나의 교회다.

교회는 하나님의 말씀이 계시되고 선포되는 곳이지만 역설적이게도 사람으로 연결된다. 교회는 예배의 공동체이지만, 공동체라는 개념으로 먼저 존재하는 것이 아니다. 그러므로 '교회가 교회 되는 것'을 한편으로 교회 됨의 회복으로 이해한다면, 다른 한편으로는 교회의 구성원인 '사람'의 회복과 떼어 생각할 수 없다. 교회는 사람들이 모이는 예배의 공동체이기 때문이다. 예배를 회복하고 복음을 회복하는 한편으로 그에 따른 훈련과 전수가 이루어져야 하는 이유는 교회 예배 시스템 또는 교회 조직의 기계적인 복구 그 자체가 아니라 이를 구성하는 사람 개개인의 회복이 중요하기 때문이다.

하우어워스의 신학적 윤리가 교회를 위한 윤리로서 진실성을 가지려면, 교회는 열려 있을 뿐 아니라 바깥으로 나가야 한다. 이것은 교회가 정치적 광장으로 나가야 한다는 말이 아니다. 교회의 열림은 그 자세와 태도를 포함한다. 교회가 물리적으로는 열려 있되,

들어오는 사람들을 철저히 자기 방식대로 바꾸려는 자세를 취하는 것은 곤란하다. 물론 공동체를 지켜 왔던 기존 구성원의 의견이 존중되어야 하지만, 사실은 그보다 교회가 기존에 지켜 왔던 교리적 신조와 전통, 신학적이거나 때로는 문화적·정치적인 기준들을 사람들에게 강요하게 될 수 있기 때문이다. 복음은 인간이 만들어 낸 철학이 아니라 하나님의 말씀이 육신이 되신 예수 그리스도를 믿는 믿음으로 구원받는 것, 즉 길이자 진리이자 생명이신 예수님을 통하여 하나님께로 이르는 도상에 대한 복된 소식이기 때문에, 사람들이 서로를 변화시키려 노력하지 않아도 복음은 정죄의 노력을 뛰어넘는 놀라운 능력으로 사람들을 변화시킬 것이다. 우리는 그러한 사례들을 교회의 역사를 통해 부족하지 않게 전해 들을 수 있다.

그리스도인들은 사도행전 1:4-8에서 주님이 승천하시면서 제자들에게 마지막으로 명령하신 것을 끊임없이 되새길 필요가 있다. "너희가…내 증인이 될 것이다"(새번역). 예수 그리스도의 증인이 되는 것이 무엇인지 해설하는 것은 아무리 되풀이해도 지나치지 않을 만큼 중요하다. 십자가에 달려 죽으심으로 인간으로서, 그리고 하나님이 보내신 참 대예언자로서의 삶을 마무리하셨던 나사렛 예수. 죽은 뒤에 부활하신 참 주 하나님. 부활 후에도 평화를 전하고 가르치다 승천하신 부활 승천 주. 하우어워스는 그분을 전하고 증거하는 증인이 되는 길에는 절대적으로 평화와 비폭력이 수반되어야 한다고 강조한다. 주님은 우리에게 세례의 임무, 하나님의 가르침을 세상의 정치와 무기로 성취하라고 명령하지 않으셨다. 우리에게 대위임

령을 주시면서 주님은 "너희는 가서"(마 28:19)라고 하셨다. 세상으로 '가는 것'은 세상에 동화되는 것이 아니며 세상의 수단에 의지하는 것은 더더욱 아니다. 아무리 그 도구들이 효율적이고 큰 성과를 낼 것처럼 보인다 해도 말이다. 주님은 제자들이 그분에게 동화되기를 원하셨고 그분 안에서 하나가 되길 원하셨다. 그렇게 세상으로 '간' 그들에게 성령께서 일하셨다.

그렇다면 이러한 주님의 증인으로서의 교회는 오늘날 어떻게 세상으로 나아가 세상 속에서 살아가야 할까? 우리는 전복과 폭력, 점령과 지배를 목적으로 해서는 안 된다. 그것은 세상이 원하는 길이다. 증인 된 교회는 철저히 낮아지는 섬김의 길을 가야 한다. 이는 세상이 원하는 끊임없는 진보와 성공, 정복의 길, 로마의 길과는 완전히 반대되는 것이다. 교회의 길은 평화의 십자가, 죽음과 낮아짐, 창피와 수치를 당할 십자가의 도를 따르는 것이다. 설령 그 끝에 죽음이 기다리고 있을지라도, 교회와 그리스도인들은 그 십자가의 길을 가는 이들이다. 그래야 죽음 이후에 기다리고 있는 부활에 이를 수 있다.

십자가의 길에 대한 두 개의 갈림길

'십자가의 길'을 해석하는 두 개의 갈림길이 있다. 첫째는 이것을 보수적인 신학을 붙잡는 것으로 이해하는 경우다. 이 경우 교회의 문은 열려 있지만, 세상 사람들이 교회로 더 이상 들어오지 않는다.

이렇게 되면 교회는 보수적인 공동체이자 전통적인 교리와 신앙관을 따르는 사람들의 공동체가 된다. 이 길에 대해 예측 가능한 종착지는 교회가 축소되고 그리스도인 인구가 줄어드는 유럽 교회의 모습이라 할 수 있다. 현재 한국에서도 이러한 현상이 일어나고 있는데, 그 속도는 유럽보다 몇 배 더 빠르다. 교인 수가 줄어들면서 자연스럽게 재정도 빈약해지고, 교회들이 통폐합과 연합을 반복하며 규모가 점점 더 작아지는 것은 더 이상 미래에 대한 예견이 아닌 지금 당면한 현실이다. 그리고 어쩌면 이 끝에는 참으로 어떤 모양의 죽음이 기다리고 있을지도 모른다. 그것은 교회의 죽음이라기보다는, 오랜 형태의 종교적 시스템의 일부로서 교회 건물의 의미가 변하는 것이라 이해할 수 있을 것이다. 한때 기독교 국가였으며 지금도 문화적으로는 기독교 신앙의 영향을 받고 있다고 판단되는 유럽(주로 서유럽과 북유럽)도 그러할진대, 하물며 기독교 국가였던 적이 없을뿐더러 사회 변화의 속도에 있어 둘째가라면 서러울 한국에서 이 변화는 얼마나 급격하고 예측하기 힘든 방향으로 진행될까?

    그렇다면 기존의 방식을 받아들이고 지지한 그리스도인들은 이러한 현실을 받아들일 마음의 준비가 되어 있을까? 아마 그렇지 않을 것이다. 그들 중 많은 이들이 이것을 세상의 핍박으로 여길지 모른다. 또한 정부 정책이나 문화적 강령 또는 법률 제정이 자신들에게 불리하게 작용한다면 그것을 핍박이요 말세의 징조라고 생각할지도 모른다. 그러나 그것은 자신들이 선택한 길을 그대로 받아들이지 못하는 태도다. 자신들이 십자가의 길을 가겠다고, 그것을 선택했다고 하면서, 그 결과물인 죽음은 받아들이지 못한다? 그것은 어불성설이요 모순이다. 그들이 십자가의 길이라고 해석한 길을 가기로 했다면, 죽음의 단계까지도 받아들여야만 한다. 개인의 희생을 넘어 전체 교회 공동체가 맞이하게 되는 고난과 소멸의 길까지도 말이다. 다시 말하자면, 전통적인 보수적 신앙관과 그에 기반한 기독교 문화를 받아들였다면, 그러한 신앙관에 기초한 사람의 모습답게 섬김과 고난, 인내와 순교의 모습도 보여야만 한다. 그것이 참 순교인지 아닌지, 진실한 증인의 모습인지 아닌지는 역사와 시간이 흐른 뒤 드러나게 될 것이다.

둘째, 십자가의 길을 간다는 것을 보수적인 신앙관과 문화를 고수하는 것이 아니라 진정한 자아의 죽음으로 받아들이는 경우다. 이 경우 또한 자신이 죽음의 길을 간다고 알고 있어야만 한다. 다만 그것이 옳은 길이라는 믿음을 품고 죽음으로 가는 것이며, 저항하지 않고 침묵하는 것이다. 일면 보수적인 신앙과도 겹쳐지는 부분이 있다. 좀 더 구체적인 예를 들자면 다음과 같다. 다소 극단적이지만, 현재 한국 사회에서도 더 이상 미룰 수 없는 질문들 또는 요구들이 있다. 바로 낙태(임신중단), 동성 결혼, 안락사 같은 안건들이다. 젊은 세대를 비롯하여 그리스도인들 중에도 많은 수가 이것을 더 이상 신앙의 문제가 아닌 문화적이거나 지극히 개인적인 선택의 문제로 여기거나, 또는 인간의 자유로운 선택권이나 행복추구권에 따른 결정으로 인식하는 현상이 뚜렷이 증가하고 있다. 그러나 교회는 이러한 사안들을 일시적인 문화적 담론으로 치부하거나 말세의 징조 정도로 넘겨서는 안 된다. 예수 그리스도의 증인 된 공동체로서, 교회는 이에 대해 반드시 신학에 기초한 대화를 통해 교회만의 새로운 대안을 제시해야만 한다. 여기엔 성경의 해석에 대한 질문들이 직접적으로 연결되어 있으므로 이에 대한 연구, 특히 하우어워스를 비롯한 후기 자유주의 신학에서 주를 이루는 '신학적 성경 해석' theological interpretation of scripture에 대한 연구가 필요할 것이다.

분단을 넘어 하나님의 나라로

이와 같은 논의는 한국 사회의 본질적 문제를 건드린다. 우리나라는 분단 후 이념의 갈등이 봉합되지 못한 채 여전히 뿌리 깊이 남아 있고, '친북, 종북, 빨갱이' 등의 정치적 용어와 프로파간다가 횡행하고 있다. 심지어 그 영향은 정국의 흐름을 뒤바꿀 정도로 강력하다. 한국 전쟁 또는 전쟁 직후의 폐허가 된 사회를 경험한 세대가 여전히 인구 비율에서 적지 않은 수를 차지하고 있으며, 선거 유권자 비율에서도 가히 평균을 훌쩍 웃도는 굳건한 정치 세력이다. 여기서 정치적 의사를 밝히거나 특정한 정치 진영의 옳고 그름을 판단하려는 의도가 아니다. 다만, 하우어워스의 신학적 윤리가 한국 사회와 교회에 어떤 도움이 될 수 있을지에 대한 고민에서 우러나온 제언일 뿐이다.

하우어워스라면 남북의 분단 상황에 대해 어떻게 생각할까? 조심스럽게 짐작해 보자면, 비폭력을 다른 어떤 것보다도 그리스도인으로서 가장 중요한 덕목으로 생각하는 하우어워스라면 분단에 대한 입장은 의외로 간단할 것 같다. 바로 무장 평화가 아닌 비무장 평화와 화해의 길이다. 그러나 그는 그것이 옳기 때문에 세상이 당연히 그 길로 갈 것이라고 순진하게 생각하지는 않는다. 세상은 세상일 뿐이기 때문이다. 다만 교회라면, 그리스도의 증인이라면, 더 능동적이고 창조적으로 세상 속에서 하나님 나라의 대안을 내놓아야 한다고 말할 것이다. 그것은 단순히 무기를 내려놓고 화해하고 평화의 길로 가는 것을 말하는 것과는 다른, 더 복잡하고 당연히 논란을 일으킬 수밖에 없는 일련의 결정들과 행동들일 것이다. 그리고 그 결정과 행동의 주체는 당연히 세상의 정치 권력이 아닌 교회와 그리스도인들이 되어야 한다.

한국 교회, 특히나 개신교회는 반공의 기치 아래 정치적으로는 보수 진영에 쏠려 왔다. 한국 전쟁을 겪으며 공산당을 피해 남쪽으로 내려온 목회자들과 피난민들이 세운 교회가 대부분이었기에 당연한 결과였다. 그러나 교회가 오늘날까지 반공이라는 이름으로 세상의 정치적 실체를 지나치게 교회 안으로 끌어들인 것은 아닌지 반성해 볼 필요가 있다. 여전히 남북이 분단된 상황이지만, 전쟁 직후와는 사회가 많이 달라졌기 때문에 그에 맞게 다시 남북 분단이라는 구체적인 사회적 사안을 교회의 증인 됨과 연결시켜 생각해 볼 필요가 있다는 말이다.

하우어워스는 교회 내에서 세상의 '정치 게임'이 행해지는 것을 반대한다. 그것은 교회의 정치가 아니기 때문이다. 교회의 정치는 예수 그리스도의 정치다. 그것은 십자가다. 십자가의 교회, 십자가의 그리스도인, 그리고 십자가의 신앙은 군홧발에 총과 칼로 맞대응하는 것이 아니다. 겟세마네 동산에서 예수님을 잡으러 온 군병들을 향해 베드로가 칼을 들었을 때, 예수님은 그것에 반대하셨다. '나는 예수님이 아니다. 그러니 전쟁이 일어난다면 나는 총과 칼로 내 몸을, 내 가족을, 내 사랑하는 사람들을 지키겠다'라고 결정할 수도 있다. 그렇다면 그는 그 결정에 대한 다음과 같은 질문들에 답해야 한다. '그 총과 칼을 이용한 살인 행위에 예수 그리스도의 사랑과 성품이 과연 존재하는가? 나의 살인을 정당화해 줄 이유나 명분이 십자가와 부활의 신앙에 앞서는가?'

북미의 많은 그리스도인들은 하우어워스의 이 주장이 말도 안 되는 이상ideal이며 천국의 이야기라고 주장해 왔다. 아마 한국 교회와 신학계도 마찬가지일 것이다. 특히 북쪽에 가족과 친지를 두고 공산당을 피해 탈출해 온 피난민 출신들은 이런 주장에 치를 떨지도 모른다. 전쟁을 실제로 겪어 보지 못해서 그런 것이라고 말이다. 하지만 성경은 증언하기를, 우리는 예수님을 보지 못했지만 믿는다고 했다. 성경에 기록된 믿음의 선진들은 주를 만나지도 못했지만 사랑한다고 증언한다. 초대교회의 이 믿음과 주님을 향한 사랑이 그들의 평범한 일상 속에 유지되었던 것인가? 혹은 그것이 더 나은 안전과 물질적 풍요와 '웰빙'을 보장하는 길이었던가? 우리는 과연 우리가 겪은 경험이, 설령 죽음의 골짜기를 지나는 것이라 하더라도, 주 예수 그리스도의 십자가를 통한 승리보다 강한 실제인지를 조심스럽게 숙고해 볼 필요가 있다.

  비폭력에 대해 하우어워스가 말하고자 하는 요점은 의외로 간단하다. 우리가 믿는다고 말하는 기독교 신앙과 주 예수 그리스도의 복음으로 빚어진 우리의 하나님 나라 성품은 과연 현실에서 어느 정도까지 실효성이 있느냐는 것이다. 복음이 말하는 평화는 우리가 적당히 양보해 줄 수 있는 것까지는 내어 주지만, 도저히 양보할 수 없는 것들에 이르게 되면 어떠한 수단이든, 심지어 세상의 잔인한 방법이나 도구라도 사용하여 스스로 지켜야 하는 제한적인 것에 불과한가? 이것은 도덕적 완벽주의를 말하는 것이 아니다. 인간이 이 땅 가운데서 완벽하게 율법을 지킬 수 있으며 지켜야 한다고 말하는 것은 더더욱 아니다. 하우어워스가 생각하는 성화된 삶이자 도덕적 삶의 '완전함' 또는 '완벽함'은 이와는 다르다. 그가 말하는 완전함은 오랜 시간 서서히 이루어 결국 성취해 내는 연대기적 과업이 아니라, 예수 그리스도의 긴급성 곧 성부 하나님만이 알고 계시며(마 24:36) 도둑처럼 임할(계 3:3) 예수님의 재림과 종말적 심판 시기에 대한 긴급성, 그리고 하나님 나라 자체가 의미하는 성품이 나타내는 특징이다.[5] 하나님 나라는 공간적 개념이기도 하지만 성품적 개념이기도 하다. 성품이란 예수 그리스도의 삶, 죽음, 부활이라는 전 생애를 통해 자신을 계시하신 하나님의 성품을 가리키며, 물론 예수님의 성품이라고 바꿔 말할 수도 있다. 하나님 나라가 가진

---

5   Hauerwas, *The Hauerwas Reader*, p. 50.

성품은, 궁극적으로는 하나님의 성품으로서 하나님 나라를 살아가는 사람들이 체득하기 위해 평소에 익히고 실천하는 덕의 모체가 된다. 그러므로 이 완전함은 현실 세계의 도덕적 개념과 관련됨과 동시에 '종말론적 용어'eschatological term로 이해되어야 한다.

한국 교회와 그리스도인들은 이러한 종말론적 신앙을 회복해야 한다. 그것은 믿음과 세상을 대결 관계로 이해하지 않고, 복음과 그 안에 계시된 예수 그리스도의 진리가 비폭력과 인내로써 세상을 끌어안아 승리한다는 개념을 이해하는 것이다. 여기에는 콘스탄티누스 황제의 회심 이전에 초대교회가 가지고 있던 종말론적 신앙과 결을 같이하는 믿음의 삶이 자리하고 있다. 그 이전의 그리스도인들은 세상에 폭력으로 저항하는 사람들이 아니라 핍박을 예수 그리스도의 사랑으로 감내하며 부활 신앙으로 세상에 거류하던 사람들이었다. 콘스탄티누스 황제의 회심과 그에 따른 교회의 일련의 타협과 순응으로 시작된 세상과 교회의 섞임과 협력은 콘스탄티누스주의라는 포괄적인 이름으로 불리게 되었다. 이러한 콘스탄티누스주의에 물들지 않은 교회는 세속 정부처럼 세상을 다스리는 기관이 아니라, 그리스도의 주 되심을 의지하여 살 때 인간은 어떻게 살 수 있는지를 세상 속에서 보여 주는 징표와 같은 존재다. 그러나 교회가 국가 정부에 순응하고 타협하다 보니 그리스도의 주 되심은 단지 기독교 신학을 위한 법칙 정도로 격하되어 버리고 말았다. 이로 인해 교회와 그리스도인들에게 신앙은 개인적인 것이자 비가시적invisible인 신념이 되었고, 거기엔 더 이상 어떤 가시적이고 뚜렷한,

합리적이며 자연적인 공정함이 설 수 없게 되었다. 기복적·미신적·수동적·편파적 신앙관이 한국 교회에 편만하게 된 것이다.

앞서 언급한 것처럼 한국 사회는 어떤 시대에도 기독교 국가였던 적이 없으며 기독교적 세계관이 사회 전체를 조율했던 적도 없다. 그런데도 한국의 많은 그리스도인이 목회자들의 설교를 맹목적으로 받아들이면서, 마치 자신들이 살고 있는 이 한국 사회에 한때 기독교적 문화가 지배했었다는 착각에 빠져 있는 것은 아닐까? 세상을 정복한 적 있는 콘스탄티누스주의적 크리슨덤의 문화의 그늘에서 태어나고 자란 한국 교회와 그리스도인들이, 비기독교 문화와 세계관이 주류로서 자리하고 있는 실제 세상을 만나면서 경험하는 당혹감은 그들을 어떻게 신앙을 살아 내야 할지 몰라 하며 오히려 세상과의 연결을 극단적으로 줄이거나 반대로 더욱 적극적으로 순응하게 한다.[6] 결국 이 양 극단 사이의 긴장을 해결하기 위해 익숙한 수단인 폭력적 저항과 세속 정치 수단을 이용하려 하고, 거기엔 더 이상 '기독교'로 한정하는 수식어가 필요 없는 '윤리'가 있을 뿐이다.[7] 그것은 세상의 법과 질서로서 오직 폭력을 통해서만 유지되고 안정된다. 한국 교회와 그리스도인들은 이것을 주의할 필요가

---

6 이를 소종파주의적 퇴거라고 표현하기도 한다. 한 예로, 교회에서 청소년기를 보내다가 대학 신입생으로 입학하거나 처음 회사에 입사한 그리스도인 청년들은 자신들이 경험한 기독교 신앙 공동체에서는 금기시되어 온 다양한 '세상의' 문화를 목격하거나 경험함으로써, 그들 자신이 세상에서 주류가 아닌 비주류라는 것을 여실히 깨닫게 된다.

7 Stanley Hauerwas and Samuel Wells, "Why Christian Ethics was invented", in *The Blackwell Companion to Christian Ethics*, 2nd ed., pp. 28-38.

있다.

그에 반해, 하나님 나라의 예표가 되는 교회는 세상을 다스리는 것이 아니라 하나님을 예배하는 것이 그 존재 이유들 중 가장 앞선다. 하우어워스는 아우구스티누스가 『신국론』 The City of God에서 강조하고자 했던 것도 성스러운 하나님의 나라와 죄악에 가득 찬 세속 사회를 가르는 이원론이 아니라고 이해한다.[8] 아우구스티누스가 강조하고자 했던 점은 그리스도인의 믿음과 도덕적 삶은 밀접하게 연결되는 것을 넘어 분리될 수 없으며, 이는 하나님을 향한 예배자의 삶과 그러한 예배자들이 이루는 공동체의 삶을 통해 강화될 수 있다는 것이다.

공동체의 삶은 세상과 대결하며 세상의 정치를 평가하고 세상을 다스리기 위한 전략이 아니다. 공동체의 삶은 서로 사랑하며, 관심을 세상의 정치 게임에서 서로의 안에 계신 하나님께로, 하나님을 향한 예배 및 그분과 동행하는 삶으로 돌려, 서로 죄를 고백하고 발을 씻기며 필요를 채워 주는 실천이다. 그래서 이러한 증인과 성화의 윤리는 세상의 도덕과 윤리와 정의를 초월한다. 이것을 고대 초대교회의 카타콤, 사막의 수도자들, 또는 중세 수도원적 생활처럼 세상과의 단기적/장기적 단절을 의미하는 것으로만 잘못 해석할 수 있다. 한국 교회에도 역사적으로 이러한 신앙의 극단적인 형태가 존재했으며, 주로 급진적인 영지주의적 이원론에 영향을 받은 기독교

---

8 Stanley Hauerwas, *Sanctify Them in the Truth: Holiness Exemplified* (London: Bloomsbury T&T Clark, 2016), p. 24.

이단들이 이런 모습으로 성도들뿐 아니라 믿지 않는 사람들까지도 현혹시켜 사회를 어지럽혔다.

세상과의 분리와 반대로, 하나님의 은혜와 세상의 질서를 하나로 묶는 신학 교육도 부작용을 일으킨다. 창조 질서와 구속 질서를 구분하는 루터의 신학이 그 예다. 그는 하나님의 은혜를 통해 내적으로 주어진 신앙과 연결되는 구속 질서와는 별개로, 하나님의 창조 섭리와 질서로 세상이라는 사회 조직이 주어졌으며 그러므로 세상의 권세에 복종하고 세상의 법과 정의에 따라 외적 삶을 살아가야 한다고 주장한다.[9] 루터의 주장처럼 이 세상은 구속 질서와 무관하게 하나님의 창조 질서에만 속하며, 그러므로 세상의 법과 정의에 의해서만 다스려지는가? 세상은 하나님의 구속의 은혜와는 전혀 관련이 없는 것인가? 그리스도인들은 교회 안에서는 신앙적 질서에 순종하는 한편, 신앙과는 무관한 결정을 내리는 세상 정부에 순종하며 이중적이자 사뭇 모순적 정체성을 지닌 채 살 수밖에 없는 숙명에 처한 것인가? 이것이 하우어워스의 염려였다. 이러한 해석으로는 결혼과 국가적 의무들, 그리고 교회의 일들까지 이웃 사랑이라는 명제 아래에 순응할 수밖에 없게 된다.

---

[9] Stanley Hauerwas, *Performing the Faith* (Grand Rapids, MI: Brazos Press, 2004), p. 43. 하우어워스에 따르면, 본회퍼는 이러한 은혜와 세상의 질서의 구분에 대해 루터가 오해했다고 주장했다.

다원주의 사회 속의 한국 교회

이처럼 다양한 신학적 흐름에 따라 교회와 그리스도인들의 윤리적 삶은 크게 영향을 받게 된다. 더군다나 한국처럼 첨단 정보 통신 기술 및 응용과학이 실제 생활에 빠르게 적용되고 경험되는 사회에서는 신학의 주장이 비과학적이며 추측에 의존하는 터무니없는 주장들처럼 여겨질 수 있다. 그러한 가운데 기독교 신앙의 진실성을 증명할 수 있는 길은 세상의 도덕과 발맞출 수 있는 윤리적 결정뿐이라는 듯 주장하는 현대 기독교 윤리학자들이 있다. 윤리적 결정이 중요하지 않다는 것이 아니다. 다만, 이러한 주장은 자칫 계몽주의 과정에서 특히 칸트에 의해 체계적으로 이루어진 신학과 도덕 철학 또는 윤리학의 분리를 다시 초래할 위험이 크다.

아이러니하게도 한국 교회는 이러한 칸트적 윤리의 틀에 맞추어진 듯이 보인다. 비록 기독교 국가였던 적은 없지만, 세속 사회 속 공적 영역에서 설 자리를 잃어 가는 교회의 무능과 부패를 보완하려 그리스도인들은 도덕적 삶의 우위를 점하려는 노력에 전력하고 있는 것 같다. 그러나 월터 라우센부시Walter Rauschenbusch의 사회복음 프로젝트[10]가 제1차 세계대전 이후 자연스럽게 사라진 것처럼,

---

10 사회복음 프로젝트란, 라우센부시에 의해 주도된 신학적 주장으로서 제1차 세계대전 이전에 유럽과 북미 등 서구 사회에 팽배한 낙관주의를 보여 준다고 할 수 있다. 라우센부시는 이러한 낙관적 시각에서, 하나님 나라의 주인공은 하나님이나 교회가 아닌 미국이라고 생각했고, 미국을 하나님의 나라로 만들기 위해서 정부와 사회의 규칙을 잘 따르는 도덕적 시민들을 공급하는 것이 기독교

인간의 도덕성을 앞세운 계획들은 진행하면 할수록 교리와 신학이 실제 삶과 분리되는 것을 가속화할 뿐이다. 더군다나 국가와 지역을 초월한 광범위한 국제적 질병 또는 전쟁 등의 상황에서 기독교 신학은 굉장히 제한적인 선택지만을 받아 든 것이나 다름없다. 그렇다고 니버 형제가 믿었던 것처럼 인간의 악함을 전적으로 수용하며, 차악의 삶을 택하는 모순을 잔인한 현실로 받아들여야만 하는 것도 아니다. 우리가 그리스도인으로서 주의해야 할 것은, 예수 그리스도를 윤리 또는 도덕의 모형으로 세운 뒤에 이를 인간론이나 인류학으로 풀이하는 방식이다. 그렇게 되면 기독교 윤리의 핵심 당사자와 주체는 교회가 아닌 사회 또는 이 세상이 될 수 있다. 인간의 죄악 된 본성과 세속 권위의 악함을 인정하는 가운데 예수님의 인간적 모형으로부터 이상적 사랑을 추출해 낸다면, 그리고 그것으로 차악의 선택을 정당화하는 논리 체계를 세운다면, 교회와 그리스도인은 세상과 거의 구별되지 않게 되며 복음과 그에 따른 신학도 세상의 관심사에 매력적으로 접근하기 위해 조정되고 수정된다. 이것이 현재 한국 사회에서 교회와 그리스도인들이 겪고 있는 혼란스러운 현실이다.

윤리의 사명이라고 여겼다. 라우쉔부시는 복음을 통해 예수님이 종교 및 종교적 권력을 민주화시켰다고 주장했다. 그 이유는 첫째, 신을 아버지로, 그래서 인간을 신의 자녀로 만들었다. 둘째, 구원의 개념을 더 높은 차원이나 공간으로의 상승이 아닌, 지금 현재 살고 있는 이곳이 가장 이상적인 사회 즉 천국이 될 수 있다고 가르쳤다. 그래서 라우쉔부시는 민주주의를 복음의 핵심이라고 믿었다. Wells, *Transforming Fate into Destiny*, pp. 3-4.

기독교 믿음은 개인적인 영역에만 머물러야 하고, 공적 영역에서는 타협하고 절충하는 윤리로 수정되어야만 할까? 아니면 교회가 공적 공간으로 믿음을 가지고 들어가서 진리 대결을 벌이고, 그 가운데서 어떤 (심지어 폭력적인) 수단을 사용해서든 믿음을 위해 공적 투쟁을 벌이는 것이 정당한가? 정치, 경제, 사회, 문화 등 여러 요인들을 고려할 때 한국도 결국 서구처럼 자유주의 사회가 되어 갈 것은 당연한 예측이며, 문화적·종교적으로는 다원주의가 자리 잡을 것이다. 그렇다면 그 가운데서 한국 교회는 어느 길을 택해야 할지 고민할 시간이 다가왔음을 부정할 수 없다.

기독교 신앙을 고수하며 다원주의 사회 속 교회와 기독교 공동체의 독특한 이야기를 들려주는 것이 과연 불가능한 일인가? 자연 과학이 눈에 보이지 않는 하나님보다 분명하고 확실한 신뢰의 대상이 된 오늘날 세상에서, 기독교 신학은 과연 교회로 하여금 공적 영역 가운데서 비폭력적이며 창조적인 대안을 찾는 데 어떤 도움을 줄 수 있을까?

이를 위해, 우리는 무엇보다도 하나님이 교회를 세상의 문화와 정치의 속박으로부터 자유롭게 하셨음을 보아야 한다. 교회와 그리스도인이 보아야 할 뿐 아니라 보게 되는 소망은 이 세상이 진정한 '실제'가 아니며 이 세상에서 맞이하는 육신의 죽음이 진정한 '끝'이 아니라는 비전이다. 믿음 안에서 품게 되는 이 신념은 예수님의 십자가와 부활을 통해 모든 것의 '끝'이 이루어지고 하나님의 나라가 도래했음을 믿는 확신이다. 여기에서는 세상이 말하는 어떠한 효율성이나 세련됨이 아니라 비전과 신념에 의해 세워진 소망이 새로운 판단의 기준점이 된다. 이러한 '세상적 효율성'의 종말은 기존의 종교적·문화적 다원주의 사회나 자유주의 신학 또는 종교적 근본주의에서 드러나는 약점들, 예를 들면 신앙의 개인화와 공적 영역에서의 윤리적 타협 또는 현실 도피적 공동체주의 등과는 다른 대안을 형성할 수 있다.

한국 교회와 그리스도인들이 형성하는 성품과 그 성품이 드러내는 덕목들은 이러한 종말론적 소망에 기초해야 한다. 하우어워스는 그 소망이 기독론, 즉 그리스도 예수에 대한 신학적 이해에 달려 있다고 말한다.[11] 실제 생활에서 추구되거나 실천되고 발현되는 덕목들의 기초가 그리스도에 대한 이해에 달려 있다는 말은 일견 당연하면서도 어려운 이야기로 들릴 수 있다. 그러나 그리스도에 대한 이해는 단순히 하나의 지식에만 해당하지 않는다. 하우어워스가 말하는 그리스도에 대한 이해는 우리가 이 세상을 살면서 맞닥뜨리고 경험하는 것들을 받아들이는 방식에 영향을 미칠 뿐만 아니라 그것을 결정한다. 성도의 모든 삶 구석구석까지 그리스도의 주권 아래에 있다고 이해할 때라야, 그분을 통해서 세상의 문화와 정치로부터 해방된 생명과 그 생명을 살아 내는 삶을 인식하고 인정할 수 있게 된다.

여기에 추상적인 교회의 기능은 없다. 교회는 무엇보다 용서받

---

11   Hauerwas, *Disrupting Time*, p. 237.

은 죄인들의 공동체로서 그곳에는 그리스도 안에서 행해지는 죄의 고백과 용서, 사랑과 섬김이 있다. 이 공동체는 죄를 직면하지만 그것을 세상의 방법과 이야기가 아닌 신앙의 이야기로 풀어낸다. 그들은 세상의 정치 기구와는 명확하게 분리된 또 다른 정치 공동체가 있음을 보이기 위해, 폭력이 암묵적으로 전제된 세상의 송사와 수단으로 일들을 해결하지 않으며, 세상 안에 있지만 세상과 분리된 채 세상이 말하는 것과는 다른 구원, 다른 삶의 방식이 있음을 보여 준다. 이러한 교회 공동체의 삶을 통해, 세상은 세상으로부터 회피하지 않으면서도 복음을 살아 내는 예수님의 정치 공동체를 경험할 것이다.

결론

스탠리 하우어워스는 안락사, 낙태, 전쟁과 같은 구체적인 윤리적이며 정치적인 안건들에 대해 자주 언급하고 글을 써 왔다. 정치적·사회적·문화적으로 중요한 윤리적 의제들은 다양하겠지만, 하우어워스는 결국 인간의 생명과 죽음에 대한 물음이 가장 심각하게 다루어져야 하며, 교회와 그리스도인들이 진정한 실제라고 믿고 살아가는 세상이 과연 믿지 않는 사람들의 그것과 얼마나 다른지 보여 주는 것에 큰 관심을 두었다.

    나 또한 이 책에서 수많은 질문을 던졌다. 어쩌면 어느 하나 명확하게 답한 것이 거의 없다고 독자들은 생각할지도 모른다. 그러나 우리 인생에서 많은 경우 개별 사건들에 대한 독립된 해답들이 존재하리라는 생각이 얼마나 단순하고 순진한 바람인지 깨닫게 되는 데는 그리 오랜 시간이 걸리지 않는다. 유일한 정답이라고 생각했던 선택들이 사실은 여전히 풀리지 않는 인생의 신비 가운데 놓인 질문들의 연장선일 뿐이라는 놀라운 발견도 그리 멀리 놓여 있지만은 않다.

    책을 시작하며, 나는 하우어워스를 소개하는 이 책의 독자층을 교회의 평신도들로 마음에 두고 있다고 밝힌 바 있다. 이를 위해 하우어워스가 그러했듯 가능한 한 실제 예를 활용하여 자세히 설명하고자 했다. 하지만 급변하는 국제 정세와 빠른 속도로 변해 가는 한국 사회의 맥락을 고려할 때 원래의 목적이 얼마나 달성되었는지 확신할 수 없다. 책을 시작하고 글을 전개하면 할수록 처음의 목적과 점점 멀어지는 것을 깨닫고는 했다. 앞서 밝혔듯 하우어워스를 설명할 때 자세한 설명이 필요한 여러 학자들과 사상가들에 대한 설명은 최대한 자제했고, 현대 신학의 연결선상에서 하우어워스의 주장을 명료하게 하려고 노력했다. 그래서 일반 평신도도 어렵지 않게 읽고 이해할 수 있을 거라는 믿음에는 변함이 없지만, 오히려 그런 단순화로 인해 이야기의 풍성함이 사라진 것은 아닌지 염려가 되기도 한다.

    다만 바라기는 교회가 전수해 온 복음의 이야기를 통해 일하신 성령 하나님이 독자들에게도 일하여 주시기를, 그리하여 이 작은 책이 믿음의 공동체인 교회에 조금이나마 도움이 되었으면 한다.

부록 1
스탠리 하우어워스의 성령론

서론

스탠리 하우어워스에게 조직신학적 관점에서 특정한 '성령론' Pneumatology이 있다고 말하기는 어렵다. 2015년에 『성령』 The Holy Spirit 이라는 책을 동료이자 친구인 윌리엄 윌리몬 William Willimon과 함께 출판하기 전까지 그는 성령에 대한 주제로 글을 쓰거나 구체적인 주장을 제기하기를 꺼려 하는 듯 보였다. 그리고 심지어는 『성령』에서도, 그는 신학자들에게 익숙할 법한 이론이나 교리적 담론을 펼치지 않는다. 그래서 라인하르트 후터 Reinhard Hütter 같은 학자는 "하우어워스의 교회론에는 특히 매우 약하고 거의 부재한 성령론이 존재한다"고 비판했는데,[1] 이 비판에도 유효한 측면이 있다. 사실 하우

---

1   Reinhard Hütter, "Ecclesial Ethics, the Church's Vocation, and Paraclesis", in *Pro Ecclesia* 2 (1993): pp. 433-450.

어워스가 성령에 대해 너무 많은 설명을 하지 않은 것은, 자칫 성령의 일하심이 개인적인 경험으로 환원되거나 축소될 것을 걱정했기 때문이다.[2] 그래서 그가 선택한 대안은 성령에 대한 일차원적 해석이나 설명보다는 교회와 성령의 관계, 특히 교회와 성도 안에서 일하시는 성령에 대해 강조하는 것이었다. 이런 부분에서 확실히 하우어워스는 자유주의 신학에서 강조하는 인간의 경험에 바탕을 둔 성령론을 거부한다.

조직신학적 관점에서 성령론에 대한 작업을 하지 않았다고 해서 하우어워스에게 성령에 대한 이해가 부족하다거나, 후터 같은 학자들의 비판처럼 그의 교회론에 성령의 역할이 부재 또는 결여되어 있다고 간단히 결론 내릴 수는 없다. 사실 다른 교리들처럼 교회론 ecclesiology이라는 것 자체도 하우어워스와 같은 윤리학자들에게 적용할 때는 그 접근 방식이 달라져야 한다. 그가 교회에 대한 이론을 서술한 적이 있던가? '기독론'의 경우도 마찬가지다. 하우어워스가 기독론에 대해 신학적 작업을 하지 않았음에도 불구하고, 학자들은 그의 글에서 조직신학에서 다루는 교리와 담론을 발견해서 그것을 '기독론' 또는 '교회론' 등으로 해석하여 분류하였다. 이는 그가 자신의 이해나 의도를 숨긴다기보다는, 전통적인 구분을 따르지 않고 철저히 자신만의 방식으로 신학과 윤리학을 펼쳐 내기 때문이라고 볼 수 있다. 그런 점에서 신학적 윤리학을 함으로써 신학을 한다는

---

2   Hauerwas, *The Work of Theology*, p. 39.

그의 말은 숙고할 만하다. 그리스도 예수를 믿는 신앙과 윤리가 결코 상관없는 것이 아니라는 말이다. '예수가 참 주Lord'라는 신학적 주장은 '세상의 정치적 지도자는 주가 아니다'라는 말이며, 이것은 현실 삶의 모든 요소들에 지배적인 영향력을 미치고 그래야만 한다. 하우어워스의 성령론도 이와 마찬가지로 생각할 수 있다. 그는 이론적이고 기술적인 용어들을 제한적으로 사용하고 있지만, 우리는 하우어워스의 여러 글들 안에서 충분히 그의 성령에 대한 이해를 발견하고 가늠해 볼 수 있다.

한국 기독교의 역사, 특히 개신교의 역사에서는 성령의 역사와 사역을 빼놓을 수 없다. 세계 교회사에서 유례를 찾아보기 힘들 정도로 폭발적인 성장을 보여 준 1960-1980년대 한국 개신교의 이야기는 다르게 표현하자면 성령 하나님의 이야기이기도 하다. 그렇지만 이러한 성령의 사역과, 한편으로 1990년대 과도기를 지나며 경험한 이른바 '교회 성장의 정체' 및 2000년대 들어서며 발생한 '급격한 쇠락'은 어떻게 설명하고 이해할 수 있을까? 특히 한국 개신교 그리스도인들에게서 흔히 나타나는 윤리적으로 모순된 삶의 모습들을 보면, 지금까지 한국 교회의 신앙과 신학 교육이 어떠했는지를 짐작해 볼 수 있다. 이제부터는 하우어워스가 말하는 성령에 대해 살펴보면서, 한국 교회가 이로부터 어떤 교훈을 배워서 교회의 삶 곧 그리스도인의 삶을 살아가야 할지 생각해 보고자 한다.

그리스도인의 신앙생활

앞서 언급한 것처럼 하우어워스의 신학적 윤리에서 성령론을 이해하기 위해서는 그리스도인의 신앙생활과 하나님의 일하심 사이의 관계, 그리고 교회와 성령의 관계에 대한 이해가 선행되어야만 한다. 니코 쿠프만Nico Koopman은, 하우어워스의 성령론은 "도덕 생활의 인간적 차원과 성령의 차원 사이의 관계에 대한 그의 이해로 연결된다"고 말했다.[3] 하우어워스의 윤리학에서 인간은 덕과 성품의 존재이며, 도덕 생활은 이러한 덕과 성품이 발현되는 장場이다. 이것은 다분히 하나님의 은혜와 성령의 역할을 충분히 강조하기보다 인간의 역할을 크게 강조하는 것처럼 보이기도 한다. 이러한 오해는 자연스럽게 하우어워스를 '신인협력' 또는 '시너지즘'synergism의 오류에 빠졌다고 비판할 가능성을 열어 준다. 어쩌면 그의 신앙의 배경이 되는 감리교적 특징으로 인해 그런 점이 두드러지는 것일지도 모르겠다.

그러나 바르트의 영향, 특히 바르트의 기독론에 강한 영향을 받은 하우어워스에게 이러한 비판은 기우이거나 그를 제대로 이해하지 못한 데서 나오는 반응이다. 하우어워스의 신학적 윤리학의 밑바탕은 인류학적 또는 인본주의적 이해가 아니다. 그는 예수 그리스도라는, 그보다 앞선 실재reality를 전제로 한다. 예수님이 은혜보

---

[3] Nico Koopman, "The Role of Pneumatology in the Ethics of Stanley Hauerwas", *Scriptura* 79 (2002), p. 35.

다 앞서신다. 물론 요한복음 1:16의 말씀처럼 그분은 은혜 위에 은혜이시지만, '예수가 은혜보다 앞선다'라는 말은, 가장 큰 은혜는 다름 아닌 구원의 은혜이며, 그것은 예수님 없이는 불가능하다는 말과 같다. 예수 그리스도의 실제는 예수님의 삶과, 죽음, 부활에 있다. 달리 말하자면, 예수 그리스도라는 실재는 말씀이 육신이 되신 그리스도를 통한 하나님의 계시에 있으며 이것을 증언하는 것이 예수 그리스도의 삶과 죽음과 부활이다. 그러므로 이것, 즉 기독교 윤리와 신학을 포함하는 그리스도인의 신앙과 생활은 이러한 하나님에 대한 그리스도의 증언과 연결되며, '예수는 주'라는 진실한 제의 proposition 또는 보편적 진리가 구체화된 것으로 이해할 수 있다.

이처럼 하우어워스의 성령에 대한 이해는 그의 그리스도에 대한 이해에 기반한다. 그는 그리스도의 삶과 죽음과 부활이라는 확실한 가늠자를 가지고 성령을 이해하거나 성령의 일하심에 대해 말해야 한다고 분명히 밝힌다.[4] 이와 함께, 성령은 삼위일체 하나님의 한 위로서 성자에게 종속되지 않으며, 오직 성령을 통해서만 그리스도 예수가 계시된다. 그리고 이러한 성자의 계시를 통해 성부와 성자 사이의 사랑하는 관계가 명백히 드러나는 것이 성령의 일이라고 하우어워스는 말한다.

하우어워스에게는 예수님을 주로 고백하고 그 고백에 기반한 삶을 살아가는 이 모든 일들이 성령의 일이다. 진리의 영이신 성령

---

4   Hauerwas, *The Work of Theology*, pp. 39-43.

이 없이는 참 진리의 완벽한 실제이신 예수 그리스도를, 그리고 아버지 하나님을 알 수 없기 때문이다. 성령에 의해서 그리스도인들은 예수님의 삶과 죽음, 부활이라는 복음의 이야기에 접붙여지고 또 관여하게 된다. 이것은 다시 말하면 '증인 됨'으로의 부름이다. 이 부름은 간단히 평안과 위안으로 시작되지 않는다. 죄인을 향한 부름이기 때문이다. 그렇기에 부름받은 자는 먼저 예수 그리스도라는 참 실제와 마주하고 그분을 인정함으로써, 자기기만과 거짓의 실체를 마주하고 가면을 벗어야만 한다. 이는 단 한 번의 사건으로 끝나지 않는 일생의 여정이다. 이것은 다시 말해, 증인의 삶이란 구원받은 죄인이 증언해야 할 이야기가 그의 평생을 통해 체화되는 것을 의미한다.

하나님이 죄인을 부르심으로 인해 인간은 구원받은 죄인이라는 이중적 지위를 가진다. 인간이라는 본성을 유지하기 위해서는 인간에게 내재된 어떤 것이 아니라 밖으로부터의 거룩한 이야기가 필요하다. 그리스도인은 예수 그리스도의 복음이라는 큰 이야기에 접붙여진 죄인들이며, 교회의 이야기는 그러한 사람들을 통하여 일하시는 삼위일체 하나님의 이야기와 다름없다. 그렇기 때문에 그리스도인에게는 죄악 된 인간 본성과 증인으로서의 정체성 사이에서 분별하고 점검하며 복음을 살아 내는 기술 또는 기량이 필요하고, 이를 위해 교회의 이야기인 복음의 전통 안에서 훈련받을 필요가 있다는 것이 하우어워스의 주장이다.

하우어워스가 생각하는 성령에 의해 이끌리는 증인의 삶, 거룩한 이야기가 체화된 모습은 곧 사랑의 삶이다. 이 사랑은 이를테면 용서, 낯선 이들을 향한 환대와 열린 태도, 고통을 인내하는 것, 비폭력에 기반한 평화와 우정 등의 모습으로 드러난다. 하우어워스의 작업 속에서, 증인은 진리에 대한 하나의 전형으로서 두 가지 역할을 수행한다. 첫째, 증인은 진리를 진실되게 말함에 의해, 자신이 진리가 아닌 것에 속아 왔음을 깨닫게 된다. 그리고 그것은 동일하게 거짓에 속아 왔던 다른 그리스도인들을 깨닫게 하고, 그들을 증인 되게 한다. 이 첫째 역할, 진리를 진실되게 말하는 것은 두 번째 역할로 이어진다.

둘째, 성령이 일하시는 통로로서 증인은 하나님과 이웃에 대한 사랑을 통해 현실화된다. 예를 들면, 증인은 예배부터 자선에 이르기까지 하나님과 이웃에 대한 사랑의 행위를 통해 성령의 일하심을 현실에 구체화시키는 통로다. 이러한 구체적 실천에는 다양한 예가 있는데, 대표적으로는 낯선 이와 맺어 가는 우정, 현실에서 다양하게 경험하는 고통, 그리고 그 과정 가운데 언제나 동반되는 기도 등이 있다. 진리에 의해, 성령은 그들의 주께 순복하도록 그들의 마음을 감화시키신다.[5] 이처럼 성령의 일에는 증인들을 거룩하게 하는 것이 포함된다. 왜냐하면 그리스도인들의 신앙생활은 세상을 바꾸는 데 우선순위가 있는 것이 아니라, 그들 자신을, 더 구체적으로는 그들의 성품을 변화시키는 데 있으며, 죄인 된 서로와 나그네 된 이

---

5 Hauerwas, *With the Grain of the Universe*, pp. 144-145.

들과 나약하고 외면받은 사람들을 사랑하고 섬기는 삶을 살아가는 데 있기 때문이다. 그리스도인들이 교회의 권위에 순종하는 것은 교회 지도자들이 영적·심리적 수단을 동원해서 조종하기 때문이 아니다. 성도의 순종은 강압적인 힘이나 수단을 통해서 이루어지는 것이 아니라 하나님과 계시된 말씀을 향한 자발적인 마음에서 우러나오는 순종이다. 이것은 특히나 "공동체적이며, 관계적이고, 체화적인" 성령의 강렬한 일하심이 있기 때문에 가능하다.[6]

하우어워스에게 증인 됨 또는 예수 그리스도의 제자로서 행하는 증언은 성령이 하시는 일이다. 그렇게 성령 안에서 사람들이 예수님의 제자가 되고 "이 창조의 하나님의 구원의 드라마"의 증인들이 된다.[7] 그는, 그리스도인의 삶에 대한 설명은 오직 하나님이 존재하신다는 사실로만 이해될 수 있으며,[8] 특히 성령이 없이는 믿음 생활 또는 윤리적인 그리스도인의 삶도 없다고 단언한다.[9]

성령과 증인과의 관계

앞서 언급했듯이, 하우어워스가 그의 책 『한나의 아이』를 통해 말하고자 한 것은 (자신의) 그리스도의 증인 됨이었다. 동시에 이 말은,

---

[6] Hauerwas, *The Holy Spirit*, p. x.
[7] 앞의 책, p. 148.
[8] Hauerwas, *Sanctify Them in the Truth*, p. 38.
[9] Hauerwas, *The Holy Spirit*, p. ix.

그가 그리스도의 증인이 되도록 하기 위해서 성령께서 그를 인도하셨다는 것을 말하고자 했다고 이해할 수도 있다. 하우어워스가 이해하는 그리스도인의 삶은 그 자체로 하나님에 대한 증언이다. 하나님에 의해 감싸여 인도되는 그러한 삶은 하나님으로부터 빠져나갈틈이 없다. 왜냐하면 "그리스도인의 삶은 내 자아가 아닌 성령의 지배 아래에 놓여 있기 때문이다."[10]

심지어 그는 그의 인생에서, 열정을 품었지만 시간낭비처럼 보였던 연구 작업들에서도 하나님이 일하셨고, 그 결과 자신이 전에 결코 기대하지 않았던 새로운 과제들과 장소로 인도받았음을 인정한다.[11] 하나님은 우리가 우리 자신을 아는 것보다 우리를 더 잘 아신다고 그는 고백한다.[12] 이것은 마치, 우리가 자신의 자아를 인식하는 거리보다 더 가까이 하나님이 우리 곁에 계신다고 했던 바르트의 고백의 또 다른 형태처럼 들린다.

하우어워스는 이를 "하나님은 우리보다 더 현세적/일시적 temporal이시다"라고 표현한다.[13] 즉, 우리가 행하는 그리스도에 대한 증언들은 하나님의 "초시적인"hypertemporal 움직임에 의해 둘러싸여 있다.[14] 하우어워스에게, 그를 인도해서 하나님의 진리를 증언하기

---

10 앞의 책, p. 89.
11 Hauerwas, *Hannah's Child*, pp. 111-112.
12 앞의 책, p. 158.
13 앞의 책. 참고. John Howard Yoder, *Preface to Theology: Christology and theological method* (Grand Rapids, MI: Brazos Press, 2002).
14 앞의 책.

위한 선물을 그에게 주는 것, 그리고 교회를 통해 하나님을 향한 예배를 배우고 복음의 빛 가운데 자신을 놓게 하여 죄인을 거룩하고 진리에 신실하게 만드는 것은 다름 아닌 성령의 일이다.[15]

증인과 하나님의 관계는 성령 안에 있다. 예수 그리스도의 복음에 대한 증인의 삶은 성령 안에서만 가능하다.[16] 그리스도와의 연합은 그리스도의 몸에 참여함을 의미하며, 그리스도의 몸으로의 참여는 성령에 의해 진행되고 이루어지는 교회의 모든 일들을 포함한다. 여기에는 성례와 그 외의 활동들, 이를테면 나눔과 섬김과 자선 등이 있고, 당연히 사랑과 우정, 인내와 친절의 덕목들 또한 포함된다. 하우어워스는 개별 성도들의 증인 된 삶이 공동체를 유지하는 데 공헌하는 것을 설명하며 성령의 역할을 중요하게 언급한다. 그는, "네 이웃을 사랑하라"와 같은 그리스도인의 실천은 전적으로 그 사람 안에서 일하시는 성령으로만 가능하다고 밝힌다. 그것을 삶에 다양한 형태로 변화시켜 적용하는 그리스도인의 능력이야말로 증인 됨이라고 할 수 있는데, 이것은 성령의 은사를 필요로 한다는 의미다. 즉, 성령의 일은 증인의 윤리적 행위를 통해서도 이루어지며, 그렇기 때문에 성령의 사역을 윤리적 영역에서 이해하는 것은 이상한 일이 아니다. "영성"이란 이웃 사랑이라는 덕목의 실천이며, "네 이웃을 사랑하라"는 반드시 삶으로 열매를 맺어야만 한다는 것이다.[17]

---

15 앞의 책, p. 159; Hauerwas, *The Holy Spirit*, pp. 89-90.
16 Hauerwas, *The Holy Spirit*, p. 85.
17 앞의 책, p. 78.

그래서 하우어워스는 성령을, 예수님의 제자로서 어떻게 살아가야 하는지를 우리에게 가르쳐 주는 "진리를 말하는 존재"로 묘사한다.[18] 이때 성령의 임재는 우리 자신이 지배하고 통제하는 삶 너머로 우리를 이끌기도 하고 때로는 내몰기도 한다. 복음서에서 성령이 예수님을 광야로 내모신 것처럼 말이다. 우리가 삶에서 '가졌다'고 생각하는 것들을 내려놓을 때, 또는 그것들이 사라져 버린 절체절명의 순간, 삼위일체 하나님의 한 위이신 완전하신 성령 하나님이 일하신다고 하우어워스는 강조한다. 왜냐하면 성령은 아무것도 없는 상황에서 일하시고 창조하시는 분이기 때문이다. 이 성령은 태초의 공허한 "수면 위를 운행하시는"(창 1:2) 영이며, 동정녀 마리아에게 예수님을 잉태되게 하신 영이고, 제자들로 하여금 그들이 모르는 열방의 언어로 복음을 전하도록 하신 오순절의 영이다.

물론 성령 안에서 이해되는 예수님의 이야기에 대해, 하우어워스는 성령과 연결된 영성에 대한 이해는 언제나 형이상학적으로 고려될 뿐만 아니라, 물리적이고 분명한 실재로 이해되어야 한다고 강조한다.[19] 그러나 그는 성령과 증인에 대한 이러한 형이상학적 또는 존재론적 고민이 인간과 삼위일체 하나님의 본질적 연합과 일치로 나아가는 것에 대해 주의를 기울인다. 인간은 언제나 예수 그리스도의 중보를 통해 하나님의 생명 안에 놓이며 증인은 성령을 통해 그것을 드러내 보이는 임무를 실행하는 것이다. 성령은 고통받고, 십

---

18   앞의 책, pp. 19-20.
19   앞의 책, p. 31.

자가에 못 박혔으며, 부활한 그 육체와 함께 있었기 때문에 성령이 함께 일하는 그리스도의 증인도 이와 결을 같이한다. 즉, 성령에 대해 과도하게 집착하거나 신비에 몰두하는 대신, 성령을 통해 예수 그리스도의 증인이 되는 것을 우선시해야 한다.

거룩함과 교회

하우어워스는 성령의 열매는 거룩함이라는 사실에 동의하면서, "거룩함의 확실한 점검test은 사랑이다"라고 덧붙인다.[20] 그는 요한복음에서 예수께서 서로 사랑하라고 제자들에게 명령하시는 장면을 예로 들며, 사랑이란 덕목이 단순히 감정적인 표현이나 육체적 욕망의 분출이 아니라고 말한다. 제자들은 주께서 그들을 사랑하셨던 것처럼 서로 사랑할 것을 명령받았는데, 이때 주님의 사랑은 십자가의 사랑이다. 이는 곧 십자가 위에서의 죽음을 불러온 사랑이다. 그러므로 하우어워스는 사랑을 위한, 그리고 사랑에 대한 이 명령은 아무런 손해나 위험도 감당하지 않으면서 감정에 충실한 것만을 사랑이라고 여기는 오늘날 세속적 사랑의 정의 또는 설명에 대한 중대한 도전이라고 꼬집는다.

이 도전은 다른 성령의 일들로 연결되며 함께 작용한다. 예를 들어, 하우어워스는 성령의 일들 중 한 가지로 우정을 꼽는데, 그것

---

20 앞의 책, p. x.

이 성령의 일에 근거한 거룩함을 이해하기 위한 방법 중 가장 두드러진 형태이기 때문이다.[21] 그가 강조하고자 하는 것은, 그리스도인들이 품고 행하는 우정이라는 가치 또는 덕목은 성령 안에서 진리 위에 서 있다는 점이다. 그러므로 이 우정은 진실되며 아름답지만 동시에 위험한 것이기도 하다. 성령은 진리의 영이시므로 이러한 우정의 장은 한편으로는 축복받은 장이지만,[22] 동시에 그들에게는 진리를 진실하게 말해야 할 우정의 책임이 있기 때문이다. 그래서 성령 안에 놓여 있다고 고백하는 우정은 예수 그리스도 안에서 자신을 계시하신 하나님이 사랑 안에서 우리의 연약한 인성을 함께 감당하셨다는 점에서 세상의 우정과 다를 뿐만 아니라 더 우월하다.[23]

이 우월한 우정의 덕목 또는 가치는 언제나 그것을 살아 내고 실천할 수 있는 성품의 사람들의 삶 속에서 발견되며 그렇게 존재한다. 그리고 이러한 성품의 사람들에 의해 체화되고 실천되는 우정은 단순히 가까운 사람들에게 도움을 주고 때로 진실을 말하는 것에 그치지 않는다. 하우어워스가 강조하는 우정의 궁극적 현존은 예수님을 통해 계시된, 하나님이 보이신 환대의 우정이다. 절대적 타인이자 죄인인 인간이 하나님께 환영받았듯, 그리스도의 제자들도 낯선 이를 환대할 뿐만 아니라 그들과 우정의 관계를 쌓아 갈

---

21 앞의 책, p. 77.
22 앞의 책, p. 75.
23 Hauerwas, *Christians Among the Virtues*, p. 84.

수 있어야만 한다.[24] 성령을 통한 내적 "선물"로 배우게 되는 우정의 역할은 이처럼 낯선 이와 기대하지 않았던 사람들 또는 그들을 통해 발생하는 일들을 긍정하고 수용하는 것으로 이어진다.[25] 요더를 인용하자면, 예수님은 자발적인 섬김으로 다스리는 공동체를 세움으로써 비폭력의 혁명을 시작하셨다. 그것은 세상이 제공하는 폭력으로부터의 완전한 철회나 단절이 아니다.[26] 이러한 "구별된 공동체"의 형성은 세상에 순응하지 않는 가치들과 실천들을 유지할 수 있게 한다.[27]

성령에 대한 강조는 종종 개인의 내면을 지나치게 강조하거나, 또는 영은 고결하며 물질은 그렇지 않다는 영지주의적 이원론에 빠지기 쉽다. 하우어워스도 이에 대해 주의를 기울이며, 성령에 대한 제안은 "삼위일체적 믿음들에 의해 양육될" 필요가 있다고 강조한다.[28] 다시 말해, 기독교라는 역사적인 실체는 역사 가운데 자신을 드러내신 하나님께 그 근원을 둔다. 이 하나님은 형이상학적 관념으로서만 존재하는, 인간과 동떨어진 초월적 신이 아니시며, 자신을 인간에게 계시하셨을 뿐만 아니라 홀로 두지 않으시고 성령 안에서 예수님을 통해 우리를 만나시는 하나님이다. 사람들은 인간의 역사

24　Hauerwas, *The Hauerwas Reader*, pp. 183-184.
25　앞의 책, p. 112.
26　John H. Yoder, *The Original Revolution* (Scottdale, PA: Herald Press, 1972), p. 27. 『근원적 혁명』(대장간).
27　앞의 책, p. 28.
28　Hauerwas, *The Holy Spirit*, p. 10.

와 시간 속에서 증인들을 통해 이 하나님을 알고 믿게 된다고 하우어워스는 말하며, 이러한 증인들의 존재와 사역은 오직 성령을 통해서만 가능하다.[29] 이를 통해 우리는 성령께서 교회를 낳았다는 사실을 이해할 수 있게 된다. 성령에 의해, 그리고 기독교의 하나님이 삼위일체 하나님이라는 사실로 인해, 기독교 신앙은 성부, 성자, 성령이라는 삼위일체의 하나님에 의해 주어진 것이라고 이해할 수 있다.

그러므로 성령은 언제나 성자 예수 그리스도와 연결되어 있다. 하우어워스에게 몸의 개념은 그리스도의 몸과 사회 윤리로서의 교회를 이해하는 데 중요하다. 왜냐하면 기독교 신앙은 성부에 의해 죽음 가운데서 성령을 통해 일으켜진 부활하신 예수님을 믿는 믿음이기 때문이다.[30] 그래서 하우어워스는, 사람들이 예수 그리스도의 이름으로 물 세례를 받고 성령을 받는 이것이 교회라고 단언한다.[31] 즉, 그에게 있어 그리스도인이란 성령을 받은 사람들이다. 그들이 성령을 받았다는 것은 성령이 그들 안에 있음을 말하며 이것은 그리스도 안에 그들이 있음과 같다. 예수께서 기도하신 것처럼, 그리스도인들은 그리스도 안에 있고, 성령은 그리스도의 제자들 안에 계신다. 누군가 일단의 사람들을 그리스도인이라고 부른다면, 하우어워스에게 그 사람들은 성령 안에서 거룩하게 된 사람들 그리고 그들의 교회 공동체를 의미한다.

---

29 앞의 책, p. 85.
30 앞의 책, p. 18.
31 앞의 책, p. 53.

악과 고통의 문제

만일 교회와 그리스도인들이 성령 안에서 거룩해졌다면 어떻게 다시 죄를 지을 수 있는가? 어떻게 여전히 고통 가운데 놓일 수 있는가? 이와 같은 죄 또는 고통과 관련하여 악의 문제를 다룰 때, 하우어워스는 철학적이거나 교리적인 논의의 범주 안에서 이러한 질문을 다루지 않는다. 그보다 그는 이러한 문제를 증인이라는 주제로 연결한다. "어떻게 교회와 그리스도인들은 하나님을 영화롭게 하는 증인으로서 살아가고 있는가?" 교회의 이야기에 대해 말할 때 그의 중요한 요점들 중 하나는, 증인의 생명과 그리스도를 증언하는 삶은 성령에 의한 여정이며 이것은 고통과 기도와 긴밀히 연결되어 있다는 점이다.[32]

그리스도인의 소망은 인간이 당하는 고통에 대한 명쾌한 설명이나 정답을 주는 것이 아니라고 하우어워스는 밝힌다. 오히려 "[기독교 신앙의] 소망을 갖는다는 것은, 우리가 겪는 고통이 견뎌 낼 수 있는 것이며 우리 인생의 일부분이라는 하나의 이야기 안에 정확히 우리를 위치시킨다"[33]고 말한다. 고통에 대해서 하우어워스는 가학적 유희 또는 신정론적 이해를 말하지 않는다. 그의 고통에 대한 이해는 세상과는 다른 종류의 덕을 함의한다. 그것은 바로 사랑이다. 그에 따르면, 그리스도인들은 언제 어디서나 고통을 맞닥뜨릴

---

32 앞의 책, pp. 73-74.
33 Hauerwas, *Christians Among the Virtues*, p. 22.

것을 예측할 수 있다.[34] 그리스도인들은 그리스도를 향한 사랑으로부터 도래하는 고통을 피하기 위해 또는 그 고통이 두려워서 그들의 믿음을 세상과 타협하지 않는다. 하우어워스는, 그리스도인들은 "고통을 흡수한다"absorb the suffering고 말한다.[35] 고통을 흡수하는 것은 세상 한가운데서 진리를 진실하게 말하며 살아 내는 교회로서 세상에 대해 책임지는 것을 의미한다.[36] 악과 고통의 문제와 같은 신정론적 질문들은 고통과 연결된 이슈로부터 제기될 수 있다. 만일 하나님이 선하시다면 왜 인간은 악으로 인해 고통받아야 하는가?

우리는 형이상학적인 방법으로 악의 문제를 다루기보다는, 악의 문제가 예수 그리스도를 믿는 믿음에 어떠한 문제도 될 수 없다는 사실에 초점을 맞춰야 한다. 기독교 신앙에서 고통은 단순히 병리학적인 원인 때문에 세상에서 겪게 되는 육체적 또는 정신적인 고뇌만은 아니기 때문이다. 오히려 악이 드러나고 고통을 겪는다는 것은 진리와 연결된 징후라고 이해할 수 있다.[37] 물론 그 진리가 고통의 재빠른 해결을 가져다주는 것은 아니다.

하우어워스에 따르면, 세상은 하나님 없이도 의학이나 다른 과학 기술들, 또는 폭력과 위력의 수단을 통해 고통으로부터 안전과 위안을 성취할 수 있다는 거짓된 이야기를 가르치고 전한다.[38] 그렇

---

34 Stanley Hauerwas, *Naming the Silences*, p. 49.
35 앞의 책, p. 49.
36 앞의 책, p. 53.
37 앞의 책, p. 68.
38 Stanley Hauerwas and William Willimon, *Lord, Teach Us: The Lord's Prayer and*

지만 그보다 근본적으로 고통은 죽음의 문제를 암시하거나 제기한다고 하우어워스는 말한다. 죽음에 대한 인간의 무력함은 악의 문제 그리고 죽음에 대한 두려움을 촉발한다. 왜냐하면 인간에게는 고통과 아픔의 원인을 해결할 능력이 없기 때문이다. 우리들 중 그 누구도 예수 그리스도를 믿는 믿음 없이 영원히 살 수 없다. 이것은 다른 장황한 설명이 필요 없는 자명한 신앙적 사실이다. 인간은 그들의 기호나 의도와는 상관없이 이생의 끝을 향해 가도록 정해져 있다. 우리 모두는 심판자이신 하나님 앞에 설 것이다. 그 가운데 하우어워스는 고통, 상실, 외로움, 깊은 슬픔, 아픔 등 이 모든 것들이 우리만의 것이 아님을 강조한다. 우리는 깊은 괴로움을 경험하고 느끼지만 그것들은 그리스도인들이 하나님 없이 홀로 외로이 경험하는 것들이 아니다.[39] 그러한 고통과 심지어 죽음의 순간까지도 하나님은 성령을 통해 우리와, 당신의 자녀들과 함께하신다.[40]

기도

비록 하우어워스가 기도에 많은 부분을 할애하지는 않지만, 그에게 성령을 통한 증인의 삶은 기도를 통해 그리고 기도 안에서 체화되

---

the *Christian Life* (Nashville, TN: Abingdon Press, 1996), p. 55. 『주여, 기도를 가르쳐 주소서』(복있는사람).
39 Hauerwas, *Naming the Silences*, p. 149.
40 Hauerwas, *Hannah's Child*, p. 206; Hauerwas, *The Holy Spirit*, pp. 85-91.

며 그로써 삶 가운데 구현된다. 그에게 기도란 성령의 일에 관한 것만이 아닌, 삼위일체 하나님에 관한 것임을 기억할 필요가 있다. 그는 다음과 같이 말한다. "기도는 그것을 통해 우리가 삼위일체 하나님의 생명 안으로 이끌리는 핵심적인 실천이다. 모든 피조물은 성령을 기다리며 삶의 고통 가운데 신음해 왔다. 그와 동일한 괴로움에 찬 신음이 기도에 들이는 우리의 노력에 배어 있다. 우리는 어떻게 기도해야 하는지 모르기 때문에, 성령은 말로 다할 수 없는 탄식으로 개입하신다(롬 8:26). 그러한 탄식은 성령께서 우리를 위해 행하시는 하나님의 중보다."[41]

삼위일체 하나님은 성령을 통하여 그분의 백성을 "그들이 하나님의 생명 안에 사로잡혀 거룩하게 되는" 장소로 인도하신다.[42] 이것이 의미하는 것은 기도란 하나님의 내재적 본성 또는 생명의 일부분이라는 것이다. 기도하시는 예수님의 인성personhood은 하나님의 성육하신 말씀이기 때문이다. 그러므로 그리스도의 증인이 기도할 때, 그 증인은 성령에 의해 사로잡힌다고 이해해야 한다. 어떻게 기도해야 할지 알 수 없을지라도, 성령의 도움과 인도로 그들은 기도하게 된다. 그리스도인들은 삼위일체 하나님의 생명 안으로 참여할 수 있는 존재로 변화한다. 이것은 성령의 선물로서, 이 안에서 죄인들은 "증인으로 변모한다. 우리의 존재와 삶은 지금 증인 그 자체로

---

[41] Hauerwas, *The Holy Spirit*, p. 74.
[42] 앞의 책. 참고. Sarah Coakley, *God, Sexuality, and the Self: An Essay "On the Trinity"* (Cambridge: Cambridge University Press, 2013), p. 111.

존재함으로써 삼위일체 하나님을 영화롭게 한다."[43]

결론

이 부록은 본문에서 다룬 하우어워스의 신학 및 신학적 윤리라는 기독교 증인의 개념이 어떻게 성령과 성도의 신앙생활 사이에 연결되는지 간단히 살펴본 것에 지나지 않는다. 이 짧은 부록으로 수십 년간의 작업 가운데 깊이 스며 있는 하우어워스의 성령에 대한 이해를 온전히 추출하고 탐구하지는 못할 것이다. 그러나 성령에 대한 이해가 하우어워스 연구에 있어서 미개척 영역임을 고려할 때, 작지만 분명 의미 있는 작업이라고 할 수 있을 것이다.

하우어워스에게 성령은 단순히 개별 성도의 내적 감동이나 정서적·신비적 경험과 연결된 것이 아니라 교회와 성도들 삶의 깊은 질문들, 풀리지 않는 악과 고통의 문제라는 신정론의 문제까지 연결된다. 예수 그리스도의 제자들과 함께하시는 성령을 통하여 교회와 그리스도인은 하나님과 동행하는 삶을 살게 되고, 성도의 기도는 바로 그 증거가 된다고 하우어워스는 주장한다. 성령을 통해 삼위일체 하나님의 생명에 참여하며, 심지어 깊은 탄식으로 고뇌하고 씨름하는 노력 가운데도 하나님의 중보가 있다는 그의 주장은 많은 그리스도인과 교회에 큰 위안을 주기에 충분하다.

---

[43] Hauerwas, *The Work of Theology*, p. 45.

칼뱅과 루터를 비롯한 위대한 기독교 신학자들의 신학 작업들이 한국 교회와 그리스도인들에게 소개되어 온 것처럼 하우어워스와 그의 연구 결과물들도 그렇게 될 것이라 생각하며, 그의 성령론 또한 그 일부가 될 것이라 믿는다. '성령론'이라고 말하는 것이 적절한 표현인지는 여전히 논란의 여지가 있겠으나, 하우어워스의 신학과 신학적 윤리의 기초가 예수 그리스도의 삶과 죽음과 부활에 있는 한, 그리고 그 복음의 이야기가 교회를 통해 전수되어 온 것이 맞으며 지금도 그 작업이 성령을 통해 진행되고 있다면, 필시 그의 성령에 대한 이해를 대상으로 한 신학적 작업은 피할 수 없는 수순임이 분명하다.

스탠리 하우어워스에게 성령은 기독교 증인의 생명이며 삶의 터전이다. 오로지 "성령이여 오시옵소서"라고 기도하며 탄식하는 그리스도의 증인 된 자들에게만이, 성령은 이 황량한 세상 가운데서 증인으로서의 교회 됨을 가능하게 하실 것이다.

부록 2
하우어워스를 이해하기 위한 핵심 키워드

기독교 윤리/신학적 윤리(Christian ethics/Theological ethics)

윤리ethic는 옳거나 그르다고 여겨지거나, 선하거나 악하다고 판단되는 태도 또는 행동에 집중하는 인간의 삶의 방식이나 규범을 말한다. 그리고 이러한 윤리를 연구하는 것을 윤리학ethics이라고 한다. 그러므로 윤리학을 이야기한다는 것은 자연스럽게 윤리를 내포하며, 기독교 윤리학은 기독교 윤리를 포함한다. 예를 들어, 서양에서 흔히 '황금률'The Golden Rule로 여겨지는 예수님의 말씀 "무엇이든지 남에게 대접을 받고자 하는 대로 너희도 남을 대접하라"(마 7:12)는 위대한 기독교 윤리이며, 이것을 어떻게 해석하고 적용할지 논하는 것이 기독교 윤리학이라고 보면 이해하기 쉬울 것이다. 즉, 기독교 윤리는 그리스도인으로서 마땅히 행해야 할 윤리 또는 윤리적 생활을 말한다. 그러므로 흔히 말하는 '믿음 생활' 또는 '신앙생활'은 기독교 윤리와 분리해 생각할 수 없으며, 당연히 기독교 윤리학과는 더더욱 그렇다. 하우어워스에 따르면 기독교 윤리는 근대에 생겨난 개념이다.

기술/기량(skill)

예를 들면, 한 사람의 도예가로서의 기량은 단순히 작업의 능수능란함에만 있지 않다. 공예품을 작업하는 데 필요한 기술은 그가 가진 도예가로서의 능력으로부터 기인한다. 그것은 특정한 삶의 방식과 철학으로 구체화된 일정한 행동 양식에 의해 그가 습득한 습관이라고 불릴 수 있는 것으로서, 여러 덕목을 포함하며 그의 성품을 형성하는 그 자신이다. 이와 같이, 하우어워스의 신학적 윤리학에서 기술이란, 하나님의 사람이라는 주장에 합당한 삶을 살아가는 데 필요한 능력으로서 우리의 한계를 깨닫고 인정하며, 우리에게 주어진 것이 무엇인지를 파악하는 것, 그리고 그것을 가지고 하나님의 자녀로서 전방위적으로 실천하는 넓은 범위의 능력을 말한다. 예를 들어, 지금 당면한 문제에 대해 무엇을 할 것인지를 결정하기 이전에 무슨 일이 벌어지고 있는지 다른 각도에서 질문하고 파악하는 기량이기도 하다.

덕(virtue)

그리스어로 '아레테'*arete*라 하는 덕은, 사물 또는 사람이 그 자체의 기능과 목적을 충만히 이루기 위한 탁월함 또는 힘이다. 모든 덕목들의 원형으로서 덕은 언제나 현실 속에서 덕목으로 발휘된다. 덕은 자기중심적 의식으로부터 벗어나 비전을 통해 보게 되는 진짜 세상에 대한 추구다.

덕목(virtues)

덕목은 반드시 행동을 통해서만 얻을 수 있다. 모든 덕목들은 삶에서 실현되는 덕의 한 유형이다. 그래서 덕목은 그런 덕목들로 채워진 삶을 살아가는 공동체 안에서 하나의 구체적인 인생이 어떤 모습을 띠는지 보여 주는 하나의 이야기가 필요하다.

도덕적 삶/도덕 생활(moral life)

성품과 덕에 의해 형성된 자기 인식과 자기 이해를 바탕으로 살아가는 삶을 가리킨다. 도덕적 삶에는 도덕관념moral notion이 필수적이다. 이는 단순히 옳은 '결정'만을 의미하는 것이 아니라, 그 '결정'을 내리게 되는 기본이 무엇인가에 따라 비한정적/보편적 윤리가 되거나 한정적/특정적 윤리가 된다. 하우어워스는, 플라톤과 칸트가 도덕률을 위한 기본 토대를 설립하고 그것에 의해 형성되는 습관을 부수적인 것으로 만들려고 한 반면, 아리스토텔레스와 토마스 아퀴나스는 도덕률 또는 도덕 생활의 시작이 습관을 얻는 것으로부터 시작된다고 보았다는 점에 주목한다. 이렇게 한 개인이 도덕적 습관을 만들고 얻는 과정은 오로지 역사 속에서 살아가는 현실의 공동체들로부터 가능하다. 하우어워스가 말하는 덕과 성품의 이해에 있어서 습관은 단순한 '실천' 그 이상이다. 습관은 실천이 놓치고 있는 비인지적인 행동, 그리고 학습에 의한 실천이라는 두 가지 상반되게 보이는 행위들을 공존하게 한다. 특히 지적(발달)장애를 겪는 사람들에게 습관이란, 그들이 덕을 이루는 삶을 살아갈 수 있음을 알게 하는 중요한 요소라고 하우어워스는 생각한다. 이러한 습관과 장애인들과의 연결에 대한 탐구는 하우어워스의 윤리학을 '엘리트주의'라 비판하는 것에 대한 하나의 응답이 되기도 한다.

도덕 주체자(moral agent)

주체자 또는 도덕 주체자란, 도덕적 의사 결정을 내릴 수 있는 자유를 가진 의식적 존재로서 스스로 특정한 영향 또는 효과를 가져올 수 있는 능력power 그 자체다. 그러므로 주체자는 언제나 어떤 결과를 가져오는 행동 그 자체이거나 그러한 실천 가운데 있어야만 한다.

비전(vision)

사전적 의미대로 우리가 '보는 것'이다. 하우어워스는 도덕적 행동이, 반드시 무엇이 진정한 실재이며 가치 있는 것인지에 대해 볼 수 있는 우리의 비전에 기초해야 한다고 말한다. 그런 점에서 비전을 형성하기 위해서는 덕과 성품이 필요하며, 그렇게 형성된 비전은 궁극의 선 또는 그 선이 그리는 이상향에 대한 상상이자 신념이다. 윤리학이란 선택이 아니라, 바로 이렇게 다른 세상 또는 실재를 보고, 논하며, 그로부터 삶에 대한 행동과 태도를 고려하고 권하는 것이다.

비조건적(비한정적) 윤리 대 조건적(한정적) 윤리(unqualified ethic vs. qualified ethic)

비조건적/비한정적 윤리는 보편적/규범적 윤리와 함께 설명해야 한다. 모두 이마누엘 칸트를 중심으로 한 계몽주의의 기획과 연결되기 때문이다. 칸트는 '물자체'物自體, Ding an sich/thing in itself와 '현상'을 분리하며, 인간의 경험을 '물'物, Ding/thing 그 자체와 분리한다. 이러한 구분은 신과 관계된 모든 관념과 인간의 실증적이고 경험적인 담론을 분리시킨다. 또한 인간의 존재 목적에 대한 추상적이고 관념적인 논의를 부차적인 것으로 돌리고 순수한 이성과 이러한 이성에 의거한 실천의 우위성을 전면에 내세움으로써, 보편적 이성에 의한 보편적 윤리를 정당화시킨다. 이것은 다양한 종교, 사회, 문화적 배경의 사람들이 최소한의 동의를 통해서 도덕률을 확립하게 된다는 성과를 가져왔지만, 이로 인해 신학과 같은 학문은 사변적이고 비도덕적이며 비이성적인 학문으로 취급받게 되었다.

사회 윤리(social ethics, '교회가 그 자체로 사회 윤리다')
하우어워스는 모든 윤리에 한정자a qualifier가 반드시 필요하다고 본다. 보편 우주적인 윤리란 존재하지 않는다. 그래서 기독교 윤리는 언제나 그 자체로 사회 윤리인 셈이다. 개인 윤리와 사회 윤리의 분리는 있을 수 없다. 모든 윤리가 개인에 대한 윤리인 동시에 사회에 대한 윤리다. 모든 인간이 사회적 존재이기 때문이다. 예를 들면, 교회의 예전이 사회적 활동을 위한 동기를 제공하는 것이 아니다. 교회의 예전과 예배 자체가 사회적 행위다. 그리스도인들이 사회에서 윤리적/도덕적 주체자로 사는 데 필요한 것은 무엇인가? 칸트의 계몽주의 사상인가? 존 롤스의 정의론인가? 아니다. 우리에게는 하나님의 생명이 필요하며, 그 생명의 일부가 되었음을 알게 하고 가르치는 말씀과 예배, 성례와 성도의 나눔이 있다.

선택의 공동체(community of decision-making)

'성품'이 아닌, 인간의 보편 이성에 의해 내려진 선택과 행위가 우선시되는 공동체를 말한다. 앞서 정의한 비한정적이고 보편적인 윤리에 의해 경영되는 사회와 같은 의미다.

성품(character)

삶을 살아가는 사람이 자신의 신념과 확신, 믿음 등을 지속적이며 일관되게 실천하는 삶의 방식. 또는 그러한 방식으로 구별되는 결을 이루는 인생을 살아갈 수 있게 하는 원동력이자, 그 사람 또는 자아 self 자체라고 할 수 있다.

성품의 공동체(community of character)

성품의 공동체는 개념으로 먼저 존재하지 않는다. 즉, 성품의 공동체라는 단어의 관념은 보편적이지 않고 언제나 특정적이다. 공동체는 공동체 구성원들로 이루어진다. '공동체'라는 개념이나 관념이 존재하기 위해서는 공동체의 구성원들, 즉 사람들이 필요하다. 여기에는 그 행위가 그 사람 자체임을 말해 준다는 아리스토텔레스적 이해가 깔려 있다. 알래스데어 매킨타이어의 서술을 빌리면, 그리스도인과 그들의 신앙 고백은 그들의 행위와 실천에 의존하며 그로써 그리스도인이 무엇인가를 이해할 수 있다. 그러므로 그리스도인들에게 성품의 공동체란, 그리스도의 성품을 품고 그것을 닮고자 훈련하며 살아가는 사람들의 공동체다. 그래서 성품의 공동체는 '믿음의 공동체', '용서받은 사람들의 공동체', '겸손의 공동체'와 같이 그리스도의 성품이 빚어내는 여러 덕목들의 공동체로 바꿔 불릴 수 있다. 오직 이러한 공동체만이 그리스도의 성품에 비추어 옳은 것들을 당연하게 여기도록 공동체 사람들을 훈련시킬 수 있다. 성품의 공동체는 나사렛 예수의 삶, 죽음, 부활을 통해 드러난 하나님과 하나님 나라의 이야기를 증언하는 증인의 공동체와 다름 아니다.

성화(sanctification)

하우어워스는 완전함을 향한 여정인 성화는 자신이 죄인임을 배우는 것에서부터 시작한다고 말한다. 그래서 그에게 성화란 '칭의'justification by faith와 분리될 수 없다. 죄인이 의롭다 칭함을 받은 것 to be called righteous 은 거룩하라는 부름to be holy과 같다는 말이다. 그래서 하우어워스는 성화를 거룩함holiness과 다름없는 것이라고 본다. 또한 거룩함은 예배와 복음 전도와 윤리학이 분리될 수 없음을 가리키는 단어라고 말한다. 예배는 우리가 하나님을 위해, 하나님에 대해 하는 행위이지만, 그 안에서 우리의 삶은 피조 세계에 대한 하나님의 돌보심의 일부가 된다. 이 말은 달리 말하자면, 거룩하게 구별된다는 것은 우리가 지음 받은 그 모습을 언젠가 회복하게 될 것이라는 소망 안에서 다른 피조물, 즉 다른 사람들에게 우리의 삶을 드러내는 것이다.

(하우어워스의) 신학/신학적 윤리학

하우어워스는 자신이 윤리학을 함으로써 신학을 한다고 말한다. 그의 말대로라면, 모든 기독교 신학자들은 기독교 윤리학이거나 최소한 윤리학에 노력을 기울여야만 한다. 흥미롭게도 대부분의 기독교 신학자들의 연구 작업에 윤리학적 담론이 포함되는 것을 쉽게 발견할 수 있다. 기독교 윤리학에서 사용하는 방법론은 여러 가지다. 철학적 방법론을 사용하는 것이 전통적인 방법이며, 사회과학적이거나 심지어 동물행동학적인 방법론을 기독교 윤리학에 접목해 연구를 진행하는 경우도 있다. 신학적 윤리학은 신학을 이용한 윤리학이라고 이해하면 쉽다. 그리스도를 믿는 믿음을 가진 그리스도인의 윤리학은 별도로 '기독교'라는 수식어를 붙이지 않아도 그 자체로 '기독교 윤리학'이 된다. 따라서 삼위일체 하나님에 대한 신학적 이해를 기반으로 신앙과 삶, 즉 윤리의 토대가 수립된 그리스도인의 윤리학은 신학적 윤리학일 수밖에 없다. 그렇다면 하우어워스는 신학자인가 윤리학자인가? 그 어느 것으로 불러도 무방하지만, 그는 노년에 접어들면서 자신을 신학자로서 먼저 소개하는 편이다.

이야기/서사(story/narrative)

존재의 근원을 알려 주는 원천으로서, 자아가 공동체와 연결되는 끈이기도 하다. 다른 한편으로는 인간의 합리성이 존재하는 형태다.

증인/기독교 증인(witness/Christian witness)

'순교자'를 뜻하는 영어 단어 'martyr'(마터)는 '증인'을 뜻하는 그리스어 '마르투스'*martus*에서 비롯되었다. 초대교회 이래로 그리스도인들은 그리스도의 십자가의 대속과 부활을 증언해 왔고, 그 믿음 때문에 죽임을 당하기도 했다. 이렇게 믿음으로 인해 죽임을 당한 증인들을 순교자로

부르기 시작하면서 '증인'과 '순교자', 두 단어 간의 연결고리가 자연스럽게 형성되었다. 오늘날에도 일부 지역에서는 여전히 예수님을 주로 고백하는 신앙으로 인해 죽임을 당하기도 하지만, 대체로 많은 사회에서는 육체적 순교보다는 내면적 고난과 핍박에 그 초점이 맞춰져 있다. 하우어워스 또한 궁극적 증인으로는 초대교회의 순교자들을 꼽는다. 그의 작업에서 서술되는 증인은, 진리를 진실하게 말하고 행하는 사람으로서 예수 그리스도 안에 계시된 하나님을 믿는 믿음을 고백할 뿐만 아니라 살아 내는 사람을 말한다. 그런 점에서 '증인' 또는 '증인 됨'은 그리스도인의 기능이자 목적telos이라고도 말할 수 있다. 증인은 자유로우며 특정한 결과를 일으킨다는 점에서 (도덕) 주체자이기도 하다. 기독교 증인은 주체적으로 그리스도를 증언하는 삶을 살아간다.

부록 3
하우어워스의 주요 저서 가이드

Vision and Virtue: Essays in Christian Ethical Reflection (Notre Dame, IN: University of Notre Dame Press, 1974/1981).

내가 하우어워스의 초기 저작 중 한 손가락에 꼽는 책이다. 하우어워스의 저널 논문 article 중 선별하여 묶어 낸 첫 번째 책으로, 초기 하우어워스의 사상을 이해하는 데 중요한 자료이며, 개인적으로는 지금까지도 사상적 연속성을 발견할 수 있을 만큼 유효한 글이라고 생각한다. 하우어워스는 자신의 연구가 친구들과 여러 학자들의 작업에 도움을 받아 발전해 왔음을 스스럼없이 밝히는데, 이 책에서 말하는 비전은 영국의 철학가이자 소설가인 아이리스 머독으로부터, 덕은 아리스토텔레스와 토마스 아퀴나스로부터 영향을 받았다. 하우어워스가 그의 젊은 시절부터 노년에 이르는 지금까지 얼마나 일관된 주장을 펼치고 있는지 알 수 있게 해 주는 책이다.

Character and the Christian Life: A Study in Theological Ethics (Notre Dame, IN: University of Notre Dame Press, 1975/1985/1994).

1975년도에 처음 출판된 후, 10년이 지난 1985년 새로운 서론을 덧붙여 개정판이 출간되었다. 특히 개정된 서문에는 『평화의 나라』에서도 다루는, 성품이 다른 이들로부터 얻게 되는 선물과 같은 것임을 꽤 자세하게 다룬다. 이 책에서 특히 주목할 만한 흥미로운 부분은 성품, 덕, 신앙생활에서 '습관'이 상상력, 지성, 의지 등을 두루 함유한 것으로 기술했다는 점이다. 초기에 머독의 작업을 통해 자신의 신학과 윤리학을 위한 비전vision에 대한 개념을 수립하였다면, 이 책에서 하우어워스는 아리스토텔레스와 토마스 아퀴나스, 그리고 칼뱅과 웨슬리 등 주요 철학자와 신학자를 통해 덕과 성품의 상관관계, 특히 도덕 주체자의 개념과 기능에 대해 정의한다.

A Community of Character: Toward a Constructive Christian Social Ethic (Notre Dame, IN: University of Notre Dame Press, 1981). 『교회됨』(북코리아).

하우어워스를 가장 대중적으로 알린 책 중 하나다. 그리고 하우어워스 특유의 방식을 사용해, 소설의 이야기를 이용해 실제와 도덕적 삶을 위한 성품의 공동체의 필요성에 대해 설득력 있게 주장하는 책이다. 이 책에서 하우어워스는 리처드 애덤스의 『워터십 다운』*Watership Down*이라는, 토끼 공동체의 이야기를 다룬 소설을 활용하여 서사와 교회, 자유주의 사회, 특히 국가의 관계에 대해 깊이 있게 다룬다. 대부분의 장들이 뒤에 소개할 *The Hauerwas Reader*에 실려 있지만, 온전한 한 권의 책으로 읽는 것도 가치가 있다. 특히 이 책에는 결혼, 성, 가족 등의 주제에 대한 하우어워스의 초기 사상이 온전하게 담겨 있다.

The Peaceable Kingdom: A Primer in Christian Ethics (Notre Dame, IN: University of Notre Dame Press, 1983). 『평화의 나라』(비아토르).

하우어워스의 자전적 이야기를 담은 『한나의 아이』는 한 사람의 그리스도인으로서 하우어워스가 어떻게 그리스도의 증인이 되어 왔는가에 대해 그를 이해하는 데, 또한 그의 교회 됨을 이해하는 데 가장 중요한 책이지만, 윤리학자로서 그의 학문적 성취에 있어서 가장 중요한 책을 꼽으라고 한다면 단연 이 책을 꼽겠다. 특히 그는 그의 신학과 윤리학의 기본이 '기독론'Christology에 있음을 밝히는데, 여기서 이후 그의 기포드 강의에서 자세하게 기술되는 '그리스도'라는 진정한 실제에 대해 명시하고 있다.

Naming the Silences: God, Medicine, and the Problem of Suffering (Grand Rapids, MI: Eerdmans, 1990).

하우어워스의 책들 중 개인적으로 가장 좋아하는 작품이다. 이 책에서도 하우어워스는 『교회됨』과 같이, 하나의 소설을 통해서 자신의 신학적이며 윤리학적인 논의를 발전시켜 나간다. 특히 이 책에는 하우어워스의 의료윤리학medical ethics과 의학에 대한 핵심 주장이 담겨 있다. 이 책에서 인용되는 소설은 피터 드 브리스의 *The Blood of the Lamb*다. 참고로, 네덜란드계 미국인 이민자 출신인 드 브리스는 미국 개혁주의 교회 소속 학교를 다녔고, 미시간에 있는 칼빈 대학교를 졸업했다. 그의 네 자녀들 중 한 명인 딸 에밀리가 백혈병 진단을 받고 2년 동안의 투병 끝에 열 살의 나이로 세상을 떠났는데, 이 경험을 토대로 쓴 소설이 바로 『어린양의 피』다. 하우어워스가 이 책 *Naming the Silences*를 통해 이어 가는 의료에 대한 본질적 주장은 꽤나 흥미롭다. 왜냐하면 그의 주요 관심사인 윤리학, 교회, 비폭력 등이 서로 밀접하게 연결되어 있는 것과는 달리, 의료에 대한 그의 관점은 굉장히 낯설게 보이기 때문이다. 그러나 그리스도라는 진정한 실제라는 관점에서 보자면 이것은 그의 비폭력과 궤를 같이한다고 볼 수도 있다. 궁극적으로는 신정주의theodicy에 대한 논의를 다루는 이 책에서, 하우어워스는 굉장히 극단적으로 보이지만 한편으로는 부정할 수 없는 주장을 펼친다. 예를 들면, 오늘날 의학이 암과 같은 큰 병에 걸린 아이들을 치료할 수 있는 것은 어떤 과학적인 혁명을 통해서라기보다는, 사실은 수십 년에 걸쳐 죽어 가는 아이들에게 의학을 실험할 수 있도록 했기 때문이라는 주장이다. 논란의 여지는 있지만 너무도 중요한 작업이다.

After Christendom?: How the Church Is to Behave If Freedom, Justice, and a Christian Nation Are Bad Ideas (Nashville, TN: Abingdon Press, 1991). 『교회의 정치학』(IVP).

『교회됨』과 *In Good Company*의 사이를 이어 주는 책이다. 소논문을 엮어 펴낸 책이지만 온전한 단행본이라 봐도 무방할 정도로 완성도가 높

으며, 논란이 될 만한 기독교 윤리적 사안들을 다룬다. 하우어워스는
『한나의 아이』에서도 이 책에 대해 언급한다. "『교회의 정치학』과 같은
책들 안에서 내가 발전시킨 주장들이 다른 학문적 비평에서 자주 무시
되는 것이 당황스럽다. 나의 '과장'에 초점을 맞추는 사람들은 생각을 불
러일으키는 그러한 과장의 기능을 너무 자주 놓친다." 이 책에서 하우어
워스는 리처드 로티와 존 롤스뿐 아니라 알래스데어 매킨타이어의 대안
적인 인식론에 대해서도 논하고, 성 혁명sexual revolution과 국가의 성장
사이의 관계에 대해서도 다룬다. 하우어워스는 이 책에서 정치적 대안
으로서의 교회를 논증하며, 만약 교회가 교회 되지 못한다면 사람들은
구원의 필요성조차 알 수 없다고 할 정도로 교회를 통한 구원과 하나님
의 정의를 강조한다. 교회의 정치는 부활한 주를 증언하기 위해 열국에
서 모인 사람들로서, 특히 교회의 증인을 초대교회 로마 제국에 의해 죽
임을 당한 순교자와 비교하며, 순교자로 제국을 이겨 낸 교회의 이야기
가 바로 진실한 증인의 이야기임을 제시한다. 그리스도인들에게는 교회
가 유일한 정치적 공동체다.

In Good Company: The Church as Polis (Notre Dame, IN: University of Notre Dame Press, 1995).

하우어워스의 신학적 윤리학의 두드러진 특징 중 하나는, 그가 (듀크 대학교에서도 그러했듯) 윤리학을 가르칠 때 기독교 예전liturgy의 순서를 차용하여 가르친다는 것이다. 하우어워스는 『한나의 아이』에서, 이 책에 대해 다음과 같이 말한다. "*In Good Company*는 존, 카일, 피터처럼 나

를 친구로 여겨 준 사람들에게 답하면서 발전해 온 나의 연구 방식을 표현하기 위한 노력의 일환이었다. 그러나 이것은 또한 나의 교회적 노숙ecclesial homelessness 상태를 이해하기 위한 노력이기도 했다. 확실히 내 삶 속에 이렇게 많은 사람들이 있는 이유들 중 하나는 내게 정해진 교회가 없기 때문이다. 그 대신, 내게는 다양한 교회의 전통을 가진 친구들이 있다. 그것이 내가 교회적 노숙자로서 지낼 수 있는 이유들 중 하나다. 그러나 나 역시 특정한 회중 안에서 머무르려고 노력함으로써, 그러한 노숙자가 되는 것을 반대한다." 앞서 언급한 예전을 통한 윤리학과 함께 가장 흥미로운 장은 아마도 그의 제자이자 *The Hauerwas Reader* 공동 편집자인 존 버크만과 공동 집필한 12장, "A Trinitarian Theology of the Chief End of All Flesh"일 것이다. (버크만은 나의 박사 논문 지도 위원 중 한 명이기도 하다.) 이는 채식주의와 관련된 기독교 윤리학의 작업 중 가장 설득력 있는 글들 중 하나일 것이다.

With the Grain of the Universe: The Church's Witness and Natural Theology (Grand Rapids, MI: Brazos Press, 2001).
하우어워스의 2001년 기포드 강의를 출간한 책이다. 『평화의 나라』 이후로 그의 단행본 작업을 기다린 사람들은 실망하기도 했지만, 나는 개인적으로 그의 사상적 흐름을 굵직하게 짚어 볼 수 있다는 점에서 이 책을 중요하게 꼽는다. 이 책에는 특히 그가 칼 바르트의 신학에 영향을 받은 것이 명확하게 드러난다. 하우어워스는 미국 경험주의의 아버지인 윌리엄 제임스William James, 미국 정치신학과 기독교 사회윤리학의 거장인

라인홀드 니버, 아우구스티누스와 아퀴나스에 비견되는 위대한 현대 신학자 칼 바르트라는 세 명의 20세기 사상가들의 주요 사상을 살펴보고, 이로부터 자신의 논지를 발전시켜 그리스도의 증인으로서 교회의 실천과 구체성을 설명한다. 특히 존 하워드 요더와 교황 요한 바오로 2세를 통해 자신의 교회의 증인 됨을 설명한다. 한 가지 아쉬운 점은, 교회와 그리스도인의 증인 됨을 설명하면서 지적 증언 위주로 다룬 것이다. 후반부에 작가이자 사회운동가인 도로시 데이Dorothy Day에 대한 예시가 한 문단 정도 등장하는데, 그 부분을 좀 더 깊이 다뤘으면 어땠을까 하는 개인적 바람이 있다.

The Hauerwas Reader, eds. John Berkman and Michael Cartwright (Durham, NC: Duke University Press, 2001).

하우어워스의 제자이자 친구인 마이클 카트라이트와 존 버크만이 하우어워스의 가장 초기인 1970년대부터 2001년까지, 25여 년에 걸쳐 하우어워스가 집필한 논문들을 모아 만든 선집이다. 편집자인 카트라이트와 버크만의 해설이 각각 독립된 장으로 실려 있고, 각 논문마다 독자를 위한 간단한 편집자들의 해설 및 추가 연구와 관심사를 위한 관련 논문/도서가 안내되어 있다. 하우어워스와 연관된 거의 모든 주제는 이 선집에서 출발할 수 있고, 관련 연구와 개념 학습에 있어서도 큰 도움을 받을 수 있다. 버크만에 따르면, 이미 기독교 윤리학의 "입문서"a primer로서 『평화의 나라』와 『교회됨』이 출간되었지만, 그 책들이 더 이상 하우어워스의 사상에 대한 입문서 역할을 하기엔 역부족이었기에, 한 권으로 된 더 적절한 입문서가 필요해져서 탄생한 책이 *The Hauerwas Reader*라고 한다. 하우어워스를 학문적으로 연구하기 위해서는 반드시 읽어야 하는 책a must-read book이다.

Hannah's Child: A Theologian's Memoir (Grand Rapids, MI: Eerdmans, 2010). 『한나의 아이』(IVP).

아마도 단행본으로 작업한 하우어워스의 책들 중에서 많은 사람이 최고의 작품으로 꼽는 책이 아닐까 싶다. 미국뿐만이 아니라 한국에서도 많은 사람에게 읽힌 책으로, 그 이유 중 하나는 실제로 하우어워스에게는 들려줄 '이야기'가 있었기 때문일 것이다. 육체노동자 가정에서 태어나 미국 명문대학교의 교수가 된 이야기, 그리고 양극성 기분 장애를 앓은 첫 번째 아내와의 이야기, 그뿐만 아니라 그 가운데서 발전하는 그의 신학과 사상 체계 등. 한 사람의 인생을 통하여 그가 어떻게 '한나의 아이'에서 예수의 증인으로 장성하는지를 볼 수 있기 때문일지도 모른다. 특히 이 책은 그의 교회와 신앙에 대한 생각을 읽을 수 있는 귀한 작업이다. 개인적으로 하우어워스의 교회론과 증인 됨에 대해 살펴볼 수 있는 가장 중요한 책이라고 생각한다.

스탠리 하우어워스 읽기

초판 발행_ 2022년 11월 10일

지은이_ 김희준
펴낸이_ 정모세

펴낸곳_ 한국기독학생회출판부
등록번호_ 제2001-000198호(1978.6.1)
주소_ 04031 서울시 마포구 동교로 156-10
대표 전화_ (02)337-2257 팩스_ (02)337-2258
영업 전화_ (02)338-2282 팩스_ 080-915-1515
홈페이지_ http://www.ivp.co.kr 이메일_ ivp@ivp.co.kr
ISBN 978-89-328-1967-9

ⓒ 김희준 2022

책값은 뒤표지에 있습니다.
무단 전재와 복제를 금합니다.